지금 우리 사회는 격동의 시대를 지나고 있다. 시민들의 분노와 광장의 외침은 불의를 바로잡고 진실을 찾으려는 열망의 표출일 것이다. 이는 정의로운 사회를 구현하기 위한 진통의 여정이라고 본다. 정의를 향한 낯선 여정을 막 출발하며 미지의 세계에 대한 혼란과 불안에 휩싸인 이들에게 가장 절실하게 필요한 것은 신뢰할 만한 가이드이다. 그런 점에서 가장 탁월한 기독교 철학자로 꼽히는 월터스토프가 정의를 향한 그의 독특한 여정에서 터득한 빛나는 통찰은, 우리 앞길을 밝히는 등불과 같은 역할을 할 것이다. 불의의 희생자들과 만나 깊이 공감하는 체험을 통해 저자는 철학자가 빠지기 쉬운 사변적이고 관념적인 정의 담론에서 과감히 돌이켜 현실 속에 횡행하는 불의의 실체와 씨름하며 정의의 실존적인 의미를 찾는다. 정의를 향한 여정이란 안일한 사색이 아니요 불의한 세력에 의해 억압당하고 짓밟힌 이들의 입장에서 그들이 겪는 아픔과 분노와 슬픔을 함께 느끼는 데서부터 시작한다는 저자의 외침은 가슴에 큰 울림을 준다. 사랑과 정의, 용서와 처벌 사이의 미묘한 긴장을 예리하게 분석한 대가의 지혜는 정의 없는 사랑, 처벌 없는 용서를 운운하는 우리의 무뇌아적인 사고에 일침을 가해 정신이 바짝 들게 한다.

박영돈 고려신학대학원 교의학 교수

정의론 하면, 흔히 존 롤스와 마이클 샌델을 떠올릴 것이다. 하지만 기독교인들을 위한 논의에는 월터스토프를 능가할 사람이 없다. 사실 롤스는 일반인이 읽기 어렵고 샌델은 강의록 같아 무게감이 적다. 더욱이 둘 다 근본적으로 명료한 기독교적 통찰을 기대하기 어렵다.

월터스토프는 이미 성경적 관점에서 정의가 무엇인지를 밝히는 치밀한 저작을 여러 권 냈다. 이 책은 정의에 대한 관심이 어디에서 비롯되었으며 어떻게 깊이를 더해왔는지를 보여주는 일종의 자서전이다. 그래서 그의 다른 저작과 달리 쉽고 흥미로우며 사실적이다. 『하나님의 정의』는 우리 시대에 가장 갈급한 사회적 덕목인 정의를 찾아 길을 떠나기를 원하는 모두에게 친절하면서도 훌륭한 가이드와 벗이 되어줄 것이다.

신국원 총신대학교 신학과 철학교수

니콜라스 월터스토프는 나의 '믿음의 영웅들' 중 한 명이다. 그가 탁월한 철학자이기 때문이거나(물론 그는 그렇지만), 그가 사려 깊고 섬세한 성경 독자이기 때문이 아니라(물론 그는 그런 사람이다), 그가 정의의 옹호자이기 때문이다. 정의에 대한 그의 관심은 단지 이론적이지 않고, 살아 있다. 부당하게 취급받은 사람들과의 만남이 결정적으로 그의 삶을 형성했고, 정의의 개념에 대한 그의 분석과 성경에 대한 그의 독서 모두를 재구성했다. 나는 이 책이 널리 읽혔으면 좋겠다. 이 책은 사람들이 억압받는 자들과 하나님께 귀 기울이도록, 그리고 정의를 갈망하도록 자극할 것이다.

앨런 버히 듀크 신학대학원 교수

니콜라스 월터스토프는 기독교 철학자로서 그의 오랜 경력을 통해 우리의 존경을 받았고, 우리 마음을 흔들어놓았다. 그는 정의의 이론과 실천을 향한 최근의 방향전환을 통해, 우리의 관심과 양심을 자극했다. 그래서 그가 정의를 향한 자신의 여정(그를 지혜에서 증거로 이끈 여정)에 대해 우리에게 들려줄 때, 우리의 상상력을 사로잡고 우리의 영혼을 감동시킨다.

새뮤얼 웰스 런던 킹스칼리지 초빙교수

사상들은 결과를 낳고, 철학자들은 우리에게 말을 한다. 그리고 그들은 옳다. 하지만 모든 사상에는 또한 이야기가 있다. 이 책은 미국 기독교의 가장 심오한 사상가 중 한 사람이 어떻게 자신의 영혼 속에 정의를 깊이 각인시켰는가에 관한 이야기다. 『하나님의 정의』는 매우 명쾌하다. 하지만 그 이상이다. 즉, 불의로 고통당하는 사람들이 어떻게 그를 감동시켰는가에 관한 이야기를 들려줌으로써, 월터스토프는 자신의 주장을 매우 강력하게 만들었다. 나는 이 책을 교회를 위한 그의 최고 작품으로, 『나는 사랑하는 사람을 잃었습니다』 *Lament for a Son* 옆에 나란히 둔다.

조나단 윌슨-하트그로브 『문 앞의 낯선 이들』 *Strangers at My Door* 저자

니콜라스 월터스토프는 이 책에서 정의의 쟁점에 대한 우리 인간들의 다양한 사유방식을 탐색한다. 하지만 우리에게 관점에 대한 해부학을 제공하기보다, 자기 자신과 우리에게 무엇이 우리를 세계관에서 참여로 이동시킬 수 있느냐고 묻는다. '이론들'을 조사하고 평가하는 데 익숙한 이 철학자를 움직인 것은 불의의 고통으로 아파하지만, 희망으로 그것을 견디는 사람들을 만난 것이다. 그들을 억압하는 사람들뿐 아니라 남아프리카 흑인들, 팔레스타인인들, 온두라스인들을 포함해서 말이다. 여기에 생명이 깃든 철학적 탐구가 있다.

데이비드 버렐 노트르담 대학교 명예교수

월터스토프
하나님의 정의

Nicholas P. Wolterstorff

Journey toward Justice

: Personal Encounters in the Global South

월터스토프
하나님의 정의

니콜라스 월터스토프 지음 · 배덕만 옮김

월터스토프 하나님의 정의

2017년 4월 4일 초판 1쇄 발행
2025년 2월 18일 초판 2쇄 발행

지은이 니콜라스 월터스토프
옮긴이 배덕만
펴낸이 박종현

(주) 복 있는 사람
주소 서울특별시 마포구 연남동 246-21(성미산로23길 26-6)
전화 02-723-7183, 7734(영업·마케팅)
팩스 02-723-7184
이메일 blesspjh@hanmail.net
등록 1998년 1월 19일 제1-2280호

ISBN 979-11-7083-234-8 03230

이 도서의 국립중앙도서관 출판예정도서목록(CIP)은
서지정보유통지원시스템 홈페이지(http://seoji.nl.go.kr)와 국가자료공동목록시스템
(http://www.nl.go.kr/kolisnet)에서 이용하실 수 있습니다. (CIP 제어번호: 2017007194)

Journey toward Justice
by Nicholas Wolterstorff

Copyright © 2013 by Nicholas Wolterstorff
Originally published in English under the title
Journey toward Justice by Baker Academic,
A division of Baker Publishing Group
P.O. Box 6287, Grand Rapids, MI 49516, U.S.A.
All rights reserved.

Used and translated by the permission of Baker Publishing Group
through rMaeng2, Seoul, Republic of Korea.
This Korean edition copyright © 2017 by The Blessed People Publishing Co.,
Seoul, Republic of Korea.

이 한국어판의 저작권은 알맹2 에이전시를 통하여 Baker Publishing Group과 독점 계약한
(주) 복 있는 사람에 있습니다. 신 저작권법에 의하여 한국 내에서 보호받는 저작물이므로
무단 전재와 무단 복제를 금합니다.

차례

옮긴이의 글 *11*
시리즈 서문 *18*
편집자 서문 *21*
저자 서문 *24*

1부 각성
1. 두 가지 각성 경험 *31*
2. 암만에서 어느 날 저녁 *41*
3. 학대받는 사람들로부터 시작하는 것에 대한 질문들 *47*
4. 학대받는 사람들로부터 시작하는 것이 만든 한 가지 차이 *56*
5. 학대받는 사람들로부터 시작해서 생긴 또 다른 차이 *65*

2부 정의와 권리
6. 권리-담론에 대한 반대 *75*
7. 권리란 무엇인가? *81*
8. 가치에 근거한 권리 *86*
9. 왜 권리-담론이 중요한가? *93*
10. 권리-담론은 소유적 개인주의를 표현하기 위해 존재하는가? *103*

3부 성경의 정의
11. 세 교부들의 자연권 *111*
12. 구약의 정의 *116*
13. 신약성경에서 정의가 대체된다는 주장에 대해 *130*
14. 신약의 정의 *137*
15. 영어성경의 번역들 *145*
16. 신약의 정의에 대해 몇 가지 더 *154*

17. 정의와 사랑 *164*

18. 정의, 사랑, 그리고 샬롬 *176*

19. 성경은 정의의 바른 질서 개념을 말하는가? *184*

4부 불의 바로잡기

20. 인권 *195*

21. 남아공에서 보낸 6일 *209*

22. 불의를 바로잡기 위한 투쟁의 기술 *224*

23. 감정이입의 장벽과 마음의 경화에 대해 *231*

24. 사회정의운동의 구조 *245*

5부 정당한 처벌

25. 온두라스 방문 *265*

26. 보복적 처벌에 대한 바울의 거절 *278*

27. 국가의 임무와 권위에 대한 바울의 생각 *288*

28. 정의, 용서, 그리고 처벌 *299*

6부 아름다움, 희망, 그리고 정의

29. 정의와 아름다움 *315*

30. 희망 *323*

31. 재정리 *347*

주 *357*

찾아보기 *367*

옮긴이의 글

탄핵정국과 기독교, 그리고 『하나님의 정의』

박근혜-최순실 게이트로 대한민국의 치부가 드러나고, 국민들의 분노는 광장의 수백만 함성으로 표출되었다. 막장 드라마나 삼류소설에서 가능할 것 같은 국정농단과 비리, 청문회와 검찰수사 과정에서 드러난 관련자들의 파렴치한 모습은 과연 이 나라에 법과 정의가 존재하는지를 의심케 한다. 특히 대통령 지지율이 5퍼센트대로 추락한 상태에서, 그 5퍼센트의 절대 다수가 보수 기독교인들이란 소문을 들으며, 또한 광화문의 촛불에 대항해서 서울역에 모여 태극기를 흔드는 자칭 '애국보수'의 주류가 기독교인이란 여론 앞에서, 과연 한국교회가 생각하는 '정의'란 무엇인지 몹시 궁금해진다.

대한민국이 정치적으로 민주주의를, 경제적으로 자본주의를 각각 수용했지만, 사실 국민들 대다수는 민주주의와 자본주의에 대해 제대로 교육받은 경험이 거의 없다. 모든 학교수업이 대학입시에 정조준 되어 있고, 이를 위해 '국영수'에 올인 하는 현실에서, 민주주의와 자본주의는 실체 없는 추상적 구호로 우리의 의식 속에 머물 뿐이다. 따라서 정치제도는 민주주의를 채택했으나, 현실정치는 여전히 왕정이나 전체주의의 잔재를 완전히 극복하지 못한 듯하며, 자본주의를 말하나 정경유착과 재벌 독점의 냄새가 진동하는 단계를 벗어나지 못한 것 같다. 이것이 1945년 이후, 분단과 냉전, 반공의 영향력 아래 놓인 대한민국의 서글픈 현실이다.

이런 대한민국의 현실은 한국 교회 안에서 그대로 반복되고, 심지어 심화되어왔다. 역사적으로 해방 이후 남하한 북한 기독교인들에 의해 재구성된 남한 교회는 분단과 반공의 최대 피해자이자 수혜자였다. 묵시적 종말론과 성서무오설을 신봉하는 근본주의적 신학에 영향을 받고, 재림신앙과 성령체험을 중시하는 부흥운동, 개인 전도와 영혼구원에 전념한 전도활동, 그리고 교회 성장과 번영신학을 지향하는 목회 속에서, '민주주의'나 '정의'가 설 자리는 거의 없었다. 영혼, 내세, 개인에 집중하면서, 몸, 현세, 사회는 간과될 수밖에 없었고, 결국 정의가 배제된 사랑, 권리가 부정된 희생, 현실이 간과된 신학, 세상을 포기한 천국이 강단을 지배했고, 그것이 곧 한국 교회의 지배적 실체가 되었다.

이런 상황에서 니콜라스 월터스토프의 『하나님의 정의』는 한국 교회에 대단히 중요한 신학적 도전이자 선물이다. 21세기 기독교의 지형도를 재구성하고 있는 남반구 Global South 기독교의 경험이 서구 신학자들의 사고와 학문에 끼친 영향을 보여줄 의도로 기획된 이 책에서, 월터스토프는 자신이 남아프리카공화국, 팔레스타인, 그리고 온두라스에서 직접 체험한 것들이 정의에 대한 그의 철학적·윤리적·신학적 사유에 끼친 영향을 때로는 감동적인 고백으로, 때로는 치밀한 논리와 논쟁으로 서술한다. 즉, 그는 정의에 대한 학계의 지배적 담론들과 치열하게 논쟁하면서, 자신만의 독특한 정의론을 전개한다. 그렇다면 이 책의 특징을 간략히 정리해보자.

먼저 월터스토프는 자신의 복잡하고 난해한 윤리적 담론을 자신의 개인적 경험을 토대로 서술한다. 그는 지금까지 '정의론'에 대한 학계의 담론을 지배해온 존 롤스 John Rawls 의 견해를 "이상적 이론에 집착한다", "그는 학대받는 사람들로부터 시작하지 않는다"라고 비판한다. 반면 자신이 1960-1970년대에 흑인인권운동과 베트남전쟁 반대운동에 대해 알고 있었음에도 그런 운동에 직접 참여하지 않았지만, 후에 남아공의 유색인종과 팔레스타인인들, 그리고 온두라스에서 사람들을 직접 만난 후에는 예전처럼 관념적 사색에 머물 수 없었다고 밝혔다. 세상을 머릿속에서 상상한 이상적 상태에 근거해서 이해하거나, 글과 화면을 통해 경험하는 것과 현실에서 고통받는 사람들의 울부짖음을 직접 듣는 것 사이에는 엄청난 차이가 있다. 나는 이 점에서 월터스토프의 주장에 압도되었다. 윤리학은 관념철학일 수 없다. 인간의 삶은 '가상현실'이 아니기 때문이다.

둘째, 월터스토프는 정의를 '권리'를 통해 설명하고 입증한다. 그는 이 개념을 설명하기 위해, 기본적 권리, 자연권, 청구권 등에 대해 길고 복잡한 논의를 전개한다. 동시에, 자신이 직접 경험했던 사람들의 상황에 따라서, 정의와 권리의 내용이 다르다는 점에 주목하면서,

한층 예민하고 정교하게 논의를 발전시킨다. 예를 들어, 남아공과 팔레스타인에서는 기본적 정의가 부재했지만, 온두라스의 경우에는 반응적 정의가 부재했다는 것이다. 또한 월터스토프는 서구의 정의론을 보다 분명하게 설명하기 위해 아리스토텔레스적 사고방식과 울피아누스적 사고방식을 구분하고, 자신은 울피아누스적 사고방식을 지지한다고 선언했다. 즉, 아리스토텔레스의 경우, 정의는 이익과 부담의 분배, 상호교환에서 공평이나 평등을 중시하지만, 울피아누스의 경우에는 각자에게 각자의 권리와 몫을 제공하는 것이 정의다. 따라서 월터스토프의 관점에서, 정의는 학대당한 사람들에게 그들의 박탈된 권리를 돌려주는 것이다. 훨씬 더 구체적이고 현실적이다.

셋째, 철학자이자 신학자인 월터스토프는 성경과 교부의 글을 통해, 정의에 대한 신학적 토대를 놓는다. 이 책의 대부분은 권리를 중심으로 정의에 대한 윤리학적·철학적 성찰을 시도한다. 하지만 그런 성찰은 성경에 대한 묵상과 교부들의 설교, 그리고 정의에 대한 그리스어와 영어번역 사이의 차이에 대한 치밀한 분석을 토대로 이루어진다. 특히 구약은 정의를 강조하지만, 신약에서는 사랑이 정의를 대체한다는 스웨덴 신학자 안데르스 니그렌의 주장을 정면으로 반박하면서, 월터스토프는 성경 전체에서 정의의 중심성을 확인한다. 동시에 성경의 영어번역에서 정의와 관련된 단어들[형용사 디카이오스(*dikaios*, 의로운), 명사 디카이오시네(*dikaiosynē*, 정의), 동사 디카이오오(*dikaioō*, 의롭게 하다)]이 흔히 righteousness와 righteous로 번역되는 것의 문제점을 상세히 분석했다. 이것은 한국어로 '의', '의로운' 등으로 번역되는데, 월터스토프의 설명에 따르면, 이것은 "개인의 내적 자아가 하나님과 올바른 관계에 있는 것"으로서, 그 단어의 본래 의미를 왜곡할 여지가 많다. 정의에 대한 그의 철학적·윤리적 성찰이 성경적 진리와 무관하지 않음을 분명하게 보여주는 대목이다.

넷째, 월터스토프는 미학자로서 자신의 전공을 정의에 대한 윤리적 성찰에도 적용한다. 그는 사회적 약자들의 권리를 위해 투쟁하는 사람들이 약자들의 삶의 미학적 차원에는 무관심한 모습에 크게 실망한다. 생존을 위한 최소한의 음식과 시설을 제공하면, 그것으로 자신들의 책임을 다했다고 생각하지만, 인간으로서 존엄은 결코 그런 수준에 머물 수 없다는 것이다. 정의가 인간의 가치와 권리에 근거해서 본래 모습을 회복하는 것이라고 전제한다면, 인간이 회복하고 누려야 할 가치와 권리 중에는 아름다움도 당연히 포함되기 때문이다. 이에 대한 구체적 대안으로, 월터스토프는 도심기독교연맹Inner City Christian Federation, ICCF 의 사례를 소개한다. 이 단체는 부동산업자들의 도심 개발에 반대하여, 도시 빈민들을 위해 6백여 개의 거주지를 건축하거나 개조했으며, 동시에 아름다움의 가치를 중시했다. 도심의 재개발 건축이라고 대충 싸게 만들 수 없었던 것이다. "아름다움은 하나님의 선물이다. 그것은 우리의 삶을 풍요롭게 하고, 자부심과 위엄을 부여하는 데 도움을 준다. ICCF의 모든 집들은 아름답게 설계되고 주변 건축물들과 조화를 이룬다." 월터스토프의 미학적 감각이 돋보이는 장면이다.

끝으로, 이 책에서 월터스토프는 현실에 대한 냉철한 인식을 토대로 자신의 치밀한 철학적 사유를 발전시키지만, 결국 '희망'에 대한 서술로 글을 마무리한다. 그가 경험했고 고민했듯이, 현실의 불의는 대단히 거대하며 막강하다. 그런 불의에 저항하며 정의를 수립하기 위해 싸우는 사람들은 수적으로 적고, 현실적 힘도 미약해 보인다. 따라서 불의가 지배하는 것 같은 현실에서 정의로운 세상을 꿈꾸는 것은 자칫 무모하고 부질없는 공상 혹은 망상처럼 보일지 모른다. 하지만 바로 이 맥락에서 기독인 철학자로서 월터스토프의 진면목이 드러난다. 이 땅에 정의를 이루는 것이 단지 철학적 사색으로 실현될 수 없으며, 용감한 실천이 현실의 장벽 앞에 좌절하는 상황에서, 이성적 사유가 하나님에 대한 믿음과 희망으로 연결되어야 함을 역설한다. "나를 믿어라. 나는 너희들이 게으름을 피우도록 내버려두는 대신, 너희들이 최선을 다하도록 할 것이다. 너희가 하는 일은 나의 작업을 위해 중요하다. 나를 믿어라"라는 월터스토프가 인용한 렘브란트의 권면은, 의기소침한 독자들의 가슴을 뛰게 만든다.

불의한 현실을 경험하고, 그 속에서 통곡하는 자들과 그들을 위해 투쟁하는 사람들의 이야기를 들을 때, 독자들의 가슴은 뜨거워질 것이다. 권리를 통해 정의의 본질을 분석하고, 기존의 윤리학계 거장들과 진검승부를 펼치는 장들에서는 독자들의 이성이 극도로 예민하게 작동할 것이다. 그리고 정의와 미학이 만나고, 이런 여정이 희망 속에 마무리될 때, 독자들의 경직된 근육은 이완되고, 위축된 영혼에는 온기가 스며들 것이다. 그래서 마지막 페이지를 넘기는 순간, 독자들의 얼굴에는 무의식적으로 행복한 미소가 번질 것이다.

윤리학을 전공하지 않은 사람에게 이 책의 번역은 또 하나의 정신적·도덕적 고문이었다. 익숙하지 않은 윤리학 용어들을 우리말로 옮기는 것은 마지막 페이지를 번역하는 순간까지 어려운 숙제였다. 또한 면도칼처럼 날카롭고 뇌신경처럼 복잡한 월터스토프의 논리와 분석을 따라가는 것도 쉽지 않았다. 그럼에도 어두운 방을 더듬듯이 긴장 속에 페이지를 넘기면서, 무릎을 치며 감탄하고 감동하는 경험을 여러 차례 반복했다. 성경, 신학, 철학을 넘나들며, 이성과 감성 사이에서 교묘하게 줄을 타고, 이상과 현실의 틈 속에서 긴장의 끈을 놓지 않는 거장의 모습에서 학문의 진가를 맛보며 무척 행복했다.

이제 번역을 마무리하고 나니, 부끄러움과 미안함이 파도처럼 밀려온다. 어설픈 번역 원고를 읽으면서 부끄러울 뿐이다. 그렇게 시간을 끌면서 번역했으나 이런 수준으로 마무리하고, 더 큰 짐을 편집자들에게 지우게 되니 한없이 미안할 뿐이다. 따라서 미흡한 번역의 책임은 모두 역자의 몫이다. 반면 이 책이 독자들에게 감동과 만족을 안겨준다면, 이 책의 번역을 결정하고, 마지막까지 교정과 편집을 위해 수고한 복 있는 사람의 박종현 대표와 탁월한 일꾼들의 덕이다. 많은 분들에게 감사하고 죄송하다.

배덕만

시리즈 서문

남쪽을 향하여: 세계기독교 시대의 기독교 학자들

거의 40여 년 전, 스코틀랜드의 교회사가 앤드루 월스Andrew F. Walls는 아프리카가 기독교의 새로운 심장부가 될 것이며, 남반구와 동방의 다른 지역들이 기독교적 실천과 사상을 위한 새로운 중심지가 될 것이라고 예견했다. 월스의 동료 중에서 그의 말에 관심을 보인 사람은 거의 없었다. 하지만 오늘 우리는 그가 얼마나 예언자적이었는지 알게 되었다. 역사학자 필립 젠킨스Phillip Jenkins의 표현처럼 '세계기독교World/Global Christianity의 도래'가 광범위한 관심과 주목을 얻고 있으며, 그것의 증표는 너무나 명백하다. 현재 아프리카인들이 세계교회협의회WCC와 몇 개의 개신교 세계단체를 이끌고 있다. 남아프리카의 노벨평화상 수상자인 데스몬드 투투Desmond Tutu는 세계에서 가장 저명한 대중신학자다. 중국과 브라질이 세계에서 가장 많은 개신교인 인구에서 미국에 육박하고 있다. 기독교의 중심 위치가 남반구와 아시아 쪽으로 확실하게 기울었을 뿐 아니라, 그에 대한 대중적·학문적 인식 또한 그렇다.

기독교 인구, 활력, 영향에서 이런 세계적인 변동이 북대서양 지역의 기독교 학자들을 경악시켰다. 그들의 사명감과 방향감각은 점차 탈기독교화하는 서구의 문제들을 지향하게 되었고, 그것을 다루기 위한 그들의 준비도 유럽의 '기독교 인문주의' 전통 내에서 구성되었다. C. S. 루이스, 아브라함 카이퍼, 도로시 세이어즈는 그들의 수호성인이다. 그리고 그들의 일차적 사명 가운데 하나는 '교양 있는 종교 경멸자들'로부터 지적 영역을 회복하는 것이었다. 기독교 학문 세계와 대학은 이런 방향으로 깊이 경도되었다. 그들의 전략과 집착은 유럽 기독교 세계라는 모루 위에서 연마되었다. 그 결과 선교의 최전선에서 기독교적인 열정과 참여는 학문 작품을 생산하기 위한 기독교 자원과 심각히 불일치하게 되었다고 월스는 말한다. 기독교 학문은 결정적인 방향 전환이 필요하다.

월스는 이 문제를 심각하게 생각했다. 그래서 그는 교회사 강의 계획서를 다시 작성했다. 그것은 복음이 예루살렘에서 북쪽과 서쪽으로 이동했을 뿐 아니라, 남쪽과 동쪽으로 이동했다는 사실의 함의를 반영할 필요가 있었다. 자신의 개인적이고 학문적인 소명의 방향을 재조정해온 이들이 또 있다. '남쪽을 향하여' Turning South 시리즈는 남반구를 향해 관심과 헌신의 방향을 바꾸었던 탁월한 기독교 학자들의 사색을 들려준다. 북반구에서 다음 세대의 기독교 학자들이 남반구의 사상계와 쟁점에 더욱 열정적으로 관여하도록 영감과 감동을 주기 위해, 이 시리즈의 저자들은 방향 조정을 강조한다. 그리고 '남쪽을 향하여'가 다양한 문화 영역에서 기독교 사상과 창조성에 어떤 함의를 갖는지에 대해 질문한다. 이와 같은 사색이 강력한 깨달음을 제공하여 그것을 읽고 숙고하는 독자들의 마음과 생각, 소명이 새로운 방향으로 전환되기를 진심으로 바란다.

조엘 카펜터

편집자 서문

베이커 아카데믹 Baker Academic 의 밥 호색 Bob Hosack 이 나와 함께 '남쪽을 향하여' 시리즈에 대해 생각하기 시작했을 때, 우리는 아프리카, 아시아, 라틴 아메리카 출신 사람들과 그들의 사상 및 관심사를 접함으로써, 마음, 정신, 직업의 변화를 경험했던 북미(혹은 유럽) 출신 기독교 사상가들을 찾겠다고 결심했다. 만약 교회가 세상을 향한 자신의 사명에 대해 가장 중요한 생각을 하도록 도울 의무가 기독교 지성인들에게 있다면, 그들은 기꺼이 교회사역의 최전선에서 발생하는 문제와 쟁점에 대해 준비하고 관여할 의지가 있어야 한다. 남반구와 동양을 향한 기독교적 열정과 활동의 지각 변동을 고려할 때, 기독교 사상가들이 자신들의 재능과 시간의 더 많은 부분을 그런 지역들에 헌신해야 하지 않을까? 말할 것도 없이, 기독교 사상의 동향은 교회의 주된 싸움터가 그렇게 극적으로 변한 것보다 한참 뒤처져 있다. 그래서 우리는 자신의 소명이 재조정되었고, 그런 변화에 대해 이야기해줄 대표적인 기독교 사상가들을 찾았다.

내 머리에 제일 먼저 떠오른 사람이 바로 우리 시대의 가장 뛰어난 철학자 중 한 명인 니콜라스 월터스토프였다. 그는 인식론과 종교철학 분야에서 큰 명성을 얻었다. 하지만 순수하게 이론적인 탐구영역뿐 아니라, (미학, 윤리학, 정치학, 교육 같은) 다양한 '응용' 분야에서 그의 철학적 관심과 업적의 범위는 대단하다. 하지만 그의 강연과 출판에 익숙한 사람은 지난 30년간 그의 사상에서 하나의 지속적인 긴장을 발견할 수 있다. 즉, 월터스토프는 정의^{justice}에 깊은 관심을 갖고 있다. 최근에 그의 글쓰기는 그런 방향으로 훨씬 더 명료하게 진행되어왔다. 『정의: 권리와 학대』$_{Justice:\ Rights\ and\ Wrongs}$에서, 월터스토프는 정의가 '기본적 인권'에 대한 인식에서 기원하며, 이런 권리는 하나님의 형상으로 창조된 인간의 존엄성에서 기원한다고 주장한다. 『사랑 속의 정의』$_{Justice\ in\ Love}$는 정의와 사랑이 서로 대립되는 것이 아니라, 완벽하게 양립할 수 있다고 주장한다. 그렇다면 정의에 대한 월터스토프의 열정은 어디서 온 것일까? 왜 그는 철학자로서 정의의 본질에 대해 이런 주장을 하는 것일까?

그가 학대받는 사람들을 만났고 그들의 곤경에 깊이 공감했다는 것이 그의 대답이다. 감정이입^{empathy}이 정의를 위한 투쟁에 가장 강력한 동기를 부여한다. 즉, 의무나 책임, 혹은 사람이 소유할 수 있는 어떤 덕성이 아니라, 부당하게 대접받는 것이 어떤 느낌인지에 대한 개인적 지식이나 이해 말이다. 그에 따르면, 어떤 사람은 안락의자에서 독서를 통해 공감을 경험할 수도 있다. 하지만 우리가 연약하고 불의

로 고통받는 사람들의 얼굴과 목소리를 직접 대면했을 때, 우리는 가장 강력하게 공감할 수 있다.'

여기서 우리는 월터스토프의 이야기를 들을 수 있다. 어떻게 그가 남아공 흑인들, 팔레스타인 난민들, 그리고 온두라스의 평범하고 가난한 사람들이 겪은 불의들을 직접 대면했는지 말이다. 이런 경험들이 먼저 그의 삶에 영향을 끼쳤고, 머지않아 철학자로서 그의 사상에도 영향을 끼치기 시작했다고 그는 말한다. 정의를 관찰하는 많은 학자들이 정의의 토대를 질서가 확립된 사회에 두고 싶어 하지만, 월터스토프는 자신의 경험을 통해, 정의의 토대를 개인들의 가치와 존엄성에 두게 되었다고 말했다. 비록 근대의 많은 기독교 사상가들이 구약의 정의와 신약의 사랑을 구별하고 싶어 하지만, 월터스토프는 이것이야말로 잘못된 이분법이라고 주장한다. 기독교인들은 (성경이 알려주는) 살아 계신 하나님께 기원하는 정의에 대한 위대한 열정 없이 진정한 의미에서 사랑의 백성이 될 수 없다. 이런 문제들에 대해서도, 그는 남반구 기독교인들의 가르침과 증거를 통해 확신하게 되었다. 만약 우리가 그들을 향해 방향을 전환한다면, 우리는 학대받아온 사람들의 목소리를 듣고, 그들의 얼굴을 볼 수 있을 것이다. 월터스토프가 남쪽으로 방향을 전환한 것이 그를 근본적으로 변화시켰다. 하나님께서 당신을 위해 어떤 계획을 갖고 계시는지 누가 알겠는가?

조엘 카펜터

저자 서문

다른 사람들의 자극이 없었다면, 나는 이 책을 쓰지 않았을 것이다. 이것은 이야기다. 나는 철학자다. 철학자들은 좀처럼 이야기를 들려주지 않는다. 우리 철학자들은 주로 추상적인 문제를 다룬다.

이 책은 한 편의 이야기일 뿐 아니라 개인적 이야기이기도 하다. 어떻게 내가 정의에 대해 생각하게 되었는지, 어떻게 내가 지금처럼 정의에 대해 생각하게 되었는지에 관한 이야기다. 내가 『크리스천 센추리』The Christian Century 시리즈 "어떻게 내 생각이 변했을까?"How My Mind Has Changed 에서 원고청탁을 받았을 때, 내가 썼던 글의 첫 문단은 여전히 사실이다.

내게 자서전은 쉽지 않다. 나는 미네소타 주 남서부에 소재한 작은 농촌 마을의 한 네덜란드개혁교회 이민자들 공동체에서 성장했다. 네덜란드개혁교회의 풍습은 결코 자기 자신에게 주목해서는 안 되고 모든 일에 겸손해야 하며, 잘난 척하거나 자기 자랑을 늘어놓아서는 안 되었다. 만약 당신이 어떤 일을 잘했다면 다른 사람들이 칭찬하게 해야지, 당신 자신이 그래서는 안 된다. 미네소타의 풍습은 항상 말을 삼가는 것이었다. 만약 당신이 한 훌륭한 일에 대해 어떤 사람이 칭찬하면, "감사합니다"라고 말할 뿐 더 이상의 말을 하지 않거나 "아, 예, 별일도 아닌데요"라고 말해야 한다.¹

그런 토양에서는 자서전이 제대로 나올 수 없다.

가장 집요하게 나를 자극한 사람은 칼빈 대학의 네이글 세계기독교연구소 the Nagle Institute for the Study of World Christianity 소장인 조엘 카펜터 Joel Carpenter였다. 조엘은 '남쪽을 향하여'라는 책 시리즈를 구상하고 있었다. 그는 내가 지금처럼 정의에 대해 생각하고 글을 쓰게 된 것은 남반구에서 내가 경험한 일과 관계가 있음을 잘 알고 있었다. 그래서 그는 내가 그의 시리즈를 위해, 어떻게 그런 일이 벌어졌는지에 대해 이야기를 들려주는 책을 한 권 쓰도록 격려했다. 내가 사용하는 '남반구'란 용어에는 중동까지 포함된다.

그것이 바로 이 책의 내용이다. 즉, 이전에 내가 정의에 대해 쓴 책들의 주된 형식인 체계적 여행 대신, 정의에 대한 내 생각의 자서전적 여행 말이다. 여기서 내가 불의의 교정에 대해 하는 말은 내가 이전에 출판했던 것을 넘어선다. 하지만 나머지 부분의 경우, 내가 다른 곳에서 체계적으로 제시했던 자료들에 상당 부분 근거한 자서전적 여행이다. 심지어 어떤 문장은 내가 전에 쓴 것을 약간 다듬어서 다시 사용했다.

그 자료들이 체계적 형식보다 이야기 형태로 사용되기 때문에, 다른 관점에서 상황을 바라보게 한다. 그래서 정의에 대한 나의 체계적 논의들을 이미 읽은 독자들이라 해도 이런 식의 자료 제시에서 흥미와 전망을 얻었으면 좋겠다. 그것은 나 자신에게도 흥미롭고 도움이 되었다. 어떤 것들은 전보다 더 분명하게 이해할 수 있었다. 심지어 전에는 이해할 수 없던 관계를 이해할 수 있었던 것이다.

독자들이 별다른 설명 없이도 이 문제에 대한 내 생각의 '핵심'을 파악할 수 있도록, 나는 그 쟁점들을 체계적으로 다룰 때 발생하는 철학적 난해함은 피하기로 마음먹었다. 일부 독자들은 이런 설명에 실망할지도 모르겠다. 그들에게는 이런 논의가 지나치게 피상적이고, 철학적 깊이나 정교함이 부족해 보일 것이다. 그런 분들에게는 그 주제를 체계적으로 다룬 나의 다른 책들을 권하고 싶다.

나는 1975년에 남아공에서 아프리카너[남아프리카공화국에 거주하는 백인 중, 주로 네덜란드 이민자, 프랑스 위그노, 독일계 개신교인들로 구성된 민족 집단. 이들은 아프리칸스어(네덜란드어를 기초로 하여 프랑스어, 말레이어, 아프리카 현지어 등이 결합하여 형성된 게르만 계통의 언어)를 모국어로 사용하며 네덜란드개혁교회에 속해 있다.-옮긴이]들과 유색인들을 만나고, 정의에 대한 망각(나의 잠)에서 깨어났다. 그리고 1978년에 팔레스타인인들을 만난 후, 확실하게 깨어났다. 다음에 나오는 이야기에서 그런 만남들이 대단히 중요하다. 그래서 내 이야기가 본격적으로 시작되기 전, 나는 독자들이 갖게 될지도 모르는 두 가지 오해를 미연에 방지하기 위해 내가 할 수 있는 일을 하고 싶다. 한 가지 오해는 1975년에 모든 아프리카너들이 아파르트헤이트(아프리칸스어로 '분리', '격리'란 뜻이며, 남아프리카공화국의 극단적인 인종차별정책을 말한다. 제2차 세계대전 이후 채용되어 1991년까지 실행되었다.-옮긴이)의 옹호자들이었다는 생각이다. 결코 그렇지 않았다. 그들 중에도 영웅적인 반대의 목소리가 있었다. 나는 첫 번째 여행에서 그들 중 몇 사람을 알게 되었고, 후에는 훨씬 더 많은 사람들을 알게 되었다. 또 다른 오해는 모든 이스라엘인들이 팔레스타인인들에 대한 이스라엘의 취급을 옹호했고 지금도 그렇다는 것이다. 그들은 그렇지 않았고, 지금도 그렇지 않다. 상당히 많은 이스라엘인들이 이스라엘의 정책을 강력하게 영웅적으로 반대하고 있다. 내가 팔레스타인인들을 처음 만난 이후, 그런 사람들을 많이 알게 되었다.

    이 책 대부분의 장들은 짧다. 각 장마다 한 주제씩 다룬다. 나는 그것들을 여섯 개의 부로 묶었다. 1부 '각성'에서는 내가 어떻게 정의에 관심을 갖게 되었으며, 지금처럼 생각하게 되었는지 서술한다. 2부 '정의와 권리'에서는 내가 전에 쓴 정의에 대한 글들에서 정교하게 발전시킨 정의론을 간략히 소개한다. 나는 정의가 권리에 근거한다고 생각하기 때문에, 내가 생각하는 권리에 대해 설명한다. 3부 '성경의 정의'에서는 정의가 얼마나 깊이 기독교 성경, 즉 구약과 신약에 스며들어 있는지를 보여준다. 4부 '불의 바로잡기'에서는 불의를 교정하려는 투쟁의 다양한 차원들과 왜 그 투쟁이 그렇게 어렵고 논쟁적인지 생각해본다. 몇 년 전에 온두라스를 방문한 후에야, 나는 정당한 처벌 없이는 근본적 혹은 '기본적' 정의가 불가능하다는 사실을 깨달았다. 그것이 5부, '정당한 처벌'의 주제다. 끝으로, 6부 '아름다움, 희망, 그리고 정의'에서는, 정의와 아름다움의 관계, 정의와 희망의 관계에 대해 숙고하고 간략한 재정리로 글을 마무리한다.

1부

각성

1장

두 가지 각성 경험

1975년 9월, 나는 당시에 가르치던 칼빈 대학의 지시로, 남아프리카 공화국 포체프스트룸 대학교가 주최한 국제학술대회에 참석했다. 그 대학교는 요하네스버그^{Johannesburg}에서 차로 한 시간쯤 떨어진 작은 도시 포체프스트룸^{Potchefstroom}에 소재하고 있었다. 당시에 그 학교는 분명하고 세심하게 아프리카너^{Afrikaners} 전통에 서 있었다. 아프리카너가 아닌 백인들도 학생으로 입학이 허용되었지만, 소위 흑인과 유색인은 그렇지 못했다.[1] 이것이 내가 남반구에 발을 디딘 최초의 일이었다.

학술대회에서 논문을 발표한 대부분의 남아공 학자들은 아프리카너였다. 하지만 흑인과 유색인도 더러 있었다. 그 외에도 아프리카의 다른 지역에서 온 학자들, 네덜란드에서 온 상당한 규모의 대표단, 북미에서 온 여러 학자들, 그리고 아시아 국가에서 온 소수의 학자들도 있었다.

비록 그 학회가 남아공의 아파르트헤이트 체제를 다룬 것은 아니었지만(1975년은 남아공에서 혁명이 일어나기 훨씬 전이었다), 아파르트헤이트는 커피 시간과 식사 시간에 대화의 지배적 주제였고, 지속적으로 대회 안으로 들어오려 했다. 결국 그렇게 되고 말았다. 처음에는 대회 일정에 있던 한 세션에서 그랬고, 다음에는 급하게 소집된, 예정에도 없던 세션에서 그랬다. 그 예정에 없던 세션에서 벌어진 토론은 내가 그때까지 경험한 그 어떤 것보다 뜨거웠다. 네덜란드인들은 남아공에 대해 잘 알고 있었으며, 아파르트헤이트에 대해 단단히 화가 나 있었다. 마침내 그들은 아프리카너들을 향해 분노를 폭발했다. 반대로, 아파르트헤이트를 옹호한 아프리카너들은 네덜란드인들에게 화를 냈다. 이후에 나는 아프리카너들이 아파르트헤이트 반대자들에게 그들이 잘못된 정보를 갖고 있다는 식으로 말하면서 비난을 모면하려 한다는 사실을 알게 되었다. 하지만 그들은 네덜란드인들이 잘못된 정보를 갖고 있다고 비난할 수 없었다. 그래서 그들은 네덜란드인들이 자기들만 옳은 척한다고 비판했다. 결국 남아공 출신의 흑인과 유색인 학자들이 분노보다 상처의 목소리로(당시에는 내게 그렇게 보였다) 말하기 시작했다. 그들은 매일 그들에게 쏟아지는 치욕, 그리고 그들이 모욕당하는 여러 방식을 묘사했다. 그들은 자기 집에서 쫓겨나서, 반투스탄(Bantustans: 남아공의 반자치 흑인 구역으로 1993년에 폐지되었다.—옮긴이)으로 내몰린 상황에 대해 말했다. 그들은 거대한 열정으로 정의를 외쳤다.

    나는 이런 정의를 향한 외침에 깊은 감동을 받았을 뿐 아니라, 내가 하나님께 소명을 받았다고 확신했다. 나는 하늘에서 어떤 음성을 들은 것이 아니다. 하나님이 흑인과 유색인들의 연설을 통해 내게 말씀하신 것이다. 하나님께 충성한다면, 나는 그런 불의의 희생자들을 위해 적절한 방식으로 목소리를 높여야 했다.

남아공에 있는 동안, 나는 남아공의 반反테러 법에 대해서도 알게 되었다. 이 법에 따라서, 경찰이 어떤 사람을 90일 동안 구금할 수 있었다. 영장도 청구하지 않은 채, 그 사람이 어디에 있는지 아무에게도 알려주지 않고, 변호사와 접촉할 기회도 주지 않으며, 경찰이 원한다면 90일의 구금 기간을 갱신할 수도 있었다.

남아공에 가기 전, 나는 아파르트헤이트에 대한 C. F. 베이어스 노데 C. F. Beyers Naudé 의 영웅적 저항에 대해 알고 있었다. 노데는 저명한 아프리카너 집안 출신이었다. 내게 양심이 있다면, 남아공에 있는 동안 나는 노데를 만나야 했다. 그래서 학회가 끝난 후, 캐나다에서 온 제럴드 반데 잔데 Gerald Vande Zande 와 함께, 나는 프리토리아 Pretoria 에 있는 우리 호텔에서 노데와 인터뷰할 수 있는 자리를 가졌다. 인터뷰 이틀 전, 노데의 중요한 동지 중 한 명이 반反테러 법에 따라 체포되었다. 그래서 노데는 자신의 스태프를 재구성하고 그 동지가 어디에 붙잡혀 있는지를 알아내느라, 그 약속을 취소할 수밖에 없었다.

그런 식의 체포가 벌어지는 사회에 의해 마음에 깊은 상처를 받고 화가 난 나는, 그날 밤 이 대회에 참석하러 말라위에서 온 한 교수와 함께 프리토리아 거리를 걸었다. 약 30분 뒤, 나는 내 동료가 별다른 반응 없이 모든 것을 그대로 받아들이고 있다는 사실을 감지했다. 나는 이렇게 화가 나는데, 어떻게 그렇게 침착할 수 있느냐고 동료에게 물었다. 나는 그의 대답을 결코 잊지 못할 것이다. "나는 매일같이 이런 종류의 일을 당하며 살고 있습니다. 내가 신뢰할 수 있는 소수의 친구들 외에 다른 사람들 앞에서 정부를 비판하면, 나는 곧 체포될 것이고 내 가족은 생계수단을 잃어버릴 것이며, 나의 신학교는 폐쇄될 것입니다." 보복을 두려워하지 않고, 공적으로 내 정부를 마음껏 비판할 수 있는 나라에서 산다는 것이 얼마나 큰 특권인지, 나는 어느 때보다도 생생하게 깨달았다.

귀국하는 길에, 나는 남아공의 상황과 역사적 기원에 대한 책을 한 보따리 사와서 열심히 읽었다. 나는 일반적인 정의에 대해, 특히 남아공의 불의에 대해 생각하고 말하고 글을 쓰기 시작했다. 나는 여러 차례 남아공을 방문했으며, 옛 정권의 많은 반대자들(흑인, 유색인, 백인)과 친구가 되었다. 이들 중에서 앨런 부삭 Allan Boesak 이 나의 절친한 벗이 되었고, 여러 해 동안 좋을 때나 힘들 때나 그렇게 남았다.

1978년 5월, 나는 시카고 서부에서 열린 팔레스타인의 권리에 관한 학술대회에 참석했다. 나는 왜 초대되었는지 몰랐고, 왜 참석했는지도 스스로 이해하지 못했다. 그 대회는 '팔레스타인 인권운동' Palestine Human Rights Campaign 이란 단체가 후원했다. 약 150명의 팔레스타인인들이 참석했으며 대부분이 기독교인들이었다. 그들은 격렬한 언어로 자신들의 한을 토로했다. 하지만 그 표현이 너무 과격해서, 대부분의 미국인들은 감당하지 못했다. 그들은 자신들이 거의 매일 당하는 모욕에 대해 설명했다. 자기 조상들의 땅과 과수원들이 어떻게 강탈당하고, 유대인 정착자들의 자리 마련을 위해 그들이 어떻게 집에서 추방당하고, 집이 불도저로 허물어졌는지 말했다. 그들은 집단적 처벌과 그들이 매일 모욕당하는 여러 방식에 대해서도 말했다. 그들은 정의에 대한 거대한 열정으로 부르짖었고, 나는 그것에 깊은 감동을 받았다. 그리고 또다시, 이렇게 부당한 대접을 받는 사람들을 위해 내가 일체의 적절한 방식으로 목소리를 높여야 한다는 하나님의 소명을 받았다.

당시에 미국무부는 팔레스타인 해방기구^{PLO}의 유엔 대표 테르치^{Terzi} 대사가 그 대회에 참석하는 것을 허락했다. 그가 이야기할 때, 다섯 명 이상의 사람들이 주변에 없어야 한다는 조건하에서 말이다. 이 때문에 나는 매우 화가 났다. 다섯 명 이상이 동시에 테르치의 말을 들을 경우 미국의 중동 정책이 위험해진다면, 정책 자체에 심각한 문제가 있는 것이다.

집으로 돌아오자마자, 나는 중동의 상황과 역사적 기원에 대한 책들을 한 꾸러미 사서 열심히 읽었다. 나는 중동의 불의에 대해 말하고 글을 썼다. 나는 '팔레스타인 인권운동'의 이사장이 되었고, 그 단체가 후원하는 대회들을 조직하고 거기에 참석하여 연설했다. 나는 여러 차례 중동을 다녀왔으며, 그런 상황에 저항하는 여러 사람들(이스라엘 사람들과 팔레스타인 사람들)과 친구가 되었다. 1993년 9월 13일에 '오슬로 평화협정'^{Oslo Accord}이 타결되었을 때, 나는 이제 그 문제가 이스라엘인들과 팔레스타인인들의 손에 달렸으며, 나 같은 외국인들이 할 수 있는 일이 거의 없다는 결론을 내렸다. 하지만 얼마나 순진한 생각이었던가!

왜 이 두 가지 경험이 나에게 그토록 중요했을까? 나는 미국의 시민권 운동을 열렬히 지지했었다. 저항행진에 참여하기 위해 미국 남부를 직접 방문하지는 않았더라도 말이다. 나는 베트남전쟁도 강력히 반대했다. 공개적으로 반대를 표명하기도 했다. 당시에 내가 쓴 글 중 일부를 읽어보면, 내가 이런 상황들에 대해 생각하고 글을 쓰려고 사용한 기본적인 도덕적 범주가 정의와 불의에 속한 것이었음을 알 수 있다. 하지만 내가 남아공과 팔레스타인의 상황들에 직면했을 때 느꼈던 것과 동일한 방식으로 소명을 느끼지는 않았었다. 내가 정의에 대해 생각하고 말하고 글을 쓰도록 동기를 부여받지는 않았던 것이다.

이제는 고전이 된 존 롤스 John Rawls 의 『사회정의론』 *A Theory of Justice* 이 1971년에 출판되었다.² 그 책의 출간과 함께 쏟아진 찬사와 관심 때문에, 나는 그 책이 나오자마자 읽었다. 정치철학과 윤리는 내 전공이 아니었기에, 단지 지적인 호기심으로 그렇게 한 것이다(나는 은퇴할 때까지, 그 분야에 대해 단 한 번도 강의나 세미나를 해본 적이 없다). 나는 롤스의 책이 지적으로 대단히 흥미롭다고 생각했고, 그 책을 둘러싸고 벌어진 일부 논쟁에 심취했다. 하지만 나 스스로 정의에 대해 생각해볼 만큼 감동을 받지 못했고, 정의에 대한 책을 더 많이 읽어야겠다는 자극도 받지 못했다.

그런데 왜 흑인과 유색인들이 포체프스트룸에서 정의를 부르짖을 때, 나의 반응은 그렇게 달랐을까? 왜 시카고 서부에 모인 팔레스타인인들이 정의를 부르짖을 때, 나의 반응은 그렇게 달랐을까?

나는 포체프스트룸과 시카고 서부에서 내가 학대받는 사람들을 직접 대면한 것이 그 이유라고 생각한다. 나는 정의라고 불리는 어떤 추상적인 것에 대해 어떤 사람이 쓴 것을 읽은 것이 아니며, 어떤 곳에서 발생한 불의의 희생자들에 대한 신문기사를 읽은 것도 아니다. 나는 살아 있는 사람들이 어떻게 자신과 가족들, 그리고 친구들이 조직적으로 학대와 모욕을 당했는지와 관련한 그들의 이야기를 직접 들었다. 그들이 자신의 이야기를 들려줄 때, 나의 시선은 그들의 얼굴에 고정되었고, 그들의 눈을 똑바로 쳐다보았으며, 그들의 이야기를 흡수했다. 그전에는 이런 종류의 일이 나에게 벌어지지 않았다. 내가 개인적으로 알고 있던 불의는 주로 에피소드였다. 이 사람들은 자기 삶에서 벌어진 에피소드를 말한 것이 아니었다. 그들은 존재의 일상적 상황을 묘사한 것이다.

그렇게 학대받는 사람들이 내게 왔다. 나는 그런 사람들을 찾아 나선 적이 한 번도 없었는데 말이다. 내가 포체프스트룸에 갔을 때, 나는 기독교 고등교육에 대해 유쾌한 토론을 기대했다. 내가 팔레스타인의 권리에 대한 학술대회에 참석했을 때, 내가 무슨 기대를 했는지 잘 모르겠다. 하지만 내가 정의를 부르짖는 150명의 팔레스타인인들을 만나리라고는 전혀 예상하지 못했다. 두 경우 모두, 나는 압도당하고 말았다.

조직적으로 학대받는 사람들의 얼굴을 직접 보고 그들의 목소리를 직접 들은 것에 자극을 받아, 나는 정의에 대해 생각하고 글을 쓰고 말하게 되었다. 그때부터 그런 생각, 집필, 발언의 형태가 갖추어지기 시작했다.

『사회정의론』에서 롤스는 학대받은 사람들로 시작하지 않았다. 대신 그는, 정치적·윤리적 이론에서 다양한 문제들로 시작했다. 롤스의 책에 자극을 받은 엄청난 분량의 저서들도 마찬가지였다. 그것은 교수들이 지적으로 흥미롭다고 생각한 문제들에 대해, 교수들이 교수들을 위해 쓴 것이다. 나도 역시 교수였다. 다름 아닌 철학교수. 1975년의 포체프스트롬과 1978년에 시카고 서부에서 경험한 것에 의해 나는 정의를 생각할 때 학대받은 사람들에서 시작하게 되었다.

그 학술대회에서 나는, 아프리카너들이 아파르트헤이트를 옹호하며 흑인과 유색인들에 반응하는 모습을 보고 깜짝 놀랐다. 그들은 불의에 대해 문제를 제기하지 않았다. 그렇다고 그런 비난을 인정하거나, 불의를 바로잡으려는 사람들의 투쟁에 동참하겠다는 결심도 하지 않았다. 그들은 정의가 적합한 범주가 아니라고 주장했다. 남아공이 무질서의 위협하에 있었기 때문에, 질서와 무질서가 적합한 범주였다. 아파르트헤이트의 전체적 상황에 대해 그들은 지배하는 아프리카너들의 입장에서 이것이 선한 의지의 발로라고 주장했다. 그들의 설명에 따르면, 남아공에는 10-11개의 다른 민족들이 존재한다. 아파르트헤이트 체제는 이런 민족들이 각자의 고유한 정체성을 발견한다는 이상에서 영감을 얻은 것이다. 정말 그렇게 되려면, 그들은 서로 뒤엉켜 사는 것이 아니라 각각 떨어져 살아야 한다. 그래서 아파르트헤이트다.

여기에 어떤 사람은 자신의 개인적 선행에 대한 이야기를 덧붙였다. 그들은 자기 아이들이 자란 후, 뒷마당에서 살고 있는 '흑인' 가족에게 옷을 주었으며, 크리스마스에는 그 가족에게 빵도 주었다. 북미의 내 동료 몇 사람은 이런 이야기에 회의적이었지만, 나는 그렇지 않았다.

간단히 말해 그 아프리카너들은 스스로를 자애로운 사람들로 소개했다. 그들은 자신들의 호의를 인정받지 못하고, 어떤 감사의 말도 듣지 못한 것에 불만을 토로했다. 왜 우리는 서로 사랑할 수 없느냐고, 그들 중 한 사람이 흑인과 유색인들에게 애처로이 물었다. 왜 당신은 우리를 비난만 하는가? 그리고 그들은 아파르트헤이트를 비판하는 사람들이 그런 프로젝트를 가동시킨 환상적이고 유익한 이상은 무시한다고 불평했다. 비판자들은 그 이상을 실현할 때 경험하는 어려움에만 주목했다는 것이다.

내가 전에는 본 적이 없지만 이제 내 눈으로 직접 본 것은 호의benevolence가 억압의 도구로 사용되는 것이다. 물론 그것은 **자기중심적**self-perceived 호의였다.

정의와 불의란 관점에서 그 상황에 대해 생각하는 것은 거부하고, 오직 질서와 호의란 관점에서 생각하는 것이 아파르트헤이트를 옹호한 아프리카너들에게는 왜 그렇게 중요했을까? '흑인'과 '유색인'이 부당하게 취급받는다고 그들이 인정하면, 그들의 질서에 대한 열정과 자기중심적·온정주의적 호의에 제동을 걸어야 하기 때문이다. 그렇게 되면 아파르트헤이트 자체를 거부해야 하기 때문이다. 그것은 그들이 감당할 수 없는 일이었다. 그들은 아파르트헤이트가 가져다줄 것으로 생각한 위대한 선에 고무되었고, 그 상황에서 그들의 지위에 만족했다. 그들은 지배하며 안락하게 살고 있었다. 물론 그들 자신이 상황을 그렇게 만든 것은 아니다. 그들은 단지 지배하며 안락하게 살고 있을 뿐이었다.

온정주의적 호의에 제동을 건다는 것이 정의와 무슨 상관일까? 보다 일반적으로, 왜 정의가 문제일까? 왜 선의와 호의만으로 충분하지 않을까? 당시 나에게는 이 질문에 대한 대답이 없었다. 하지만 이제는 답할 수 있다. 우리는 나중에 그 문제들을 다룰 것이다.

그 학회에서 아파르트헤이트를 옹호하며 목소리를 높인 아프리카너들이 왜 나처럼 정의에 대한 울부짖음에 반응하지 못했을까? 나는 정서적으로 감동받았을 뿐 아니라 이렇게 학대받는 사람들을 위해 목소리를 높이라는 하나님의 소명도 받았다. 대신 그 아프리카너들은 정의가 적합한 범주가 아니라고 주장함으로써 대응했다. 그들은 학회에서 내가 직접 대면한 바로 그 '흑인'과 '유색인'을 직접 대면했다. 그들은 내가 들은 것과 똑같은 수치와 모욕의 이야기를 똑같은 사람들의 입을 통해 들었다. 그들도 같은 눈들을 보았다. 어쩌면 그들은 그 눈들을 쳐다보지 못했을 것이다. 하지만 그들도 똑같은 얼굴을 보았다. 왜 그들은 자신들의 호의를 제대로 인정받지 못하고, 감사하다는 소리도 듣지 못했다는 이유로 마음에 상처를 받았다며 화를 냈을까? 나도 당시에는 이런 질문에 답을 할 수 없었다. 약간의 직감 이상의 것은 없었다. 하지만 이제는 어느 정도 대답할 수 있다. 이 문제도, 나중에 다룰 것이다.

2장

암만에서 어느 날 저녁

시카고에서 팔레스타인인들을 만나고 4년이 지난 어느 날, 나는 아내 클레어Claire와 함께 중동을 방문해서 레바논, 요르단, 이스라엘, 그리고 점령된 웨스트뱅크West Bank를 차례로 들렀다. 우리는 이스라엘과 웨스트뱅크에서 팔레스타인인들, 이스라엘인들과 깊은 대화를 나누었다. 다음의 글은 내가 돌아오자마자 우리의 경험에 대해 쓴 글을 약간 고친 것이다.[1]

일리야 코우리Iliya Khoury 신부는 팔레스타인계 아랍인이다. 그는 웨스트뱅크에서 태어나고 자랐는데, 60대인 듯하다. 그는 성공회 예루살렘 교구 부감독이다. 그런데 아내와 나는 그를 예루살렘이 아닌 요르단 암만Amman에서 만났다. 몇 년 전, 이스라엘 당국이 코우리 신부를 8개월간 구속했고(그중 2개월은 독방에 넣었다), 아무런 발언 기회도 주지 않은 채 그를 이스라엘에서 추방했다. 그는 동족에게 자행된 불의를 강력히 비판했다. 망명 중인 현재, 그는 암만에 있는 팔레스타인인들의 작은 교회를 섬기고 있다.

　의심의 여지없이, 많은 북미 사람들은 모든 팔레스타인인들이 무슬림이요 광신자라고 생각한다. 우리는 정말 예루살렘과 베들레헴에 있는 몇 개의 전초기지를 제외하곤, 그리고 금세기 초반에 개신교 선교사들이 세운 소수의 집단을 제외하곤, 중동 전체에 기독교인들이 없다고 생각한 경향이 있다. 진실은 바로 여기에서 기독교가 시작되었고, 교회가 사라진 적이 한 번도 없다는 것이다. 모든 기독교 국가들 중에서 가장 오래된 교회들이 바로 여기에서 발견된다. 중동에는 항상 기독교인이 존재했으며, 결코 순례지가 아니다. 도대체 무엇 때문에, 그리스도 안에 있는 우리 형제와 자매들이 이런 사실을 간과하게 되었는가?

　아내와 나는 이번 봄에 중동을 방문한 일군의 미국인들과 함께 했다. 휴가차 온 것이 아니라 그곳의 교회 상황, 사람들과 종교들의 갈등을 이해하려는 기독교인으로서 방문한 것이다. 우리는 레바논에서 마론파 교회의 수장, 아르메니아 교회의 수장, 멜키트 교회의 주교, 그리고 중동교회협의회의 대표들과 이야기를 나누었다. 또한 우리는 무슬림들, 레바논 정부, 팔레스타인 해방기구, 극우적인 팔랑헤당 Falangist Party, 그리고 시리아 민족당 Syrian Nationalist Party 의 대표들과 만났다. 이스라엘로 가다가 잠시 요르단에 머물렀을 때, 한 친구가 우리에게 말했다. "당신은 반드시 코우리를 만나야 합니다." 비록 우리 그룹 전체와 만나는 것은 성사되지 못했지만, 아내와 나는 코우리 신부와 이야기할 기회를 얻었다. 우리는 가정집과 사제관을 결합한 것 같은 건물 지하의 작은 방에서 만났다.

이제 코우리 신부의 증언을 여러분께 소개하고자 한다. 나는 그의 어조에 담겨 있던 슬픔과 희망과 열정을 그대로 전달할 수가 없다. 단지 그의 말만 전할 뿐이다. 나는 그가 이야기하는 동안 메모하지 않았다. 대신 우리 호텔로 돌아오자마자, 몇 가지를 간단히 적었다. 하지만 꼭 그럴 필요는 없었다. 결코 그의 말을 잊을 수 없었기 때문이다.

그는 세계 교회가 왜 이곳 중동에 있는 우리 기독교인들을 버렸느냐고 물었다. 우리는 전 세계 교회로부터 버림받고 잊혔다. 왜? 왜 미국에 있는 기독교인들이 그리스도 안에서 그들의 형제자매인 우리 대신 시온주의자들을 지지하는가? 나는 이해할 수 없다. 그들은 심지어 우리에게 관심도 없다. 우리는 버림받았다. 아마도 우리 팔레스타인인들은 우는 법도 잊은 것 같다.

우리는 이스라엘인과 무슬림들 사이에 끼여 있다. 무슬림들은 서양 기독교 국가들을 이스라엘의 배후로 간주한다. 그들은 이스라엘을 서양, 즉 기독교 서양의 전초기지로 이해한다. 그들은 그것의 어떤 부분도 원치 않는다. 나는 당신에게 말한다. 그들은 점점 더 광적이 되고 있다. 내 기억에, 그 어느 때보다 심각하다. 만약 상황이 지금처럼 지속된다면, 우리는 순교자가 될 것이다. 만약 그것이 우리에게 요구되는 것이라면, 우리는 기꺼이 순교자가 될 것이다. 우리는 계속 신실하게 살 것이다. 하지만 당신들은 우리에게 무가치한 이유로 순교자가 되라고 강요한다.

내 동족, 내 기독교인 동족은 파괴되고, 이스라엘과 무슬림 사이에서 압박을 받고 있다. 몇 년 전, 팔레스타인인들 중 12.5퍼센트가 기독교인이었다. 하지만 현재는 겨우 6퍼센트에 불과하다. 우리는 계속해서 줄고 있다. 점점 더 적어진다. 무슨 일이 벌어진 것일까? 사람들이 그리스도를 버린 것일까? 그들이 이슬람이나 유대교로 개종한 것일까? 아니다. 그렇지 않다. 그들은 시온주의 정책 때문에 이스라엘에서 추방되고 있다. 이스라엘이 팔레스타인에 있는 교회를 파괴하고 있다. 곧 주님의 땅에서, 단 한 명의 기독교인도 남지 않을 것이다. 노인들은 이스라엘인들에게 집을 빼앗기고 몰수당한다. 청년들은 미래를 기대할 수 없어서 미국이나 남아메리카, 혹은 다른 곳으로 떠난다. 시온주의자들이 팔레스타인에서 교회를 파괴할 때, 왜 미국의 기독교인들은 그들을 지지하는가? 왜 그들은 그리스도 안에 있는 자신들의 형제자매들을 지지하지 않는가?

나는 미국의 보수적 기독교인 그룹들이 무슬림들을 겨냥해서 라디오 방송을 시작할 계획이라고 들었다. 왜 그들은 먼저 우리에게 그런 일들에 대해 말하지 않는가? 왜 그들은 우리를 무시하는가? 왜 그들은 마치 여기에 기독교인들이 없는 것처럼 행동하는가? 우리는 무슬림들과 함께 천 년 이상 살아왔다. 왜 그들은 먼저 우리에게 조언을 구하지 않는가? 그들은 우리가 무슬림들을 복음화하는 데 성공하지 못했다고 말한다. 모든 서양 선교사들은 자신들의 노력을 위해 무엇을 보여주어야 하는가? 당신에게 말한다. 이것은 단지 무슬림들을 더 자극하고 더 의심하고 더 광적으로 만들 뿐이다. 이 시점에서 무슬림

한 사람을 회심시키기보다 악마 자신을 회심시키는 것이 더 쉬울 것이다. 우리가 받는 억압은 더 심해질 것이다. 오늘날, 우리는 결코 수용적이지 않다. 당신들이 이런 미국식 전도를 중단하지 않는다면, 당신들의 정부가 팔레스타인 문제를 해결하지 않는다면, 당신들 때문에 중동에서 기독교가 사라질 것이다.

나는 이곳 암만에서 작은 학교를 운영하고 있다. 기독교인들과 무슬림들이 함께 그 학교에 다닌다. 나는 무슬림 아이들을 회심시키려고 애쓰지 않는다. 나는 기독교인들과 무슬림들이 평화롭게 공존할 수 있다는 것을 보여주려고 노력한다. 무슬림들이 그것을 믿지 않는다면, 그리고 시온주의자들이 그들의 억압을 멈추지 않는다면, 이곳 중동의 교회는 멸종될 것이다.

나의 회중을 위해 내게 필요한 것은 이렇게 어려운 시절에 우리가 서로 도울 수 있는 작은 공간이다. 하지만 우리에게는 돈이 없다. 그래서 나는 유럽으로 가서 그곳에 있는 기독교인들에게 돈을 달라고 부탁했다. 그들이 내게 뭐라고 말했는지 당신은 아는가? 그들은 교회가 건물을 위해 돈을 쓰는 것이 현명치 못하다고 말했다.

왜 세상의 나머지 교회들은 우리를 믿지 못하는가? 서양식 복음 전도에 열을 올리는 대신, 왜 그들은 우리가 우리 백성을 위한 회관과 학교를 건축하고, 우리가 더불어 사는 법을 배울 수 있도록 기독교인들과 무슬림들이 토론회를 준비할 때 우리를 돕지 않는가? 내 말을 믿으라. 나는 예수 그리스도를 사랑한다. 나는 복음을 사랑한다. 나는 그런 사랑의 관점에서 말한다. 나는 말한다. 우리를 믿어달라. 우리와 경쟁하지 말라. 우리를 도와달라. 우리는 무슬림들을 알고 있다. 우리는 그들과 함께 살고 있다.

마침내 이스라엘은 팔레스타인인들이 아랍세계로 나가는 유일한 문이라는 사실을 알게 될 것이다. 이스라엘은 자신의 유일한 희망이 유대인, 무슬림, 그리고 기독교인들이 함께 사는 사회의 건설임을 알게 될 것이다. 그 사회로 가는 첫걸음은 웨스트뱅크와 가자^{Gaza}에 팔레스타인 국가를 세우고, 동예루살렘에 수도를 두는 것이다. 하지만 미국인들이 팔레스타인 문제의 해결을 돕지 않는다면, 당신들이 우리 주장의 정당성을 이해하지 못한다면, 그런 일은 일어나지 않을 것이다. 당신들은 팔레스타인인들이 러시아 무기에 손을 내밀도록 몰아세우고 있다. 그것은 우리가 원하는 것이 아니다. 당신들이 교회를 망치고 있는 것이다.

하나님은 우리를 버리지 않으실 것이다. 그리고 우리도 하나님을 버리지 않을 것이다. 아마도 내 소리가 절망처럼 들릴지도 모른다. 하지만 나는 절망하지 않는다. 나는 우리 주님이 다시 오시리라는 희망 속에 살고 있다. 하지만 우리가 얼마나 많은 고통을 당해야 할까? 너무 늦기 전에 우리를 도와달라. 요람에 누워 있는 아기가 울지 않는다면, 아무도 관심을 갖지 않는다. 어쩌면 우리는 우는 법도 모르는 것 같다.

제발 이 말을 미국에 있는 나의 기독교인 형제자매들에게 전해달라. 당신이 내 이름을 사용해도 괜찮다.

3장

학대받는 사람들로부터 시작하는 것에 대한 질문들

어떤 독자는 "왜 당신이 각성을 위해 해외까지 가야 했나요?"라고 질문할 수도 있을 것이다. 내가 미국에서 시민권 운동을 지지했지만, 저항운동에 참여하러 직접 남부에 간 적은 없다고 이미 말했다. 내가 그때 직접 남부에 갔다면, 내 나라에서 인종차별의 법과 관행으로 학대받던 사람들의 얼굴을 직접 보고 그들의 말도 들었을 것이다. 그런데 왜 나는 남부에 가지 않았을까? 좀 더 신랄하게 말하면, 왜 나는 내가 자란 미시간 주의 그랜드래피즈 Grand Rapids 에서 인종차별을 당하고 다른 형태의 억압으로 학대받던 사람들의 얼굴을 보고 목소리를 듣지 않았을까?

찰스 디킨스 Charles Dickens 의 소설 『황폐한 집』 Bleak House 에는 젤리바이 Jellyby 부인이란 인물이 등장한다. 그녀의 시선이 멀리 떨어진 아프리카의 고통에 고정되어 있어서, 그녀는 헐벗고 굶주리고 보살핌을 받지 못하는 자식들의 고통에는 전혀 관심이 없다. 이것이 값싼 자유주의다.

불행히도 '안셀 양'Miss Ansell은 내가 잘 아는 현실 속의 젤리바이 부인이었다. 안셀 양은 잉글랜드 옥스퍼드 교외에 빅토리아풍의 대저택을 소유하고 있었다. 1956년 가을, 아내와 나는 그녀의 집 2층 방 두 개를 빌렸다. 그리고 젊은 이스라엘인 부부가 같은 층의 다른 방 두 개를 빌렸다. 그들은 매우 가난해 보였다.

이때 헝가리 혁명이 일어났다. 안셀 양은 하루 종일 책상에 앉아서 세계적 명망가들에게 편지를 썼다. 러시아의 헝가리 침략을 막기 위해 그들에게 무슨 조치를 취하라고 말이다. 그녀는 영국 수상에게도 편지를 썼다. 영국 정부가 그녀에게 헝가리 여행경비를 지불해준다면, 러시아 군인들을 헝가리로 수송하는 기차들 선로 위에 자신이 드러눕겠다고 제안했다.

안셀 양의 집 뒤에는 커다란 정원이 있었고, 그곳에는 사과나무들이 여러 그루 있었다. 사과들이 익어서 땅에 떨어지기 시작했다. 이스라엘인들은 떨어진 사과 몇 개를 집어 먹어도 괜찮은지 물었다. 안셀 양은 그들에게 절대로 정원에 들어가서는 안 된다고 잘라 말했다. 세입자들에게 그 정원은 '출입금지'였다. 그녀의 시선은 멀리 떨어진 헝가리의 불의에 고정되어 있어서, 세입자들에게 범하는 자신의 잘못은 볼 수 없었다. 이것이 바로 값싼 자유주의다.

나의 경우, 멀리 떨어진 남아공과 중동에서 학대받는 사람들의 곤경 때문에 정의와 불의의 문제를 깨달은 것도 값싼 자유주의가 아니었을까? 아프리카너들이 남아공에서 유색인들에게 한 일이나 이스라엘인들이 팔레스타인인들에게 저지른 짓에 대해 비판했다고 한들 나는 아무런 대가도 치르지 않았으므로, 그것은 **값싼 것**이다. 내가 나중에 배웠듯이, 자신들의 정부를 비판했던 아프리카너들은 값비싼 대가를 치렀다. 자신들의 정부 정책을 비판한 이스라엘인들도 마찬가지였다. 한번은 우리 집에서 저녁식사를 위해 한 아프리카너가 방문했을 때, 베이어스 노데란 이름이 나왔다. 잠시 후, 그가 매우 강하게 말했다. "베이어스는 반역자입니다." 나의 각성이 국내가 아니라 해외에서 발생한 것은, 국내의 조직적 불의를 깨달을 경우 내가 어떤 대가를 치를지도 모른다는 무의식의 작용 때문이었을까?

내 삶에서 벌어진 사태에 대해 나는 변호할 생각이 없다. 단지 서술할 뿐이다. 나는 조직적 불의의 희생자들을 찾아보지 않았다. 아무래도 그랬어야 했지만. 그러나 나는 그렇게 하지 않았다. 예상 밖으로 그들이 나를 찾아왔다. 그리고 그들의 울부짖음을 통해, 나는 이렇게 학대받는 사람들을 위해 목소리를 높이라고 하나님께서 나를 부르셨다는 사실을 전혀 의심하지 않았다. 내가 그렇게 하지 않은 것은 종교적으로나 도덕적으로 무책임한 것이었으리라. 나에게 더 중요한 일들이 있다고 선언한 것은 무책임한 짓이었다.

내가 그들을 위해 발언하는 것이 그들을 무시하는 행동은 아니었을까? 내가 아프리카너들을 비난한 그 온정주의의 죄를 나 자신이 범한 것은 아니었을까? 이 사람들은 스스로 발언할 수 없었을까? 나는 그들이 그렇게 하도록 격려하지 말았어야 했고, 그들이 그렇게 했을 때 내가 그들을 지지하지 말았어야 했을까? 아니면 어떤 이유로 그들 스스로 발언할 수 없었다면, 그들이 그렇게 할 수 있도록 내가 애쓰지 말았어야 했을까?

그들은 자신들을 위해 목소리를 높였다. 포체프스트룸에서 열린 학술대회에서 유색인들은 자신들을 위해 목소리를 높였고, 시카고 서부에서 열린 학술대회에서는 팔레스타인인들이 자신들을 위해 목소리를 높였다. 나는 그들을 제쳐두고, 그들의 일을 가로채지 않았다. 내가 그들을 위해 목소리를 높여야 하는 소명을 느꼈다고 말할 때는, 그들이 스스로 목소리를 높일 때 내가 그들 편에 서도록 부름받았다는 뜻이다. 나는 그렇게 하는 것이 그들을 무시하는 것이라고 생각하지 않았고, 지금도 마찬가지다. 그렇게 하는 것이 그들을 존중하는 것이라 생각한다.

내가 만났던 학대받는 사람들로부터 시작하는 것과 관련해서 지금까지 살펴본 비판들은 주로 도덕적인 것이다. 하지만 나는 전혀 다른 종류의 반대도 생각해본다. 그것은 단지 **내가 이렇게** 학대받은 사람들로부터 시작하는 것에 관한 것이 아니라, 어떤 사람이 학대받는 **어떤** 사람으로부터 시작하는 것에 대한 반대다.

남아공과 중동에서 학대받는 사람들과 만남으로, 나는 정의에 대해 생각하고 말하고 글을 쓰게 되었다. 뿐만 아니라 특정한 관점에서, 즉 자신은 조직적으로 학대받지 않았지만, 학대받는 사람들과 자신이 정서적으로 연합되어 있다고 깨달은 사람의 관점에서, 나는 정의에 대해 생각하고 말하고 글을 쓰게 되었다.

하지만 그런 관점에서 정의를 생각하면, 특히 학대받는 사람들을 옹호하려는 의도에서 그렇게 한다면, 편견이 생길 수밖에 없다는 비판이 제기된다. 물론 그런 옹호 자체가 잘못은 아니다. 하지만 누구의 말처럼, 철학자는 싸움의 현장에서 물러나서, 상황의 실체를 중립적으로 기술함으로써 객관적이 되어야 한다.

독일이 낳은 위대한 사회학자 막스 베버$^{\text{Max Weber}}$가 생애 말년에 「*Wissenschaft als Beruf*」(아마도 '소명으로서 학문활동'이라고 번역하는 것이 가장 적절할 것이다)라는 제목의 강의를 한 적이 있었다.¹ 베버는 강의에서 자신의 근대화론을 학문 영역에 적용했다. 근대사회에서, 학문 활동의 영역은 인간 활동의 다른 영역들로부터 분화되고 자율적이 되었으며 외부 영향에서 자유롭게 되어, 자신의 고유한 동력에 따라 자유롭게 자신의 가치를 추구하게 되었다. 학문적 자유는 이렇게 '……로부터의 자유'와 '……을 위한 자유'의 결합이다.

하지만 학문 영역의 자율성은 최후의 성취가 아니다. 그것은 특정한 때와 장소에서 위협을 받기 때문이다. 강의 끝부분에서, 베버는 자신의 학문적 지위를 이용하여 이런저런 주장을 옹호하는 사람들에 대해 신랄하게 비판한다. 대학 내에서 옹호는 설 자리가 없다. 그것은 이질적이면서도 왜곡하는 침탈 행위다. 근대세계에서 학자의 의무는 그런 침탈 행위에 저항하며, 그/그녀의 학문 분야의 내적 동력을 충실히 따르는 것이다. 다음은 베버의 말이다.

오늘날 과학[학문]은 자기증명과 상호 관련된 사실들에 대한 지식을 위해 봉사하는 특별한 분야들에서 조직된 일종의 '직업'^{vocation}이다. 그것은 성스러운 가치와 계시를 분배하는 예언자와 선각자의 은혜로운 선물이 아니며, 그것은 우주의 의미에 대한 현자와 철학자의 묵상도 공유하지 않는다. 이것은······우리가 처한 역사적 상황의 불가피한 현상이다. 우리는 그것을 피할 수 없다.

어떤 이들(특히 젊은이들 중에서)은 계속 예언자를 찾고 있다.

> [하지만] 국가의 특권을 부여받은 고용인들로서 수천 명의 교수들이 강의실에서 (소심한 예언자들로서) 진정한 예언자의 역할을 떠맡게 한다고 해서, 이 땅에 그[예언자]가 나타나는 것은 아니다. 그들이 할 수 있는 것이라곤 사태의 결정적 국면에 대해 그들이 잘 모른다고 말하는 것뿐이다. 우리의 젊은 세대 중 수많은 이들이 앙망하는 예언자는 존재하지 않는다.
>   강의실을 강대상으로 사용하면서 젊은이들의 열망을 채워주려는 교수는 가짜 예언자다. 참된 예언자의 '내적 관심'은 "그와 다른 사람들에게 근본적 사실, 즉 그가 신도 예언자도 없는 시대에 살 수밖에 없는 운명임을 감춘다고, 그에게 안락의자 예언 armchair prophecy 이란 **대용품**을 제공한다고 해결되는 것이 아니다. 그의 종교적 감수성이 온전하다면, 이런 것에 저항해야 한다."[2]

지난 40여 년간 미국 학계에서 정치철학은 롤스에 대한 주석, 롤스에 대한 주석에 대한 주석의 연속이었다. 내 생각에 나를 비판하는 사람은 내가 그 토론에 참여한 사람의 관점에서 정의에 대해 생각했어야 한다고 말하는 것 같다. 조직적으로 학대받은 사람들과 정서적으로 연합한 어떤 사람의 관점에서 정의에 대해 생각하기보다, 나는 함께 정의에 대해 생각하는 철학자의 관점에서 정의에 대해 생각했어야만 했다는 것이다. 이런 관점에서 볼 때, 내가 정의에 대해 써온 것은 낯설고 왜곡된 것처럼 보인다. 내가 선택하고 강조하는 철학 주제는 정의에 대해 글을 쓰는 다른 철학자들이 선택하고 강조한 것들과 분명히 다르다. 더 심각한 것은, 나 자신이 철학자로서 내 능력 밖의 영역, 즉 지성사, 사회학, 신학, 성경해석에서 헤매고 있다는 사실이다.

나의 대답은 이렇다. 자신이 조직적으로 학대받은 것도 아니요, 학대받는 사람들과 정서적으로 동일시되지도 않는 한 대학교수의 관점에서 정의에 대해 생각한다는 것은 **아무런** 관점도 없이 정의에 대해 생각하는 것이 아니다. 그것은 바로 **그런** 관점에서 정의에 대해 생각하는 것이다.

롤스의 후기 저작들에서 그가 사로잡힌 질문은 "자유민주주의의 시민들이 다양한 종류의 종교적·철학적 교리나 관점을 고수할 때, 어떻게 자유민주주의가 안정되고 정의로울 수 있을까?"라는 것이었다. 그런 질문에 대한 그의 답변은 어떻게 잘 형성된 자유민주주의들의 시민들이 함께 사고해야 하는가에 대한 이론의 형태로 나왔다. 이런 질문이 롤스를 사로잡았다는 사실은 정치철학 분야의 내적 동력에서 기인한 것이다. 그래서 베버가 그런 동력의 존재를 주장했을 때, 그는 옳았다. 하지만 그 이상의 것이 있었다. 롤스가 정의에 대해 생각할 때 그 생각을 지배했던 특정한 관점이 반영된 것이다. 그를 사로잡았던 질문은 남아공의 유색인들이나 중동의 팔레스타인인들을 사로잡았던 질문이 아니었다.

철학적 주제와 씨름하는 우리는 우리의 관점에서 씨름하는 것 외에 다른 선택의 여지가 없다. 하나님의 관점 같은 것은 없다. 우리는 우리가 서 있는 자리에서 사물이 어떻게 보이는지 분명하게 설명한다. 다른 관점에서 바라보는 사람들의 진지한 반대에 신중하고 책임 있게 경청하면서 말이다. 내가 쓴 어떤 글에서, 나는 이런 식의 철학을 **대화적 다원주의**dialogic pluralism 라고 불렀다.

그것은 공정하다고 말할 수 있을 것이다. 철학이나 다른 학문에 종사하는 사람은 특정한 관점에서 그렇게 한다. 아무런 관점도 없이 학문하는 사람은 없다. 하지만 내가 만났던 학대받은 사람들과 정서적으로 동일시하는 사람의 관점에서 이론화와 **변호**를 시도했던 사람으로 나 자신을 이해할 때, 베버가 그렇게 불쾌하게 생각했던 일을 내가 하는 것은 아닐까? 즉, 학문에 정치를 삽입하고, 옹호와 사색을 뒤섞는 것이 아닐까?

내가 쓴 글에서, 나는 남아공의 유색인들과 중동의 팔레스타인인들이 조직적으로 학대당한다고 주장해왔다. 그런 식으로 나는 그들을 강력히 변호했다. 내가 보기에 그런 판단들은 처음부터 논쟁의 여지가 있었다. 하지만 자신의 이론을 점검할 수 있는, 옳고 그름에 대한 어떤 선행적 확신prior convictions이 없다면, 어떻게 사람이 정의론을 발전시킬 수 있겠는가?

어떤 사람은 그런 주장에 동의하지만, 다음과 같이 덧붙인다. 예를 들어, 처벌 수단으로서 고문이 잘못인 것처럼, 모든 사람이 동의하는 정의와 불의의 경우에 비추어 자신의 이론을 검토하도록 허용해야 한다고 말이다.

하지만 누군가 그런 경우에 호소해서 만든 이론이 아파르트헤이트가 정의를 위반하는 것이 아니라는 함의를 가진다면, 나는 그 이론이 잘못되었다고 결론을 내릴 것이다. 역으로, 그것이 아파르트헤이트가 정의를 위반하는 것이라는 함의를 갖는다면, 그 학술대회에서 아파르트헤이트를 방어하며 목소리를 높인 아프리카너들은 그 이론에 오류가 있다고 결론을 내렸을 것이다. 이론가들인 우리는 그런 문제들에 대해 의견이 다를 수밖에 없다. 우리는 목소리를 높이지 않을 수 없다.

4장
학대받는 사람들로부터 시작하는 것이 만든 한 가지 차이

우리가 학대받는 사람들로 시작하면, 어떤 차이가 생길까? 더 멋지게 질문하여, 내가 **이렇게** 학대받는 사람들과 정서적으로 동일시하면서 시작했다면, **나에게** 어떤 차이가 있었을까?

정의의 두 형식을 구분함으로써 이 질문에 답해보겠다. 하나는 **기본적 정의** primary justice, 다른 하나는 **반응적 정의** reactive justice 라고 부르겠다.

학대받는 사람은 전에 없던 권리를 획득한다. 즉, 학대하는 사람에게 화를 낼 수 있는 권리, 때로는 그 사람을 처벌하거나 그 사람이 국가나 다른 기관에 처벌받도록 원할 권리 말이다. 이제 학대받는 사람은, 학대하는 사람에게 화를 내거나 처벌하거나 처벌을 후원하는 것이 **허용** permitted 된다. 이것을 **허용권** permission-rights 이라고 부르자.

학대받은 것 때문에 학대받는 사람에게 허용된 것은 때때로 그 사람이 **해야만 하는 것** ought 이다. 예를 들어 어떤 경우에는, 학대받는 사람이 학대하는 사람을 처벌하거나 처벌하도록 후원하는 것이, 그들에게 허용되지 않는다. 하지만 이것은 반드시 해야만 한다. 학대받은 사람이 자신이 속한 공동체 구성원들에게, 학대한 사람이 다시는 학대를 반복하지 못하게 해달라고 부탁한다. 그러면 공동체 구성원들은 학대받는 사람이 학대한 사람을 처벌하거나 처벌을 지지하는 것에 대해 요구나 권리를 지닌다. 그래서 그들은 학대받은 사람이 그렇게 하는 것에 대해 **청구권**^{claim-rights}을 소유한다. 만약 학대받은 사람이 학대한 사람의 처벌을 막으려 한다면, 공동체 구성원들에게 잘못을 범하고, 그들이 마땅히 받아야 하는 대접을 하지 않는 것이며, 학대한 사람을 처벌하거나 처벌을 지지하는 것에 대한 그들의 합법적 요구를 존중하지 않는 것이다. (뒷장에서, 나는 의무, 허용권, 청구권 사이의 관계를 상세히 다룰 것이다.)

어떤 사람이 어떤 사람을 학대하기 때문에 획득된 허용권과 청구권을 함께 묶어 **반응적 권리** reactive rights 라고 부르자. 이렇게 부르는 이유는 그것들이 학대받은 것에 대한 반응으로 획득된 권리이기 때문이다. 그리고 다른 모든 권리를 **기본적 권리** primary rights 라고 부르자. 진료소 안내원에게 모욕을 당하지 않을 권리가 기본적 권리다. 그것은 사람이 학대받아서 생긴 권리가 아니다. 반응적 권리는 기본적 권리가 침해되어서 생긴 권리다.

반응적 권리에 상응하는 것이 **반응적 정의**이며, 기본적 권리에 상응하는 것이 **기본적 정의**다. 나중에 정의와 권리의 관계에 대해 좀 더 상세히 다룰 것이다.

나는 남아공의 유색인들과 팔레스타인인들이 나타내는 정의에 대한 절규를 반응적 정의에 대한 절규로 듣지 않았다. 그래서 나는 그들이 학대자들에 대한 처벌을 요구한다고 생각하지 않았다. 물론 그들은 잘못을 범한 사람들이 벌을 받아야 한다고 생각했다. 하지만 나는 그들의 절규를 그런 식으로 듣지 않았다. 아파르트헤이트 정권이 붕괴된 후, 남아공에서 특정한 형태의 반응적 정의, 즉 **전환기 정의** (transitional justice: 대단히 부당한 정권에서 정의로운 정권으로 전환할 때의 정의)에 대해 엄청난 양의 토론이 있었다. 토론의 상당 부분은 남아공의 '진실과 화해 위원회' Truth and Reconciliation Commission 활동에 집중되었다.[1] 하지만 1975년 당시에 아파르트헤이트 정권의 붕괴와 '진실과 화해 위원회'의 구성은 아직 요원한 미래였다.

나는 남아공에서 유색인들과 팔레스타인인들의 정의에 대한 절규를 **기본적 정의**에 대한 절규로 들었다. 내가 정의에 대해 생각하고 말하고 글을 쓸 때 기본적 정의에 오래 집중했던 이유는 정의에 대한 그들의 절규에서 반응적 정의가 아닌 기본적 정의에 대한 절규를 들었기 때문이라고 생각한다. 한참 후에 발생한 온두라스의 경험 전까지, 나는 반응적 정의에 대해서는 별생각이 없었다.

이제는 명백해 보이지만, 기본적 정의에 대한 남아공 유색인들과 팔레스타인인들의 절규에는 두 가지 차원이 있다는 사실을 내가 깨닫기까지는 제법 시간이 걸렸다. 그것은 기본적 정의의 실천에 대한 절규이자, 동시에 기본적 불의의 중단과 그 효과의 취소에 대한 절규였다. 간단히 말해 후자를 기본적 불의의 **교정** the righting 에 대한 절규라고 부르자. 내가 들은 절규는 기본적 정의의 실천에 대한 절규와 기본적 불의의 교정에 대한 절규였다. 이 두 차원을 가슴에 새기는 것이 중요하다.

『사회정의론』 서두에서, 존 롤스는 자신의 작업이 잘 정돈된 사회를 위한 사회적 정의의 원칙을 구성하는 것이라고 서술한다.[2] 그는 '사회적 정의'란 "사회의 기본적 제도들에 권리와 의무를 부여하고……사회적 협력의 혜택과 부담의 적절한 분배를 정의하는 원칙"을 의미한다고 설명한다.[3] 그리고 그는 '잘 정돈된 사회'란 "그 안에서 (1) 다른 사람들도 동일한 정의의 원리를 수용한다는 사실을 모든 사람이 수용하고 인지하며, (2) 기본적 사회제도들이 이런 원칙을 일반적으로 충족시키고, 그 사실이 알려지는 사회"를 의미한다고 설명한다.[4]

'잘 정돈된 사회'의 의미를 설명한 후, 롤스는 즉각 다음의 사항을 관찰한다.

> 물론 현존하는 사회들은 이런 의미에서 정돈되지 않았다. 보통은 무엇이 정의롭고 불의한지에 대한 갈등이 존재하기 때문이다. 그 사회들의 연합의 기본 조건을 정의하는 원리에 대해 사람들의 의견이 분분하다. 하지만 이런 불일치에도 불구하고, 그 사회들이 나름대로 정의 개념을 지닌다고 우리는 말할 수 있다. 즉, 그 사회들은 기본적 권리와 의무를 부여하고, 사회적 협력의 유익과 부담의 적절한 분배를 위해 올바른 선택을 하도록 일군의 원리를 긍정할 준비가 되어 있으며, 그것의 필요를 이해한다.[5]

여기서 롤스의 생각은, 우리 대부분은 권리와 의무, 유익과 부담의 정당한 분배의 필요성을 이해하지만 분배의 원칙에 대해서는 심각할 정도로 의견이 다르기 때문에, 우리의 실제 사회가 정돈되어 있지 않다는 것이다.

이어서 롤스는 분명 현존하는 사회가 훨씬 더 근본적인 방식으로 정돈되지 않았다고 생각하는 것 같다. 정돈된 사회에 대해 그가 처음으로 설명한 후, 정돈된 사회에서는 "모든 사람이 정당하게 행동하고, 정당한 제도를 유지하는 데 참여한다"고 덧붙인다.[6] 하지만 현존하는 사회에서 모든 시민이 정당하게 행동하는 것은 아니며, 정당한 제도를 유지하는 데 참여하는 것도 아니다. 결코 그렇지 않다. 따라서 우리의 실제 사회는 정돈되지 않았다.

롤스는 현존하는 사회를 위한 정의론[그는 그 이론을 "부분적 준수론"partial compliance theory 이라고 부른다]이 "처벌론, 정당전쟁론, 그리고 (시민 불복종과 양심적 병역거부에서부터 군사적 저항과 혁명까지) 불의한 정권에 반대하는 다양한 방식의 정당화 같은 주제들"을 취급해야 한다고 말한다. 그것은 "보상적 정의에 대한 질문과 제도적 불의의 여러 형태를 서로 비교하는 질문"을 다루어야 한다.[7] 그런 질문은 "긴급하고 절박한 문제다. 이것은 우리가 일상생활에서 직면하는 것이다."[8]

이것들이 일상생활의 긴급하고 절박한 문제라면, 왜 롤스는 그것을 다루지 않는가? 대신 그가 이상적 이론 ideal theory 을 다루는 이유는 "그것이 보다 긴급한 이런 문제를 체계적으로 파악할 수 있는 유일한 토대를 제공한다.……최소한, 보다 깊은 이해는 어떤 다른 방식으로 성취될 수 없고, 완벽하게 정의로운 사회의 본질과 목적은 정의론의 근본적 부분이다"라고 생각한다는 것이다.' 롤스는 어떤 체계적 방식으로 일상생활의 더 "긴급하고 절박한 문제"를 다루는 것에는 결코 관심이 없었다.

우리가 이런 구절을 통해 받은 인상은, 우리의 실제 사회를 위한 완벽한 정의론을 이해하는 방법은 이상 사회를 위한 정의론과 반응적 정의(처벌에서 정의, 전쟁에서 정의, 불의한 정권에 대한 반대에서 정의 등)를 결합하는 것이란 점이다. 나는 이것이 치명적인 오류라고 생각한다.

우리가 기본적 정의를 발전시킬 때 학대받은 사람들로 시작하면, 분명히 이상적 이론을 발전시키는 것에 만족하지 못할 것이다. 즉, 우리는 모든 사람이 정당하게 대우받고 모든 사람이 정의의 원리에 동의하는 사회에서 기본적 사회제도들에 의한 권리와 의무, 혜택과 부담의 배분원리를 발전시키는 데 만족하지 못할 것이다. 그렇다고 우리는 단순하게 이상론에 반응적 정의를 추가하지도 않는다. 그 이유를 설명해보자.

첫째, 사회의 기본적 정의와 불의는 그 사회의 기본적 사회제도들이 권리와 의무, 혜택과 부담을 어떻게 배분하는가에 한정되지 않는다. 개인 상호 간의 관계에도 정의와 불의가 존재한다. 남아공에서 흑인과 유색인이 경험한 모욕은 결코 그들이 국가와 다른 기본적 사회제도들에서 받은 대우로 한정되지 않는다. 우리 사회의 기본적 제도들이 권리와 의무, 혜택과 부담을 어떻게 분배해야 하는지를 안다고 해서, 자동적으로 우리의 개인적 관계에서 정의를 구성하는 것이 무엇인지 아는 것은 아니다.

    둘째, 어떤 이유 때문에, 권리와 의무, 혜택과 부담이 기본적 사회제도에 의해 어떻게 분배되는지에 관심을 집중하기로 결심했다고 가정해보자. 정돈된 사회에서 기본적 사회제도에 의해 특정한 원리들이 분배의 정의를 만들어낼 것이란 사실로부터, 우리의 실제 사회에서 그런 제도들에 의해 분배의 정의가 실제로 이루어질 것이라고 주장할 수는 없다. 우리의 실제 사회에서, 어떤 사람은 탐욕스럽지만 다른 사람은 그렇지 않다. 어떤 사람은 경건하지만 다른 사람은 그렇지 않다. 어떤 사람은 자기중심적이지만 다른 사람은 그렇지 않다. 어떤 사람은 도덕적 양심이 거의 없지만, 다른 사람은 매우 양심적이다. 어떤 사람은 학대받는 사람들에 대해 깊은 연민을 느끼지만 다른 사람은 그렇지 않다. 어떤 사람은 다른 동료 시민들과 정치적 문제에 대해 토론할 때 합리적이지만 다른 사람은 그렇지 않다. 우리가 살고 있는 실제 사회에서 입법자가 정당한 법률을 입안하려 할 때, 이런 기질상의 광범위한 차이를 반드시 고려해야 한다. 하지만 정돈된 사회를 위해 법안을 만드는 철학자는 그렇지 않다.

    학대받는 사람들로 시작한다는 것은 우리가 기본적 정의론을 발전시킬 때 사회의 기본적 제도뿐 아니라 개인 상호 간의 관계에도 적용할 수 있는 이론을 염두에 둘 것이란 뜻이다. 그리고 우리가 기본적 사회제도들에 의한 권리와 의무, 혜택과 부담의 정당한 분배를 위해 도달하는 원리는 상상 속의 이상적 세계를 위한 원리가 아니라, 이렇게 우리가 사는 실제적 세계를 위한 분배의 원리가 될 것이다.

『사회정의론』이 출판되고 20년이 지난 후, 롤스는『정치적 자유주의』*Political Liberalism*를 출간했다. 두 책이 출판되는 사이에, 그는 정돈된 사회에 대해 다른 이해에 이르렀다. 그는 근대세계에서 자유민주주의라는 정돈된 사회는 시민들이 (종교적이든 그렇지 않든) 합리적·포괄적인 교리의 다양성을 포용하는 사회가 될 것이며, 그 사회들 중 많은 곳이 정의에 대한 자신들만의 고유한 사고방식을 갖게 된다고 생각했다. 자유민주주의의 시민들이 포괄적 교리의 다양성을 포용한다는 사실을 고려할 때,『정치적 자유주의』의 지배적 질문이 "어떻게 자유민주주의가 정의롭고 안정적일 수 있는가?"란 것은 이해할 수 있다.

이 질문이 근대 자유민주주의를 위해 근본적으로 중요하다는 것은 의심의 여지가 없다. 그래서 나는 그 주제에 대해 상당히 많은 글을 썼다. 하지만 롤스는『사회정의론』에서 그랬던 것 못지않게『정치적 자유주의』에서도 이상적 이론에 집착한다. 다만 그가 잘 정돈된 사회에 대해 어느 정도 다르게 생각하게 되었다는 것이 차이일 뿐이다. 하지만 『사회정의론』의 경우와 마찬가지로, 그는 학대받는 사람들로부터 시작하지 않는다.

특정한 자유민주주의가 종교적 다양성이란 쟁점을 어떻게 다루는가에 따라, 그 체제의 종교 때문에 부당한 취급을 받는 시민들이 반드시 존재한다. 그들이 부당한 취급을 받는 것이다. 보다 일반적으로, 기본적 정의에 대한 우리의 사색은 그들의 종교 때문에 부당한 취급을 받는 전 세계의 많은 사람들 중 어떤 이로부터 시작할 수 있을 것이다. 나의 사색은 그들의 종교 때문에 부당한 취급을 받은 사람들이 아니라, 아파르트헤이트에 의해, 그리고 이스라엘은 유대인의 국가가 되어야 하며 웨스트뱅크 점령을 결코 포기하지 않을 것이라는 이스라엘인들의 주장에 의해 부당하게 취급받은 사람들로부터 시작했다.

플라톤은 『국가』에서 이상사회를 위한 정의론을 발전시켰다. 롤스는 플라톤의 길을 따랐다. 부당하게 취급받는 사람들로 시작하는 것은 내가 다른 길을 걸어야 할 것이란 뜻이었다.

5장

학대받는 사람들로부터 시작해서 생긴 또 다른 차이

정의에 대한 나의 사색이 1975년에 포체프스트룸과 1978년에 시카고 서부에서 만났던 부당하게 취급받는 사람들로 시작되었다는 것은 어떤 차이가 있을까? 내가 이 질문에 대해 앞 장에서 제시한 답은 부당하게 취급받는 사람들로 시작한다는 것이 내가 플라톤에서 롤스로 이어지는, 하나의 이상세계를 위해 기본적 정의론을 발전시키는 전통을 따를 수 없었다는 뜻이다.

그 때문에 또 다른 차이도 생겼다. 내가 기본적 정의에 대해 숙고할 때, 서양에서 정의에 대해 생각하는 두 가지 다른 방식이 존재한다는 것을 이해하게 된 것이다. 이런 두 가지 사유방식이 이론가와 일반인 사이에서 작동한다. 나는 이런 사유방식 중 하나를 정의에 대한 **바른 질서** right order 개념이라고, 다른 하나는 **생득권** inherent rights 개념이라고 부른다. 정의에 대한 나의 사색이 부당하게 취급받는 사람들로 시작되었다는 사실은 나를 (마지못해) 생득권 개념으로 이끌었다.

바른 질서 이론가는 한 사회가 바르게 질서를 유지하는 한 정의롭다고 주장한다. 그리고 한 사회의 구성원들이 자신들의 행동을 어떤 객관적 기준에 일치시키는 한 그 사회의 질서가 바르게 유지된다고 주장한다. 바른 질서 이론가들 사이에는 객관적 기준의 본질에 대해 견해들이 다르다. 존 롤스는 기본적 사회제도들에 의한 권리와 의무, 혜택과 부담의 분배를 위해 사회 구성원들이 공정하게 동의한 원리들로 객관적 기준이 구성된다고 주장했다. 가톨릭의 바른 질서 이론가들은 전형적으로 객관적 기준이 자연법이라고 주장한다. 플라톤의 경우, 그것은 그가 정의 자체, 혹은 정의로운 것 그 자체라고 부른 추상적 형상form이나 관념idea으로 구성된다. 현대 신학자인 조안 록우드 오도노반Joan Lockwood O'Donovan은 그것이 그녀가 "의무의 객관적 모체"the objective matrix of obligations 라고 부른 것으로 구성된다고 주장한다.[1]

기본적 사상을 이해하기 위해 오도노반의 사유방식을 살펴보자. 그녀가 "의무의 객관적 모체"라고 부르는 것은 추상적 일반성으로 구성되어 있다. 그래서 그것은 X형 상황에 있는 X형 사람이 Y형 상황에 있는 Y형 사람을 어떻게 대해야 하는지 알려준다. 예를 들어 그것은 우리에게 X형 상황에 있는 X형 사람이 건너편에서 Y형 상황에 있는 Y형 사람을 도와주어야 한다고 말한다. 그러므로 내가 X형 상황에 있는 X형 사람이고 당신이 Y형 상황에 있는 Y형 사람이라면, 나는 건너편에 있는 당신을 도와주어야 한다.

어떤 작가는 나의 이런 의무, 즉 건너편의 당신을 돕는 것을 그것이 주체, 이 경우에는 나에게 속한다는 근거에서 **주관적** 의무subjective obligation 라고 부른다. 내가 그런 의무를 갖고 있다. 내가 그런 의무를 소유하고 있다.

이런 식으로 정의에 대해 생각할 때, 권리는 어떻게 되는가? 어떤 바른 질서 이론가들은 권리에 대한 일체의 생각과 발언을 거부한다. 다음 장에서 나는 그 이유에 대해 말할 것이다. 반면 다른 이들은 **능동적 권리** positive rights 에 대해, 오직 능동적 권리에 대해서만 기꺼이 생각하고 말한다. 능동적 권리는 법과 사회적 관행에 의해 우리에게 부여되거나, 약속 같은 언어 행위에 의해 우리 안에 생성된 권리를 말한다. 이것이 조안 록우드 오도노반의 입장이며, 그의 남편 올리버 오도노반 Oliver O'Donovan 도 마찬가지다. 올리버 오도노반은 그것을 이렇게 설명한다.

> 물론 주관적 권리의 언어[즉, 특정한 주체를 고수하는 권리]는 법 위에 형성된 담화 내에서 완벽하게 적절하고 필요한 장소를 확보한다. 어떤 사람의 '권리' right 는 법이 그에게 실행을 요구하도록 자격을 부여하는 권리 claim 다.……하지만 권리의 근대적 개념과 관련해서 독특한 점은 주관적 권리가 파생된 derived 것이 아니라 본래적인 original 것으로 간주된다는 것이다.……그 권리는 정돈되고 정치적으로 안정된 사회로부터 그 주체에게 파생된 일종의 발전 enhancement 이 아니라 그 주체가 사회에 관여할 수 있도록 원초적으로 부여된 권력 power 이다.[2]

나는 객관적 기준을 의무의 객관적 모체 matrix 라고 생각하는 사람이 능동적 권리뿐 아니라, 자연권 natural rights 도 수용해야 한다고 생각하는데, 그녀의 입장은 그것들의 존재를 전제한다. 그 이유가 이렇다. 물론 그녀는 자연적인 주관적 의무들이 존재한다고 주장할 것이다. 즉, 특정한 개인, 특정한 주체가 소유한 의무들. 이것들은 우리가 우리에게 적용하는 객관적 모체 때문에 소유하는 것이다. 하지만 나에게 길을 건너 당신을 도와줄 자연적인 주관적 의무가 있다면, 당신은 내가 길을 건너 당신을 돕는 것과 상관있는 자연권을 소유한 것이다. 즉, 내가 당신을 돕는 것에 대한 당신의 자연권은 내가 당신을 도와야 하는 의무와 상관이 있다는 말이다.

바른 질서 사회를 이해하기 위해서는, 당신이 소유하고 있는 이런 자연권과 관련하여 다음 사항에 주목해야 한다. 즉, 내가 X형 상황에서 X형 인간이 되는 것, 그리고 당신이 Y형 상황에서 Y형 인간이 되는 것만으로는 내가 길을 건너 당신을 돕게 만드는 권리를 당신이 갖기에 충분하지 않다. 더욱이, 내가 X형 자리에 적합하고, 당신이 Y형 자리에 적합하다는 사실을 고려할 때, 길을 건너 당신을 돕는 의무를 내게 **부여하는** bestows 객관적 모체가 존재해야 한다. 나에게 그런 의무를 부여하는 객관적 모체의 반대편에는 내가 길을 건너 당신을 돕도록 하는 당신의 권리가 놓여 있다. 의무는 직접 부여되고, 그 의무와 상관있는 권리는 간접적으로 부여된다.

그것이 정의에 대한 바른 질서 개념이다. 이제는 생득권 inherent rights 개념에 대해 살펴보자. 생득권 개념은 각 개인과 관련해서, 그리고 그 사람과 동료들 간의 관계와 관련해서, 그에게 권리를 부여하는 어떤 것이 있다고 말한다. 그래서 그에게 권리를 부여하는 어떤 외적인 기준은 필요 없다. 내가 길을 건너 당신을 돕도록 하는 권리를 당신에게 부여하는 어떤 것이 당신 안과 당신들 각자의 관계 속에 존재한다. 내가 그렇게 하도록 만드는 당신의 권리는 당신 안에, 그리고 우리들 상호 간의 관계 속에 있는 어떤 것 내부에 본래부터 존재한다. 그것은 추가된 것이 아니다.

생득권 이론가는 사람들이 대우받아야 할 권리가 있는 본래의 모습대로 대우받는 한, 그 사회에는 정의가 존재한다고 주장한다. 분명히, 이런 방식으로 기본적 정의에 대해 생각하는 사람이 직면하는 심각한 도전은 인격person과 인간human beings에게 그리고 그들 상호관계에서 권리가 그들에게 부여하는 것이 무엇인지를 확인하는 것이다. 우리는 뒷장에서 이 문제를 다룰 것이다.[3]

여기에 두 개념들 사이의 핵심적 차이가 있다. 바른 질서 이론가들은 어떤 객관적 기준에 시선을 집중한다. 플라톤의 형상, 자연법, 의무의 객관적 모체, 정당하게 도달된 분배의 정당한 원칙 등. 그리고 그들은 사람들이 그런 기준에 순응하는 한 사회는 정의롭다고 생각한다. 그들이 정말 자연권을 믿는다면(그리고 많은 사람들, 예를 들어 오도노반 부부는 그렇지 않다), 그들은 어떤 방식으로 그런 객관적 기준에 의해 자연권이 부여된다고 믿는다. 생득권 이론가들은 인격과 사람에게 관심을 집중한다. 그들은 그들에게 권리를 부여하는 어떤 것이 이들에게, 이들 상호 간의 관계 속에 존재한다고 생각한다. 그래서 그들은 인격과 인간이 본래 받아 마땅한 방식으로 대우받는다면 사회가 정의롭다고 생각한다.

    내가 언급했듯이, 바른 질서 이론가들은 원칙적으로 생득권 이론가들에게 합류해서 자연권이 존재한다고 주장할 수 있다. 차이의 핵심은 거기에 없다. 핵심은 우리가 도덕질서의 심층구조 deep structure 라고 생각하는 것 안에 있다. 기본적 정의의 바른 질서 이론은 하향식 top-down 이론이고, 생득권 이론은 상향식 이론이다.

    내가 남아공 유색인들과 팔레스타인인들이 날마다 자신들이 어떻게 모욕과 수치를 당했는지 이야기하는 소리를 들었을 때, 그리고 정의에 대한 그들의 절규를 들었을 때, 나는 정의에 대해 생각하는 이런 두 가지 방식의 차이, 즉 바른 질서 개념 대 생득권 개념의 차이를 염두에 두지 않았다. 그것을 구별하는 것은 후에 생긴 일이다. 하지만 정의를 개념화하는 이런 두 가지 방식을 마침내 확인하고 구별하게 되었을 때, 내가 정의에 대해 생각하기 시작한 바로 그 순간부터 왜 내가 생득권 개념의 입장에서 정의에 대해 생각했었는지 즉시 분명해졌다. 나는 직관적으로 정의에 대한 이들의 절규와 수치, 모욕을 당한 이야기를 연결했다. 그래서 그들이 말한 것 중 어떤 것도 내가 그들의 사회가 어떤 객관적 기준에 일치했는지를 따지게 하지 않았다. 그들이 이야기할 때, 그들은 객관적 기준에 대해 말하지 않았다. 그들은 자신들이 어떤 대접을 받았는지 말했을 뿐이다.

    그들은 모욕을 당했다. 어떤 사람도 존엄하지 않은 듯이 모욕을 당할 수 없다. 그런데 남아공에서 유색인들의 존엄이, 그리고 팔레스타인인들의 존엄이 훼손된 것이다. 아프리카너들은 남아공에서 유색인들의 존엄에 주목하지 않았다. 이스라엘인들은 팔레스타인인들의 존엄에 눈길도 주지 않았다. 그것이 불의의 뿌리였다. 사회가 어떤 추상적·객관적 기준에 부합하지 못한 것이 아니라, 이런 사람들을 그들의 존엄성에 적합한 방식으로 대우하지 않은 것이다.

그들이 기본적 정의의 실천과 기본적 불의의 교정을 요청했을 때, 남아공의 유색인들과 팔레스타인인들은 그들의 권리와 권리침해에 대해 말한 것인가? 나는 잘 기억이 나지 않는다. 비록 그들이 그랬을지라도, 나는 그런 인상을 받지 못했다. 하지만 당연히 그들은 그랬을 것이다. 남아공의 다른 유색인들이 그렇게 했고, 다른 팔레스타인인들도 그렇게 했다. 정말 20세기의 모든 위대한 사회정의운동들은 권리의 언어를 사용했다. 즉, 아동노동의 폐지를 위해 운동한 사람들은 아동의 권리에 대해 말했고, 노동조합을 위해 운동한 사람들은 노동자들의 권리에 대해 말했으며, 여성참정권을 위해 운동한 사람들은 여성의 권리에 대해 말했다. 시민권을 위해 운동한 사람들은 명백하게 권리에 대해 말했으며, 낙태금지를 위해 운동한 사람들은 태어나지 않은 아기의 권리에 대해 말했다. 다음 장에서, 우리는 사회정의를 위한 운동들이 대체로 권리의 언어를 사용하는 이유를 알게 될 것이다.

2부

정의와 권리

6장

권리-담론에 대한 반대

내가 권리에 대해 생각하고 말하고 글을 쓰기 시작한 후, 강력한 반대에 부닥쳤다. 많은 사람들이 권리-담론에 적대적이란 사실이 드러났다. 그들은 그런 담론을 제거하고 싶었다. 왜 그랬을까?

이유는 다양했다. 어떤 사람은 정치적인 이유로 권리-담론에 반대했다. 앞 장에서 다루었듯이, 20세기 서양에서 모든 위대한 사회저항운동은 권리언어를 사용했다. 이런 운동에 반대하는 방법 중 하나는 문제집단의 구성원들에게는 그런 요구를 할 권리가 없다고 주장하는 것이다. 즉, 아이들에게는 나이가 찰 때까지 노동력에서 제외될 권리가 없고, 여성들에게는 투표할 권리가 없으며, 유대인들에게는 대학과 다른 곳에서 동등하게 취급받을 권리가 없다는 것이다.

현상유지 옹호자들은 권리-담론 자체가 위험하다고 생각했다. 그래서 권리요구에 대응하는 대신, 그들은 논쟁의 용어 자체를 바꾸고자 했다. 권리에 대해 말하는 대신, 책임에 대해, 우정과 충성의 사회적 연대에 대해, 정돈된 사회를 위해 필요한 것에 대해 말하자! 그것이 바로 포체프스트룸의 학술대회에서 아파르트헤이트를 옹호한 아프리카너들의 전략이었다. 그들은 말했다. 우리는 권리가 아니라 질서에 대해, 서로를 향한 책임에 대해 이야기해야 한다고. 권리를 요구하는 흑인과 유색인보다, 어떻게 우리가 서로 사랑할 수 있는지를 물어야 한다고 말이다.

다른 이들은 권리-담론이 자주 과장된 요구에 사용되므로 반대한다. 나는 오랫동안 미국질병관리예방센터 US Centers for Disease Control 에서 일한 사람을 알고 있다. 그는 권리-담론과 관련된 어떤 것도 원하지 않는다. 그가 반대하는 이유는 분명하다. 그는 수년간 국제보건기구 회원들과 자주 충돌했는데, 그들은 좋아하는 이상을 권리언어로 표현했다. 즉, 열대지방에 사는 사람들은 말라리아 박멸의 권리를 갖고 있으며, 아프리카에 사는 사람들은 사상충증 제거의 권리를 갖고 있다는 등등. 그가 보기에, 그들이 좋아하는 이상들을 권리언어로 표현하는 이유는 그런 이상의 추구가 선택사항이 아니라 필수라고 주장함으로써 그런 이상이 지금 성취될 수 없다고 주장하는 현실주의자들에게 죄책감을 느끼게 할 수 있기 때문이다. 그는 그런 조작에 분개했고, 일체의 권리-담론에 적대적이 되었다.

하지만 내 철학자 친구가 '권리절대주의' rights absolutism 라고 부른 것이 권리-담론에 자주 동반되기 때문에 반대하는 사람들도 있다. 그가 염두에 두는 것은, 어떤 사람이나 집단이 특정한 권리를 갖는다고 선언하고, 후에는 그 문제를 더 깊이 다루지 않으면서 어떤 반대도 허용하지 않고, 동시에 그런 주장을 절대적이고 오류가 없는 것으로 간주하면서 사람이 실수할 수 있다는 가능성 자체를 부정하는 일반화된 관행이다.

권리-담론에 대한 네 번째 반대는 가장 일반적인 것이다. 즉, 그런 담론은 근대사회의 가장 광범위하고 지독한 질병 중 하나인 '소유적 개인주의 정신'mentality of possessive individualism을 표현하고 부추기라는 주문 때문에 생겼다는 것이다. 우리 사회처럼, 그것은 '계급사회'entitlement society의 주문을 받아 만든 것이다. 그런 담론을 이용할 때, 우리는 자신을 도덕적 우주의 중심에 위치시킨다. 우리 의무의 태만과 타자를 향한 우리의 권리(우리 삶이 함께 번영하기 위해 필요한)에 집중하면서 말이다. 권리-담론은 이타적 자아를 약화시키고, 이기적 자아는 강화시킨다. 겸손한 자아를 약화시키고, 오만한 자아는 강화시킨다. 권리-담론은 자본주의 경제와 자유주의 정치의 소유적 개인주의를 부추기고, 그것들에 영향을 받는다. 권리-담론은 우리 자신을 주권적 개인들로 간주하게 만든다. 그래서 권리-담론은 나의 소유를 요구하는 나, 너의 소유를 요구하는 너, 그의 소유를 요구하는 그, 그녀의 소유를 요구하는 그녀를 위해 존재한다. 그것이 바로 권리-담론의 실체다. 즉, 개인의 소유를 요구하는 것, 개인의 소유욕을 발산하는 것, 서로가 충돌하는 것.

조안 록우드 오도노반은 한 논문에서 이런 주장을 전개한다. "근대 자유주의적 권리개념은 '소유적 개인주의'라는 사회적으로 원자적이고 해체적인 철학에 속한다."

이전의 신학-정치적 개념화의 관점에서 주관적 권리개념의 역사를 면밀히 분석해보면, 보다 오래된 정치적 권리의 기독교 전통과 보다 새로운 자발적·개인주의적·주관적 성향 사이의 진보적 적대감이 드러난다. 두 성향의 상반된 논리는 매우 단순하게 전달될 수 있을 것이다. 보다 오래된 교부 시대와 중세 전통에서는, 하나님의 권리가 신법, 자연법, 인간법 혹은 (정치 집단의 정의를 구성했던) 객관적 의무의 원형을 확립했지만, 보다 새로운 전통에서는 시민적 질서와 정의를 결정했던 별개의 권리를 확립했다. 이 권리는 본래 개인들이 소유했고, 부차적으로 공동체가 소유했다.[2]

그다음에 그녀는 자신이 "보다 오래된 전통"이라고 부른 것을 상세히 서술한다.

보다 오래된 전통에서, 통치자와 피통치자 모두에게, 도덕적-정치적 행동의 핵심은 정의의 요구, 즉 신적 의도에 따르면서 법이라고 하는 합리적으로 간주되는 공동생활에 내재한 의무에 동의하는 것이었다. 통치자는 명령했고 법을 제정했으며, 구속력 있는 판단을 내렸다. 하지만 이런 행동은 통치자 자신의 의지를 결합한 권리와 의무의 질서에 대한 자신의 동의를 구체화하는 것이었다. 신민들은 통치자의 명령, 법령, 판단에 복종해야 했다. 그의 정당한 권위 때문만이 아니라, 이런 행동이 정의의 요구사항에 일치했기 때문이다.[3]

그녀가 자연적 인권과 건전한 기독교 신학 사이의 명백한 양립 불가능성으로 간주하는 것을 고려할 때, 오도노반에게 분명한 한 가지 질문은 "왜 기독교 사상가들이 그런 사상을 믿게 되었으며, 여전히 믿으려고 하는가?"이다. 왜 그들은 인권 개념처럼 혈통이 의심스러운 아이를 기꺼이 입양하려 했을까? 그것이 바로 "아직까지 만족스러운 답을 찾지 못한 질문"이다.[4]

팔레스타인인들과 남아공의 유색인들이 정의를 위해 절규하면서 권리언어를 사용하기 때문에, 그들이 소유적 개인주의의 태도를 표출하고 부추긴다는 비난은 정당하다고 볼 수 없다. 하지만 이 시점에서, 우리는 권리개념에 대한 분석을 통해 그들이 바로 그런 일을 하고 있었다는 사실을 뜻하지 않게 보여줄 수도 있음을 인정해야 한다.

언급된 각 반대들과 관련해서 검토해야 할 질문은 그 반대가 권리-담론의 피할 수 있는 남용에 관한 것인가, 아니면 그것에 고유한 어떤 것에 관한 것인가 하는 것이다. 권리-담론에 대한 반대가 피할 수 있는 남용보다 그것에 고유한 어떤 것에 관한 것이라면, 그것은 훨씬 더 강력해진다.

만약 그것이 피할 수 있는 남용에 관한 것이라면, 그것에 대한 적절한 반응은 우리의 도덕적 어휘의 모든 부분이 남용될 수 있다는 사실을 인정하는 것이다. 우리에게 가장 중요한 것은 사랑의 언어의 남용이다. 의무의 언어는 자신이 가장이기 때문에 아내가 자신의 명령에 복종해야 한다고 주장하는 권위주의적 남편에 의해 남용된다. 우리는 도덕적 어휘 중 어떤 것이 단지 남용되기 때문에 퇴출시키지는 않는다. 우리는 그런 남용이 약화될 수 있는지, 그것을 우리가 더 이상 사용할 수 없으면 어떤 중요한 것이 상실되는지, 즉 우리가 더 이상 사랑, 의무, 권리에 대해 말할 수 없다면, 어떤 중요한 것이 상실되는지 묻는다. 만약 우리가 그런 남용이 약화될 수 있다면, 그리고 우리의 도덕적 어휘 중에서 그 부분을 포기할 경우에 어떤 중요한 것이 상실될 수 있다고 판단한다면, 우리는 그런 남용에 대해 반대운동을 시작하고, 무엇이 상실되는지 알려준다. 권리-담론에 반대하는 사람들은 우리가 권리언어를 포기할 경우, 어떤 중요한 것이 상실되는지 거의 묻지 않는다.

오직 권리가 무엇인지 우리가 이해할 때, 그것이 권리-담론에 반대하는 사람들이 피할 수 있는 남용에 관한 것인지, 아니면 고유한 어떤 것에 관한 것인지 우리가 분별할 수 있다. 그리고 오직 권리가 무엇인지 우리가 이해할 때, 권리 및 그것과 비슷한 언어가 우리의 도덕적 어휘에서 사라질 경우, 어떤 중요한 것이 상실되는지 우리가 판단할 수 있다. 그래서 다음에는 그 문제를 다룰 것이다. 권리란 무엇인가?

7장

권리란 무엇인가?

고대 로마의 법학자 울피아누스^{Ulpian}의 정의공식이 오래되고 유명하다. 그에 따르면, 정의는 그/그녀의 권리나 몫을 공정하게 분배하는 것이다. 울피아누스의 공식은 정당한 행위에 대한 정의^{definition}다. 즉, 정당하게 행동하는 것은 각자의 권리를 공정하게 분배하는 것이다. 우리가 타자들에게 그들의 권리를 공정하게 분배할 때, 우리의 관계를 특징짓는 것이 정의다. 울피아누스는 자신의 공식이 내가 **기본적** 정의와 **반응적** 정의라고 부르는 것 모두에 적용되도록 의도한 것 같다. 이 글에서 나의 관심은 기본적 정의에 집중될 것이다. 그리고 반응적 정의를 다룰 때까지, 우리의 관심은 허용권^{permission-rights}이 아니라 청구권^{claim-rights}에 머물 것이다.

울피아누스가 권리를 소유하는 것과 분배되는 것(혹은 내가 '그 권리를 향유하는 것'이라고 부르는 것)을 암묵적으로 구별한다는 것에 주목하라. 어떤 사람의 모욕당하지 않을 권리가 정당하게 분배되지 않은 것은 그 사람에게 그런 권리가 없다는 뜻이 아니다. 그것은 그 사람이 이 권리를 향유하지 못한다는, 그 사람에게 이 권리가 정당하게 분배되지 않는다는 뜻이다. 어떤 사람이 특정한 권리를 소유한다면, 그 사람에게 그 권리가 정당하게 분배될 수도 있고, 그렇지 않을 수도 있다. 만약 그에게 그 권리가 분배되지 않는다면, 그는 부당한 대우를 받는 것이다. 학대받는 것은 권리소유의 부정적 측면이다. 의무의 부정적 측면이 죄인 것처럼 말이다. 자신이 소유한 권리가 정당하게 분배되지 않는 사람이 부당한 대우를 받는 것처럼, 자신이 마땅히 해야 할 일을 하지 않는 사람도 죄를 짓는 것이다.

권리를 소유하는 것이 권리라고 불리는 형이상학적으로 신비로운 어떤 존재를 소유한 것처럼 생각되는 경우가 있다. 이것은 권리를 반대하는 토대가 된다. 하지만 그렇게 형이상학적으로 신비로운 존재는 없다.

이것은 완전히 틀린 말이다. 우리가 그냥 권리를 소유하는 것이 아니다. 권리는 항상 어떤 것에 대한 권리다. 권리를 소유하는 것은 어떤 것과 특정한 관계 속에 있는 것이다. 그것이 무엇이든 말이다. 우리가 어떤 특정한 권리를 소유하지만, 그 어떤 것이 존재하지 않는다고 말하는 것은 말이 되지 않는다. "……에 대한 권리를 소유한다"는 말은 우리 자신과 우리가 권리를 소유하는 그 '어떤 것' 사이의 관계를 표현한다. "……에 대한 하나의 권리를 소유한다"(having a right to)에서 부정 관사 'a'(하나의)는 특별한 의미가 없다. 우리는 그냥 "……에 대한 권리를 소유한다"(having right to)라고 말해도 괜찮다. 예를 들어,

"모욕당하지 않을 권리를 소유한다"(having right to not being insulted)처럼 말이다. 영어표현 "······를 위하여"(for the sake of)와 비교해보라. 이 표현에서 'the'는 아무런 작용도 하지 않는다. 그래서 'the sake' 같은 것은 없다.

어떤 것과의 권리 관계는 규범적 관계다. 특별히, 어떤 것**에 대해 청구권을 갖는다**는 것은 그것**에 대한 합법적 청구권의 규범적 관계 속에 있다**는 것이다. 혹은 제3의 방식으로 그런 생각을 표현한다면, 어떤 것에 대해 청구권을 갖는다는 것은 그 '어떤 것'에 대해 그것이 정당하게 분배되는 것과 규범적 관계 속에 있는 것이다.

우리가 어떤 것에 대해 청구권을 갖는다는 것이 규범적 관계 속에 있다는 말은 도대체 무슨 뜻일까? 그것은 항상 우리 삶에서 어떤 상태나 사건과 관련이 있다. 보다 구체적으로, 우리 삶에서 좋은 것일 수 있는 어떤 상태나 사건과 관계가 있다. 청구권은 우리 삶에서 악이 될 수 있는 어떤 것과는 결코 관계가 없다.

우리는 더 구체적이 될 수 있다. 우리가 청구권을 소유한 '삶의 선들'life-goods은 항상 대우받는 방식들이다. 정상적으로, 그것은 타자들에 의해 특정한 방식으로 대접받는 선과 관계가 있다. 제한적인 경우, 그것은 자신에 의해 특정한 방식으로 대접받는 선과도 관계가 있다. 예를 들어, 만약 우리 스스로 마약중독자가 되도록 허용한다면, 그것은 우리가 그렇게 한 것이다. 만약 우리가 그런 경우를 제외하고, 항상 우리 삶에 선이 되도록 다른 사람에게 대접받는 어떤 방식에 대해서 청구권을 소유한다면, 우리 토론은 간단해질 것이다.

우리가 너무 자주 권리언어를 사용하면, 청구권이 '대접받는 방식에 대한 합법적 요구'란 사실이 드러나지 않는다. 나에게는 샬롯빌몰Charlottesville Mall에서 걸어 다닐 수 있는 권리가 있다. 하지만 내가 샬롯빌몰에서 걸어 다니는 것은 대접받는 방식이 아니다. 그것은 내가 행하는 어떤 것이다. 내게 그렇게 행할 권리가 있다고 말할 때, 그 권리는 내가 행하도록 허용된 어떤 것이란 뜻이다. 그래서 나는 샬롯빌몰에서 걸어 다닐 수 있는 허용권을 소유한다. 하지만 내가 좀 더 깊이 생각해보면, 그 지역에서 청구권, 즉 내가 어떤 방해도 받지 않고 그 몰에서 자유롭게 걸어 다닐 수 있는 권리가 존재한다는 것도 알 수 있다. 그 몰에서 자유롭게 걸어 다닐 수 있는 것은 대접받는 방식이다. 마찬가지로, 비행기에서 자리에 앉는 것은 우리가 행하는 어떤 것이며, 타자에 의해 대접받는 방식은 아니다. 그래서 허용권이 존재한다. 하지만 우리가 좀 더 깊이 생각해보면, 우리는 그 자리에서 청구권, 즉 그 비행기에서 자리에 앉도록 허용되는 권리가 존재한다는 사실도 알 수 있으며, 그것은 대접받는 한 가지 방식이다.

앞에서 나는 권리가 규범적 관계라고 말했다. 이제 우리가 덧붙일 수 있는 것은 권리가 규범적인 **사회적** 관계라는 것이다. 그래서 우리가 청구권을 갖고 있는 것은 우리가 특정한 방식으로 대접받는 선이다. 권리를 갖는다는 것은 우리 스스로 특정한 방식으로 대접받을 권리를 갖는 경우 외에 최소한 두 가지 측면이 있다.

울피아누스가 옳다면(나는 그렇다고 생각한다), 정의는 우리가 권리를 소유한 어떤 것이 정당하게 분배되는 것으로 구성된다. 그래서 이제 우리가 말할 수 있는 것은 사회 구성원들이 대접받을 수 있는 권리를 소유하므로 서로에게 대접받는 규범적인 사회적 관계 속에 있다면, 그 사회에는 기본적 정의가 존재한다는 것이다.

8장

가치에 근거한 권리

권리이론을 수립하려는 모든 이들이 직면하는 가장 큰 도전 앞에 이제 우리도 서 있다. 즉, 우리가 동료들에게 특정한 방식으로 대접받을 **권리를 소유할** 때, 그들과 갖는 규범적 사회관계의 본질을 설명하는 도전 말이다.

비록 우리가 청구권을 소유하는 것이 항상 우리 삶에서 선이거나 선이 될 수 있는 방식으로 대접받는 것이라고 해서 그 역도 반드시 그런 것은 아니다. 즉, 우리에게 청구권은 없지만 우리 삶에서 선이 되도록 대접받는 방식은 많기 때문이다. 암스테르담 국립미술관에서 소장하고 있는 렘브란트 그림 중 하나를 내게 주어 우리 집 거실에 걸어두고 경비원이 옆에서 지키도록 허락한다면, 그것은 내 삶에서 위대한 선이 될 것이다. 하지만 그 미술관을 향해 그렇게 하도록 요구할 권리가 내게는 없다. 그래서 그 미술관이 나를 그런 식으로 대접하는 선을 내가 누리지 못한다고 해서, 그 미술관이 나를 부당하게 대접하는 것은 아니다. 우리가 우리 삶에서 선이 될 수 있는 방식으로 대접받는 것 중, 우리가 어떤 것에 대해서는 권리를 갖지만 다른 것에 대해서는 그렇지 않다는 사실을 어떻게 설명할 수 있을까?

우리가 앞에서 언급했듯이, 우리의 권리 중 어떤 것은 입법이나 사회적 관행에 의해 우리에게 부여된다. 그래서 내게는 1930년대에 통과된 사회보장법과 그 법에 명시된 자격을 내가 충족시킨다는 사실에 의해 매월 미국 정부로부터 사회복지 수당 수표를 지급받을 권리가 있다. 우리의 권리 중 다른 것은 어떤 언어 행위 speech acts 때문에 우리에게 발생한다. 그래서 나는 당신이 나에게 행하겠다고 약속한 것을 당신이 행하도록 요구할 권리를 갖는다. 하지만 우리의 모든 권리가 이런 종류의 것은 아니다. 어떤 것은 **자연권** natural rights 이다. 법률, 사회적 관행, 언어 행위와는 완전히 별도로, 나는 살해되지 않을 권리, 고문자의 쾌락을 위해 고문받지 않을 권리, 모욕이나 학대받지 않을 권리를 갖는다. 그래서 (개인의 삶에서 선이 되는) 타인들에게 대접받는 방법 중, 개인이 어떤 것에 대해서는 자연권을 갖지만, 어떤 것에 대해서는 아무런 권리도 갖지 못하거나, 겨우 사회적으로 부여되거나 언어적으로 생성된 권리에 대해서만 권리를 갖는다는 사실을 어떻게 설명할 수 있을까?

현재 이런 문제에 대한 철학의 지배적 시각은 자연권이 개인적 자율에 대한 근본적이고 자연적인 권리, 즉 개인이 스스로 삶을 계획하고 실천할 수 있는 근본적이고 자연적인 권리의 보호수단으로 이해되어야 한다는 것이다. 그의 최근 저서, 『인권에 대하여』 *On Human Rights*

에서, 제임스 그리핀$^{James\ Griffin}$은 우리가 "인권을 우리의 규범적 기관 $^{normative\ agency}$에 대한 보호 장치로 이해해야" 한다고 말한다.¹ "우리가 그것을 인권이란 개념으로 보호하는 것"은 규범적 기관의 작동이 특별히 중요하기 때문이다.²

이런 식의 사고는 비록 인기는 있어도 제대로 작동하지 않을 것이다. 그 이론의 한 가지 문제는 지금 사용되고 있는 자율성 개념을 설명하는 일이다. 자신이 적절하다고 생각하는 것은 무엇이든지 행할 수 있는 권리를 가진 사람은 분명 없다. 그렇다면, 우리 각자는 무엇에 대해 근본적인 권리를 갖는가? 내 생각에, 지금까지 이 문제에 대해 만족스러운 답변을 내놓은 이론가가 없는 것 같다. 만약 이것이 그 이론과 관련된 유일한 문제라면, 나는 여기서 이런 확신을 변호해야 할 것이다. 하지만 그렇지 않다.

다른 문제는 만약 자연권이 자율에 대한 우리의 근본권리를 위한 보호장치로 이해된다면, 우리에게 자율에 대한 권리를 부여하는 것이 무엇인지 설명이 필요하다는 것이다. 그런데 개인적 자율은 위대한 선이지만 그것에 대한 권리가 우리에게 없다고 선언함으로써 이 문제를 회피하려 한다면, 우리에게 권리이론은 없는 것이다. 대접받는 어떤 방식이 위대한 선이지만 그것에 대한 권리가 우리에게 없다면, 그 위대한 선을 보호하는 것도 그것이 무엇이든 단지 하나의 선, 그러나 그것에 대한 권리가 우리에게 없는 어떤 선에 불과하다. 만약 내게 렘브란트의 그림 하나가 주어지는 선에 대한 권리가 나에게 없다면, 그것을 지키기 위해 경비를 서는 선에 대한 권리도 없는 것이다.

　세 번째 문제는 우리의 많은 권리가 자율과는 전혀 상관이 없다는 것이다. 수감된 범죄자들을 처벌하는 한 가지 방법으로 그들을 고문하는 것은 그들을 학대하는 것이다. 그러므로 그들에게는 고문받지 않을 권리가 있다. 하지만 고문이 잘못인 것은 그들의 자율이 고문으로 손상되기 때문이 아니다. 그들이 이미 수감되었기 때문에 그들의 자율은 이미 손상되었다. 강간이 잘못인 이유는 피해자의 자율이 손상되었기 때문이라고 말하는 것을 나도 지겨울 정도로 잘 알고 있다. 정말로 자율이 손상되었다. 하지만 그것이 잘못의 전부인가?

　여기에 다른 종류의 상반된 예가 있다. 즉, 내가 음란한 이유로 당신을 감시하지만, 내가 알게 된 것을 집에서 사적으로 즐길 뿐, 아무 짓도 하지 않는다고 가정해보자. 나는 당신에게 잘못을 저질렀다. 당신에게는 그런 식으로 감시받지 않을 권리가 있다. 하지만 나의 행위가 당신의 자율에 어떤 영향도 끼치지 않는다.

　혹은 중증 치매 환자에 대해 생각해보자. 그들에게도 권리가 있다. 예를 들어, 총에 맞지 않을 권리와 그들의 몸이 쓰레기통에 버려져서 쓰레기차가 실어가지 못하게 할 권리 말이다. 하지만 그들은 완전히 자율을 잃어버렸다. 그래서 그들은 규범적 기관에는 관여할 수 없다. 그렇게 일종의 영구적 혼수상태에 있는 사람들은 결코 그렇게 할 수 없다.

　나 자신은 권리가 인간의 가치, 중요성, 존엄에 근거한다는 것이다. 우리 모두는 우리 편에서 이룬 어떤 성취, 우리가 소유한 어떤 능력, 우리가 가진 어떤 재산, 우리가 속한 어떤 관계 때문에 가치가 있다. 우리는 다양한 관점에서 칭찬받을 만하다. 우리는 다양한 이유로 존경받을 만하다.

그런 것을 염두에 두고, 한 개인이나 사람을 그의 가치에 적합한 방식으로, 그리고 그의 가치에 적합하지 않은 방식으로 대접하는 방법들이 있다는 사실을 주목하자. 즉, 가치가 덜한 어떤 사람이나 사물에 적합한 방식으로 그를 대접하는 것, 무시하거나 폄하하는 방식으로 그를 대접하는 것, 모욕하는 방식으로 그를 대접하는 것. 만약 당신이 철학수업을 듣는 학생이라면, 최고의 과제를 제출한 사람으로서 당신에게 적합한 것은 내가 당신의 성적표에 A 학점을 주는 것이다.

어떤 여인을 강간하는 것은 그녀의 자율에 손상을 입힌다. 하지만 근본적으로 강간이 잘못인 것은 그 강간범이 피해자의 자율성을 손상한다는 것이 아니라, 그가 이 사람을 자신에게 쾌락을 주고 자신의 힘을 과시하기 위해 자신이 이용할 수 있는 정도의 가치로 그 사람을 대접한다는 것이다. 그러므로 노예를 매매하는 것은 사람들이 그런 행위를 통해 그들을 모욕하고 그들을 두 발 달린 말 정도로 취급하는 것이다.

이제 내가 생각하는 권리가 무엇인지 말할 수 있다. 권리는 가치를 존중함으로써 요구되는 방식으로 대접받는 것이다. 만일의 경우, 당신이 나에게 특정한 방식으로 대접받을 권리를 소유하지만, 당신이 나에게 그런 방식으로 대접받지 않는다면, 당신의 가치, 당신의 존엄에 적합하지 않은 방식으로 대접받는 것이다. 당신을 고문하는 것이 당신의 존엄에 적합한 방식으로 당신을 대접하는 것과 양립할 수 없다면, 당신에게는 고문받지 않을 권리가 있다. 당신을 매매하려고 경매대 위에 세워두는 것이 한 개인으로서 당신의 존엄에 적합한 방식으로 당신을 대접하는 것과 양립할 수 없다면, 당신은 판매용으로 경매대 위에 세워지지 않을 권리를 갖는다. 내가 당신에게 그 수업에서 A 학점을 주지 않는 것이 최고의 과제를 제출한 사람으로서 당신의 가치에 적합하지 않다면, 당신은 나에게 A 학점을 받을 자격이 있는 것이다. 기타 등등.

권리가 무엇인지를 이해하려면, 한 개인의 삶이 얼마나 행복하게 혹은 불행하게 진행되는지, 즉 그의 웰빙과 그의 가치, 혹은 중요성을 구별해야 한다. 진실로 존경받을 만한 사람이 자신의 삶이 불행하다고 생각할 수 있다. 그들은 세상의 욥들이다. 역으로, 행복하게 사는 사람이 사실은 그렇게 존경할 만한 인물이 아닐 수도 있다. 이것은 오래된 불평을 낳는다. 왜 그렇게 악한 사람이 잘사는가? 그 불평은 개인의 가치(혹은 존경스러움)와 그의 삶의 가치(혹은 존경스러움) 사이의 차이를 전제한다.

권리는 우리 삶에서 선이 되도록 대접받는 방식과 우리 자신이 소유한 가치의 결합을 대표한다. 권리를 인정하려면 우리 삶에서 선이 되도록 대접받는 방식을 인정해야 한다. 하지만 추가적으로, 그것은 인간 자신의 가치, 존엄, 존경스러움을 인정하도록 요구한다. 오직 삶의 선 life-goods 에만 작동하고, 인간의 가치나 존엄에는 작동하지 않는 윤리이론은 결코 자연권에 대해 설명할 수 없다. 삶의 선을 축적한다고 해서 사람이 권리를 갖게 되는 것은 아니다. 내 거실 벽에 렘브란트의 그림을 걸어놓는 것이 내 삶에는 엄청난 선이 될 것이다. 하지만 그렇다고 해서, 내가 그 선에 대해 권리를 갖는 것은 아니다. 반면 내가 안내원에게 환대받는 것이 내 삶에서는 비교적 작은 선일 수 있다. 그럼에도 내게는 그런 대접을 받을 권리가 있다.

9장

왜 권리-담론이 중요한가?

우리는 정의가 권리에 근거하기 때문에 중요하며, 권리가 중요하다는 사실을 알게 되었다. 또한 우리는 개인의 권리가 개인의 가치에 근거하기 때문에 중요하며, 동료들에게 개인의 가치에 적합한 방식으로 대접받는 것이 중요하다는 사실도 알게 되었다. 하지만 권리와 관련해서 우리가 아직 주목하지 않은 중요한 문제들이 있다.

포체프스트룸 학술대회에서 아파르트헤이트를 옹호했던 아프리카너들의 소망, 즉 누구도 남아공의 상황을 정의와 권리의 관점에서 말하지 않고, 단지 자애, 관대, 사랑, 자비의 관점에서 말해야 한다는 소망이 이루어졌다고 가정해보자. 그렇게 되면 무엇을 잃었을까? 우리가 자애와 관대의 언어로 할 수 없는 어떤 일을 권리의 언어로는 할 수 있을까?

온정주의적 자애가 오히려 학대를 초래한 경우가 많았다. 우리는 '권리'라는 개념을 사용해서, 이런 학대에 주의를 환기시킬 수 있

93

다. 그런 자애에 도덕적 브레이크를 걸도록 요청할 수 있다. 그것만큼은 이미 명백해졌다. 하지만 이렇게 브레이크를 거는 역할을 부여하는 권리는 어떤가?

우리가 찾아볼 수 있는 권리에 대한 서적들은 권리가 '압도적인 힘' trumping force 혹은 '결정적인 힘' peremptory force 을 갖는다고 한다. 그 뜻은 만약 내가 당신을 특정한 방식으로 대접하는 선에 대한 권리를 당신이 갖고 있다면, 내가 당신을 그렇게 대접하지 않음으로써 아무리 많은 유익을 얻을지라도, 나는 반드시 당신을 그런 식으로 대접해야 한다는 뜻이다. 내가 당신을 그런 식으로 대접하지 않는 것은 도덕적이길 포기하는 것이다. 그래서 그것은 도덕적으로 허락할 수 없는 선택이다. 그것이 바로 온정주의적 자애라는 악에 대해 도덕적 브레이크를 걸게 하는 권리의 압도적인 힘 trumping force 이다.

다시 한 번, 당신이 내가 가르치는 수업에서 최고 수준의 과제를 제출한 학생이라고 가정해보자. 그래서 당신에게는 A 학점을 받을 권리가 있다. 하지만 당신이 오만하고 이기적인 사람이라고 상상해보자. 나는 당신에게 B⁻ 학점을 주는 것이 당신의 성격을 바람직한 수준으로 개조하는 데 도움이 될 것이라고 생각한다. 그래서 나는 당신에게 B⁻ 학점을 주고, 당신의 과제에서 문제점을 지적한다. 경험이 많은 교수들은 최고 학생의 과제에서도 결점을 찾아낼 수 있다.

그렇게 하는 것이 당신에게 상처가 될 것이다. 당신에게는 A 학점을 받을 권리가 있기 때문이다. 그러므로 나는 그렇게 하지 말아야 한다. 당신에게 B⁻ 학점을 주는 일은 도덕적으로 허용할 수 없는 선택이기 때문에, 그런 일은 있을 수 없다. 만약 내가 당신에게 성격개조가 필요하다고 생각한다면, 나는 그런 일을 위해 다른 방법을 찾아야 할 것이다. 당신에게 해를 끼치지 않는 방법 말이다.

그것은 작은 예에 불과하다. 20세기는, 어떤 사람들을 짐승처럼 취급하거나 더 심한 짓을 하는 것이 다른 사람들을 위해 좋은 사회를 가져올 수 있다면 얼마든지 용납할 수 있다고 생각했던 정권들로 가득했다. 만약 우리가 사람들의 권리에 호소할 수 없다면, 그래서 우리가 이런 식으로 인간을 대우하는 것은 그들을 부당하게 대하는 것이며 결코 있을 수 없고 도덕적으로는 허용할 수 없다고 주장할 수 없다면, 우리에게는 이런 '상품의 미적분학' calculus of goods 적 사고방식, 공리주의적 정신 상태를 멈출 수 있는 방법이 없다.

논의를 위해, 아프리카너들이 꿈꾸었던 사회, 즉 그 속에서는 각 민족이 각자의 문화적 정체성을 발견하기 위해 분리되는 사회가 좋을 수 있다는 사실을 인정하자. 물론 나는 그것이 의심쩍다고 생각한다. 하지만 논의를 위해, 그것이 좋을 수 있다고 인정하자. 그런 꿈을 실현하려고 애쓰는 과정에서, 소위 흑인과 유색인들에게 가해진 엄청난 불의는 그런 식으로 그런 꿈을 성취하는 것이 도덕적으로 용납될 수 없음을 뜻했다. 아프리카너들의 자애로운 충동이 그런 불의를 정당화할 수 없었다. 세상에는 많은 온정주의적 자비가 존재한다. 하지만 그것 전부는 아니어도, 그것 중 많은 것이 정말 불의하다. 우리가 권리언어로 그런 자비에 도덕적 브레이크를 걸도록 목소리를 높일 수 있는 것은 바로 권리가 압도적인 힘을 갖고 있기 때문이다.

그렇다면 왜 권리가 이런 압도적인 혹은 결정적인 힘을 갖는가? 우리는 권리와 의무의 관계에 주목함으로써 그 이유를 이해할 수 있다. 이런 관계는 나의 책들에서 부른 것처럼, '상관관계의 원리'Principle of Correlative 속에서 구성될 수 있다. 이 원리에 따르면, 루스Ruth 와 마이크Mike란 사람들이 있다고 가정할 경우, 마이크가 루스를 향해 X를 행할 의무가 있다면, 루스는 마이크가 X란 행동을 하는 것에 대해 권리를 갖는다. 예를 들어, 마이크가 루스를 향해 그녀를 모욕하는 일을 그만둘 의무가 있을 경우, 루스는 마이크가 그렇게 하는 것에 대해 권리를 갖는 것이다.

내가 어떤 일을 행할 의무가 있다면, 내가 그 일을 하지 않는 것도 도덕적으로 용납될 수 없다. 혹은 내가 어떤 일을 하지 말아야 할 의무가 있다면, 내가 그 일을 하는 것이 도덕적으로 용납될 수 없다는 사실에 주목하라. 만약 마이크가 루스에 대한 모욕을 중단해야 할 의무를 루스를 향해 갖고 있다면, 비록 그가 그녀를 계속 모욕함으로써 모든 종류의 좋은 결과를 가져올 수 있다고 해도 그가 그녀를 모욕하는 것은 도덕적으로 용납될 수 없다.

그래서 다시 한 번 오만한 학생에 대해 생각해보자. 만약 그가 나에게 A 학점을 받을 권리가 있다면, 상관관계의 원리에 따라서 나는 그에게 A 학점을 줄 의무가 있다. 비록 그에게 B⁻ 학점을 주는 것이 바람직한 성격개조에 영향을 미친다고 해도 말이다. 그리고 내가 그에게 A 학점을 줄 의무가 있다면, 내가 그렇게 하지 않는 것은 도덕적으로 용납될 수 없다. 그것이 바로 그가 A 학점을 받을 권리가 그에게

B⁻ 학점을 줌으로써 성취될 수 있는 모든 선을 압도하는 이유다.

이런 식의 생각은 다음과 같은 질문을 던진다. 만약 우리가 오직 자애, 사랑, 자비, 관대 같은 언어만 이용할 수 있고 권리와 부정의 언어는 없다면 무엇을 잃게 되느냐고 나는 물었다. 나는 잃게 되는 것은 온정주의적 자애에 대해 도덕적 브레이크를 걸도록 목소리를 높이는 우리의 능력이라고 대답했으며, 권리-담론이 이런 기능을 할 수 있는 것은 바로 권리의 결정적인 혹은 압도적인 힘 때문이라고 주장했다. 하지만 내 주장은 의무$^{\text{duty and obligation}}$의 언어도 압도적인 힘을 지닌다는 것을 보여준다. 그래서 그것은 온정주의적 자애에 대해 도덕적 브레이크를 걸도록 목소리를 높이는 데도 사용될 수 있다.

우리가 더 이상 권리와 부정의 언어를 사용할 수 없지만, 여전히 의무의 언어는 사용할 수 있다고 생각해보자. 우리는 온정주의적 자애에 대해 도덕적 브레이크를 걸도록 목소리를 높이기 위해서 의무의 언어를 사용할 수 있었다. 그럴 경우, 무엇을 잃을 것인가? 우리가 현재 권리의 언어로 행하고 말하는 모든 것이 의무의 언어로는 행하고 말해질 수 없었을까? 우리는 당신이 소유한 대접받을 권리대로 당신이 나에게 대접받지 않았다고 말하는 대신, 내가 당신을 대접해야 했던 방식대로 당신을 대접하지 않았다고 말할 수도 있었다. 그런 두 가지 방식의 말하기는 다소 상이한 수사학적 맛이 있다. 하지만 그것들은 동일한 규범적 관계를 선택적으로 표현한다. 그렇지 않은가? 같은 사실의 다른 표현.

그런 제안은 거부되어야 한다. 내가 권리가 무엇인지 설명했을 때, 권리는 특정한 방식으로 대접받는 선에 대한 것이라는 내 주장을 기억해보자. "특정한 방식으로 대접받는다"는 수동적 표현을 내가 사용했다는 것에 주목하라. 나는 도덕적 질서에는 두 가지 근본적인 차원이 있다고 제안한다. 즉, 주동자 차원과 피해자 차원, 행위자 차원과 수취인 차원. 한편에는, 사람이 하는 일의 도덕적 의미가 존재하고, 다른 편에, 사람에게 벌어진 일의 도덕적 의미가 존재한다. 한편에는, 사람이 타인들을 어떻게 취급하는지의 도덕적 의미가 존재하고, 다른 편에는, 사람이 타인들에게 어떤 대접을 받는지의 도덕적 의미가 존재한다.

권리의 언어와 그것과 짝을 이루는 피학被虐의 언어는 도덕적 질서의 수취인 차원, 혹은 피해자 차원, 즉 우리가 어떤 대접을 받는가의 차원에 발언권을 부여하기 위한 것이다. 도덕적 질서에 대해 생각할 때, 철학 전통은 행위자 차원에 거의 모든 관심을 집중해왔다. 그 결과, 내 판단에, 그것은 대체로 우리에게 대단히 불완전하고 왜곡된 도덕질서의 그림을 제공해왔다.

학대받은 어떤 부인에 대해 생각해보자. 그리고 그녀에게 이용할 수 있는 유일한 언어가 의무의 언어와 함께, 사랑과 자비 등의 행위자 언어라고 가정해보자. 그런 언어로, 그녀는 자신을 학대하는 남편의 도덕적 상황에 주목하게 할 수 있다. 즉, 그는 사랑 없이 행동하고, 그가 마땅히 해야 하는 일을 하지 않는 죄를 범하고 있다. 하지만 그녀는 그녀 자신의 도덕적 상황에는 주목하게 할 수 없다. 그녀는 학대를 받아왔다. 권리-담론은 그녀가 그 사실에 주목하게 할 수 있다.

권리-담론이 우리의 도덕적 어휘에서 사라진다면, 우리는 더 이상 우리와 다른 사람들이 받는 대접의 도덕적 의미에 주목하게 할 언어, 어떤 사람이 학대를 받아왔다는 사실에 주목하게 할 언어를 상실할 것이다. 권리언어가 거의 언제나 사회적 저항운동들이 선호했던 언어인 이유는 바로 그것이 억압받는 사람들이 자신들의 도덕적 상황에 주목하게 만들 수 있는 언어이기 때문이다.

다른 각도에서 이렇게 동일한 두 차원의 사상을 살펴보자. 지금까지 논의한 것에서, 우리는 그 상황의 도덕성을 묘사하기 위해, 자신에게는 오직 행위자 차원의 언어밖에 없는 학대받은 아내와 그것 외에 피해자 차원의 언어도 사용할 수 있는 아내 사이의 차이를 주목했다. 이제 당신이 어떤 대접을 받아왔는지가 아니라, 어떻게 당신 자신이 어떤 사람, 혹은 일군의 사람들을 대접해야 하는가에 대해 생각한다고 상상해보자. 그 상황을 단지 행위자 차원의 입장에서 생각하는 것과 그것에 대해 피해자 차원의 입장에서도 생각하는 것 사이의 차이는 무엇일까? 그것을 단지 당신의 의무와 관대함의 입장에서 생각하는 것과 타인들의 권리란 입장에서도 생각해보는 것 사이의 차이는 무엇일까? 당신이 교사라고 가정해보자. 당신이 교실에 들어갈 때, 그 상황을 전적으로 당신의 의무와 관대함의 입장에서 생각하는 것과 그것을 학생의 권리란 입장에서도 생각해보는 것 사이의 차이는 무엇일까? 여기에 다른 예가 있다. 자신의 자녀와의 관계를 오직 자신의 의무란 입장에서 생각하는 부모와 그것을 자녀의 권리, 그리고 자신의 행동이 자녀에게 상처를 줄 수도 있을 가능성이란 입장에서 생각하는 부모 사이의 차이는 무엇일까? 내게는 이들의 방향성orientation이 근본적으로 달라 보이지만, 나는 그 차이를 말로 표현하는 것이 쉽지 않다고 생각한다. 두 번째 방향성은 첫 번째 방향성이 하지 않는 방식으로 학생이나 자녀의 가치에 개방적이 되어야 한다고 요구한다. 그러므로 그것은 한쪽에게 분별을 요구한다. 나는 다른 사람이나 사람들의 입장에서 생각해본다. 나는 더 이상 그 상황을 도덕적으로 통제할 수 없다. 말하자면, 나는 도덕적 청취자다. 그들의 가치를 인정하고, 그런 인정이 나에게 부과하는 요구에 개방적 태도를 유지하면서 말이다.

아파르트헤이트를 옹호했던 아프리카너들의 문제는 그들이 너무나 자신들의 선과 덕으로 충만해서, 흑인과 유색인들이 받았던 대접의 도덕적 의미를 결코 인정하려 하지 않았으며, 그들이 받았던 대접의 의미에 결코 주목하지 않은 것이다. 아파르트헤이트의 옹호자들은 도덕적 분별에 저항했다. 그들은 책임자 자리에 있고 싶었다. 그들은 자신들의 자기 기만적 자애를 사람들이 감사하며 받아들이길 원했다. 그리고 그들은 흑인과 유색인들이 똑바로 행동해야 한다고, 그렇지 않으면 자애는 없을 것이라고 주장했다. 그것이 바로 자애가 작동하는 방식이다. 자애는 선택적이며, 관대는 조건적이 될 수 있다. 내가 당신의 가치에 합당한 존경을 적절히 표해야 한다는 요구사항에는 어떤 조건도 달 수 없다. 결코 그럴 수 없다.

루스의 집이 마이크의 집 남쪽에 있다고 가정해보자. 사람들이 그들의 집의 공간적 관계를 서술하기 위해 "루스의 집은 마이크의 집

남쪽에 있어요"라는 문장을 사용하거나, "마이크의 집은 루스의 집 북쪽에 있어요"라는 문장을 사용하는 것은 아무런 차이가 없다. 동일한 사실의 다른 표현. 우리의 어휘에서 '남쪽에'of south 란 말이 사라지더라도, '북쪽에'of north 란 단어가 남아 있다면, 집들의 공간적 관계에 대한 사실을 선택적으로 표현할 수 있는 우리의 능력에는 아무런 차이도 생기지 않을 것이다.

하지만 권리-담론과 의무-담론은 그런 식으로 관련되지 않는다. 그것들은 동일한 도덕적 사실을 선택하지 않는다. 상관관계의 원리는 그들이 행한다고 생각하지만 실제로는 행하지 않는 것을 매력적인 것으로 만든다. 그들이 행하지 않는다는 사실은 의무와 권리를 '그림자' 측면에서 보았을 때 가장 분명해진다. 내가 당신을 대접해야 하는 방식대로 대접하지 않는 **죄를 범한다는 것**은 당신이 나에게 대접받은 방식에 의해 **상처를 입었다는 것**과 동일한 사실이 아니다.

나에게 의무가 있다는 것과 당신에게 권리가 있다는 것 사이의 관계는 **……의 남쪽에 있다는 것과 ……의 북쪽에 있다는 것** 사이의 관계와 같지 않다. 그것은 삼각형이 **등각인 것**과 삼각형이 **등변이라는 것** 사이의 관계와 같다. 삼각형이 등변이라면, 또한 등각이다. 삼각형이 정말 등변이라면, 반드시 등각이다. 그럼에도 이들은 다른 사실이다. "삼각형이 등변이라면, 등각이다. 삼각형이 정말 등변이라면, 반드시 등각이다"는, 철학자들이 분석적인 필연적 진리가 아니라 종합적인 필연적 진리라고 부르는 것이다. 그래서 상관관계의 원리는 종합적인 필연적 진리다. 어떤 이들이 그러듯이, 그 원리를 부인하는 사

람들은 필연적 진리를 부정하지만, 그렇다고 모순을 긍정하는 것은 아니다.[1]

만약 우리가 의무언어는 보유해도 권리언어를 사용할 수 없다면, 도덕질서의 피해자 차원에 대해 더 이상 발언할 수 없을 것이다. 그것은 심각한 상실이 될 것이다.

10장
권리-담론은 소유적 개인주의를 표현하기 위해 존재하는가?

권리언어로 우리는 도덕질서의 피해자 혹은 수취인 차원에 목소리를 부여할 수 있다. 그리고 권리의 압도적인 힘을 통해, 우리는 무분별한 자애에 도덕적 브레이크를 걸도록 목소리를 낼 수 있다. 하지만 앞에서 언급된 권리언어가 소유적 개인주의 정신을 표현하고, 그런 언어를 사용함으로써 그런 정신이 고무된다는, 권리-담론에 대한 공통된 비난은 어떻게 할 것인가?

자격에 집착하는 사회에서, 우리가 조직적 억압을 받지 않는 어떤 사람의 관점으로(예를 들어, 백인 남성 대학교수의 관점으로) 사물을 바라볼 때, 그런 비난은 설득력 있어 보인다. 하지만 남아공 유색인들이 아파르트헤이트의 불의에 저항하면서 권리언어를 사용했을 때, 그들이 소유적 개인주의 정신을 표현한 것일까? 그런 것 같지는 않다. 팔레스타인인들이 자신들에게 해를 끼치는 불의에 저항하면서 권리언어를 사용했을 때, 그들이 소유적 개인주의 정신을 표현한 것

103

일까? 그런 것 같지는 않다. 미국에서 시민권 운동이 소유적 개인주의의 거대한 분출이었을까? 정녕, 그런 것 같지는 않다. 사물이 어떻게 보이는가는 개인의 관점에 따라 다르다.

　권리가 바로 내가 말했던 그런 것이라면, 즉 개인의 가치나 존엄에 근거하고 특정한 방식으로 대접받는다는 삶의 선^善에 대한 합법적 요구로 구성되는 일종의 규범적인 사회적 관계라면, 소유적 개인주의를 표현하고 부추긴다는 권리-담론에 대한 비난은 그 언어에 내재된 어떤 것이라기보다 그 언어의 남용을 지적하는 것이 분명하다. 당신과 나 사이에는 일종의 규범적인 사회적 연대가 존재한다. 그것에 의해 당신은 나에게 내가 당신을 어떻게 대우해야 하는가에 대해 정당한 요구를 할 수 있고, 나는 당신에게 당신이 나를 어떻게 대우해야 하는가에 대해 정당한 요구를 할 수 있다. 상황은 대칭적이다. 권리언어는 이런 현실에 발언권을 제공하기 위해 존재한다. 물론 소유적 개인주의 정신이 강한 사람은 특정한 방식으로 대접받을 자신의 권리에 대해서는 말을 많이 하지만, 자신이 타인들을 특정한 방식으로 대우해야 한다는 타인들의 권리는 무시한다. 그것은 권리-담론의 남용이다. 그런 상황에서 범인은 권리언어가 아니라, 자신의 사악한 목적을 위해 권리언어를 왜곡하는 소유적 개인주의 정신이다.

　많은 훌륭한 작가들이 그런 주장에 대해, 즉 소유적 개인주의 정신의 한 표현으로 사용된 권리-담론은 언어의 남용이라는 주장에 도전할 것이다. 이들은 소유적 개인주의자들이 권리-담론을 남용하는 것이 아니라, 본래 의도대로 사용할 뿐이라고 말한다. 권리-담론은 자신의 DNA 속에 소유적 개인주의를 담고 있다.

　이런 견해를 가진 사람들은 권리에 대한 정확한 해석이 자율해석autonomy interpretation이라고 인정한다. 그것에 따르면, 권리의 기능은 내가 제안했던 존엄해석보다 우리의 자율권을 보호하는 것이다. 그래서 그들은 권리사상의 기원과 관련하여, 혹은 (보다 정확히 말하면) **자연권** 사상의 기원과 관련하여 두 내러티브 중 이런저런 이야기를 하면서, 소유적 개인주의가 권리-담론의 DNA에 속한다는 자신들의 주장을 옹호한다.

　이 두 개의 내러티브 중 보다 우세한 것은 레오 스트라우스Leo Strauss가 1953년에 출판한『자연권과 역사』Natural Rights and History에서 기원했다.¹ 스트라우스에 따르면, 서양의 사상가들은 전통적으로 주관적 권리가 아니라 객관적 권리의 입장에서 생각했다. 즉, 그들은 다양한 상황에서 행할 바른 일을 구체화하면서 객관적 질서의 입장에서 생각했기 때문에, 개인이 소유한 권리의 입장에서는 생각하지 않았다. 스트라우스의 주장에 따르면, 홉스Hobbes와 로크Locke가 정치적 권위에 대해 개인주의적이고 순수하게 세속적인 설명을 시도하는 과정에서 변화가 발생했다. 스트라우스는 이런 변화, 즉 객관적 권리에서 주관적 권리로의 변화가 근대성으로의 이행과정에서 핵심적 요소로 간주되어야 한다고 주장했다.

　덜 두드러지지만, 프랑스 법학사가 미첼 빌리Michel Villey가 1950년대에 여러 출판물에서 대안적 내러티브를 최초로 발언했다. 신新토마스주의자였던 빌리는 다른 신新토마스주의자들처럼, 토마스 아퀴나스^(Thomas Aquinas)를 서양철학의 절정으로 간주했고, 토마스 이후의 모든 것은 절정에서 후퇴나 그것을 회복하려는 시도라고 이해했다. 빌리의 주장에 따르면, 자연권 사상은 1300년 초반에 유명론 철학자 오컴의 윌리엄^(William of Ockham)이 등장하면서 은총과 결별했다. 교황의 공격으로부터 동료 프란체스코파들을 방어하는 과정에서, 오컴이 자연법사상을 도입했다는 것이다. 스트라우스는 자연적·주관적 권리 사상이 개인주의적 정치철학에서 탄생했다고 생각했고, 빌리는 철학적 유명론에서 탄생했다고 이해했다. 그리고 두 사람 모두 그 사상이 그것을 탄생시킨 철학적 틀에서 벗어날 수 없다고 생각했다.[2]

하지만 나는 두 내러티브들이 틀렸다고 생각한다. 그의 획기적인 책, 『자연권 사상: 자연권, 자연법 그리고 교회법 연구, 1150-1625』^(The Idea of Natural Rights: Studies on Natural Rights, Natural Law and Church Law 1150-1625)에서,[3] 브라이언 티어니^(Brian Tierney)는 1100년대 후반, 즉 오컴이 출현하기 1세기 이상 전에 교회법학자들이 이탈리아 교수 그라티아누스^(Gratian)가 1140년경에 편찬한 법전들(『그라티아누스 교령집』^(Decretum Gratiani)으로 불리게 되었다)을 주석할 때, 그리고 그들이 그 시대 교회법의 쟁점들을 토론할 때, 자연권 개념을 사용하고 있었다고 알려준다. 티어니의 학생 찰스 리드 2세^(Charles J. Reid Jr.)는 그의 책 『몸에 대한 권력, 가족에서 평등: 중세 교회법에서 권리와 가족관계』^(Power over the Body, Equality in the Family: Rights and Domestic Relations in Medieval Canon Law)에서 그 이야기에 살을 붙인다.[4] 존 위티^(John Witte)는 자신의 책 『권리와 자유의 역사』^(The Reformation of Rights)에서[5] 자연권 사상이 초기 개신교 종교개혁의 다양한 지류들, 특히 개혁주의(칼뱅주의)에 속한 저자들 사이에서 공통적으로 사용되고 있었음을 보여준다. 그리고 리처드 턱$^{Richard\ Tuck}$은 『자연권 이론들: 그것들의 기원과 발전』$_{Natural\ Rights\ Theories:\ Their\ Origin\ and\ Development}$에서[6] 중세 후반과 르네상스 초기에 자연권에 호소했던 이야기를 들려준다. 따라서 우리는 12세기의 교회법학자들이 정신적으로 소유적 개인주의자들은 아니었으며, 그들의 후계자들인 르네상스의 스페인 신학자들과 16-17세기 종교개혁 신학자들도 그렇지 않았다고 추측할 수 있다.

만약 우리가 초기 칼뱅주의 신학자들의 사상에서 자연권 사상의 역할을 잊는다면, 스트라우스 내러티브가 그럴듯해 보일 것이다. 그리고 우리가 12세기 교회법학자들의 작품을 잊는다면, 빌리 내러티브도 그럴듯해 보일 것이다. 스트라우스와 빌리의 내러티브가 인기를 얻으려면 문화적 기억상실이 필요하다.

자연권 사상은 중세 기독교 세계의 모판에서 기원했다. 그것은 홉스와 로크와 더불어 계몽주의에서 기원한 것이 아니다. 홉스와 로크는 자신들이 물려받은 것을 사용했을 뿐이다. 그 사상은 자신의 DNA 속에 소유적 개인주의를 담고 있다.

소유적 개인주의를 위해 자연권을 사용하는 것은 권리-담론의 남용이다. 다른 사람이 가치의 피조물로서 나의 존재 속으로 들어온다. 비슷하게, 나도 가치의 피조물로서 그녀의 존재 속으로 들어간다. 그녀의 가치 때문에, 그녀는 나에게 내가 그녀를 어떻게 대우해야 하는가에 대해 합법적인 요구를 할 수 있다. 나의 가치 때문에, 나는 그녀에게 그녀가 나를 어떻게 대우해야 하는가에 대해 합법적인 요구를 할 수 있다. 만약 그녀가 갖고 있는 권리대로 대접을 받지 못한다면, 그녀는 나에게 학대를 당한 것이다. 마찬가지로, 내가 마땅히 받아야 할 대접을 그녀에게서 받지 못한다면, 나도 그녀에게 학대를 당한 것이다. 권리언어는 이런 현실에 발언권을 제공한다.

3부

성경의 정의

11장

세 교부들의 자연권

티어니의 혁신적 저서에서, 우리는 지속적이고 체계적인 방식으로 자연권 개념을 최초로 사용한 사람들이 계몽주의의 세속적 정치철학자들이 아니라 12세기의 교회법학자들이었다는 사실을 배운다. 그것은 이런 질문을 던진다. 즉, 자연권이 12세기 전에는 체계적으로 개념화 되지 않았지만, 그 존재는 좀 더 일찍 인정받지 않았을까? 우리는 스스로 명확히 개념화하지 않는 많은 것들을 당연시한다.

라틴 교부인 밀라노의 암브로시우스^{Ambrose of Milan, 340-397}가 빈곤에 대해 쓰면서 말했다. "당신은 당신의 것을 가난한 사람에게 주는 것이 아니라, 원래 그의 것을 본인에게 돌려주는 것이다." 같은 주제에 대해 좀 더 상세히 서술하면서, 동방교부인 카이사레아의 대 바실리우스^{Basil the Great of Caesarea, 330-379}가 이렇게 말했다.

> 이미 옷을 입고 있는 사람의 옷을 훔친다면, 그는 도둑이라고 불리지 않

겠는가? 사람이 할 수 있으면서도 헐벗은 사람에게 옷을 입혀주지 않는다면, 그에게는 어떤 칭호가 붙어야 할까? 당신이 보관하고 있는 빵은 가난한 사람들의 것이다. 당신이 옷장에 보관하고 있는 외투는 헐벗은 자들의 것이다. 당신의 소유물 중 썩고 있는 신발도 신발 없는 사람들의 것이며, 당신이 땅속에 숨겨둔 황금도 가난한 사람들의 것이다. 그러므로 당신이 타인들을 도울 수 있는데도 거부한 것만큼 당신은 그들을 학대한 것이다.[2]

같은 주제를 좀 더 상세히 다루면서, 안디옥과 콘스탄티노플의 위대한 설교자인 요하네스 크리소스토무스 John Chrysostom, 347-407 는 나사로와 부자의 비유에 대한 일련의 설교 중 두 번째 설교에서 이렇게 말했다.

자신의 소유를 나누지 않는 것도 도적질입니다. 어쩌면 이런 말이 여러분에게는 충격적일 수도 있습니다. 하지만 놀라지 마세요. 제가 성경을 근거로 이 말을 입증해보겠습니다. 성경은 사람이 타인의 물건을 훔치는 것뿐 아니라, 자신의 물건을 타인과 나누지 않는 것도 절도요 사기요 사취라고 말합니다.……성경은 "가난한 자의 생계수단을 빼앗지 말라"고 말합니다. 박탈한다는 것은 타인에게 속한 것을 가로채는 것입니다. 남의 것을 취해서 갖고 있을 때, 그것을 박탈이라고 부르기 때문입니다.……

부자는 가난한 자들에게 나누어주려고 맡긴 돈의 청지기입니다. 그는 궁핍한 하인들에게 그것을 분배하라는 지시를 받습니다. 그래서 만약 그가 필요 이상으로 자신을 위해 돈을 소비한다면, 그는 후에 가장 혹독한 대가를 치를 것입니다. 그가 소유한 것은 그의 것이 아니라, 하인들의 것이기 때문입니다.

그 가난한 사람은 자신의 궁핍과 필요에 대해 탄원합니다. 즉, 그로부터 다른 것을 요구하는 것이 아닙니다. 비록 그가 세상에서 가장 사악한 인간이라도, 그에게 생존을 위해 필요한 최소한의 것도 없다면, 우리는 그를 굶주림에서 구해주어야 합니다.……자선을 베푸는 사람은 궁핍한 사람들의 항구입니다. 항구는 난파당한 모든 사람을 받아들여, 그들을 위험에서 구해줍니다. 그러므로 그들이 착하거나 악하든지, 혹은 그들이 무슨 위험에 처해 있든지, 항구는 그들을 안식처로 인도합니다. 그러므로 여러분도 비슷하게, 이 땅에서 빈곤으로 난파당한 사람들을 만나면, 그들을 판단하거나 설명하지 말고 불운에서 벗어나게 해주십시오.……

가난한 사람의 가치는 단지 필요^{need}뿐입니다. 어떤 사람이 이런 추천장을 들고 찾아오면, 더 이상 쓸데없이 관여하지 마세요. 우리는 그 사람을 위해 제공하는 것이지 매너 때문에 그러는 것이 아닙니다. 우리는 그의 덕이 아니라 그의 불행 때문에 그에게 자비를 베풉니다. 우리 자신이 하늘에 계신 주님으로부터 그분의 위대한 자비를 얻기 위해 말입니다.……

제가 여러분께 간청합니다. 틀림없이 이것을 기억하십시오. 우리의 부를 타인들과 나누지 않는 것은 가난한 자들로부터 도적질하는 것이요, 그들의 생계수단을 박탈하는 것입니다. 우리는 우리 자신의 부가

아니라, 그들의 부를 소유한 것입니다.³

    이것은 충격적인 말이다. 의심의 여지없이, 암브로시우스, 바실리우스, 요하네스는 일부 가난한 자들이 게으름 때문에 가난해졌다고 믿었다. 하지만 그들은 가난한 자들에게 죄가 있다고 말하지 않는다. 그들은 부자들이 감동을 받고 지역의 자선기금에 넉넉히 기부하게 하려고, 부자들의 연민을 자극하려 하지 않는다. 그들은 자선의 덕을 찬양하지도 않는다. 분명 그들은 부자들이 가난한 자들과 나누길 거절하면, 자신들의 의무를 제대로 이행하지 않는 것이라고 믿었다. 하지만 그것도 그들이 강조하는 것이 아니다.

    인정머리 없는 부자의 도덕적 상황을 지적하기보다, 암브로시우스, 바실리우스, 요하네스는 아무런 도움도 받지 못하는 가난한 자들의 도덕적 상황에 발언권을 부여한다. 그들은 부자의 옷장에 남아도는 옷들이 옷 없는 가난한 사람의 것이라고, 부자의 찬장에 남아도는 음식이 먹을 것 없는 가난한 사람의 것이라고 말한다. 다른 말로 하면, 그들은 가난한 사람이 옷과 음식에 대한 권리를 갖는다고 선언한다. 만약 어떤 것이 당신의 것이라면, 당신은 그것에 대해 권리를 갖는다. 즉, 합법적으로 요구할 수 있는 것이다. 자신의 재산을 타인과 나누지 않는 것은 절도, 사기, 사취라고 요하네스가 말한다. 바실리우스는 가난한 사람을 돕지 않는 부자는 그를 학대하는 것이라고 덧붙인다. 물론 암브로시우스, 바실리우스, 요하네스가 염두에 둔 것은 지방법이 부여한 권리가 아니라 자연권이다. 그래서 그들은 지방법에 호소하지 않는다.

요하네스는 생계수단에 대한 가난한 자들의 권리가 그들의 선한 행동에 달려 있지 않다고 덧붙인다. 빈곤의 파선을 겪은 사람들은 자신들의 삶에 대해 설명할 필요가 없다. 그들을 판단하는 대신, 우리는 그들을 그런 불행에서 벗어나게 해야 한다. 우리는 그들의 덕이 아니라 불행 때문에 그들을 돕는 것이다.

빈곤의 도덕적 의미에 대한 이렇듯 놀라운 사고방식은 도대체 어디에서 온 것일까? 암브로시우스, 바실리우스, 그리고 다른 교부들이 그것을 발명했을까? 아니면, 그들이 이교적인 그리스·로마 유산에서 가져온 것일까?

아니다. 요하네스가 지적하듯이, 그것은 성경에서 온 것이다. 권리의 계보학은 우리를 계몽주의 정치 사상가들에서 초기 칼뱅주의 신학자들에게, 초기 칼뱅주의 신학자들에서 종교개혁 이전의 스페인 신학자들에게, 종교개혁 이전의 스페인 신학자들에서 12세기 교회법학자들에게, 12세기 교회법학자들에서 교부들에게, 그리고 교부들에서 기독교 성경으로 이끈다.

하지만 나는 조금 성급하게 먼저 말을 해버렸다. 이런 자연권의 계보학은 내가 권리에 대해 생각할 때, 조금 늦게 출현했다. 티어니의 책은 1997년에야 출판되었고, 위티의 책은 2007년에야 나왔기 때문이다. 나를 히브리 성경과 기독교 성경의 정의로 인도한 것은 이런 계보학이 아니라, 내가 만난 사람들의 얼굴과 목소리였다.

12장

구약의 정의

나는 네덜란드 개혁주의 전통이 미국에 이식된 교회에서 성장했다. 나의 특이한 전통은 신구약 성경을 중시했다. 우리는 성경을 열심히 읽고 시편을 노래했다.

성경은 정의에 대해 자주 강하게 말한다. 나도 정의에 대한 구절을 많이 읽고 들었으며, 아마도 시편을 노래할 때 정의에 대해 노래했을 것이다. 하지만 그 모든 것이 그냥 스쳐 지나가버렸다. 누구도 내가 그것에 주목하게 하지 않았다. 나의 상황에서 어떤 것도 그것을 중요하게 만들지 못했다. 우리 교회에는 자선기금이 있었지만, 사회정의위원회 같은 것은 없었다.

우리 부모님은 가난했다. 정말 가난했다. 하지만 우리의 가난이 어떤 불의 때문이란 생각은 한 번도 한 적이 없었다. 후에 밝혀졌듯이, 우리의 가난은 그런 불의의 결과였다. 나의 아버지가 동네 채소가게에서 횡령 혐의로 해고되었다는 사실을 안 것은 그로부터 50년이 지난 후였다. 아버지를 알던 사람들은 그런 혐의가 터무니없다고 생각했다. 아버지가 해고되고 몇 년이 지나서, 가게 주인의 아들이 범인으로 밝혀졌다. 당시에 나는 이 모든 일에 대해 아무것도 몰랐다.

포체프스트룸에서 돌아온 후에도, 정의를 위한 울부짖음이 여전히 귓가에 울리고 있었지만, 나는 전부터 하던 일을 계속했다. 나는 예배에서 성경 봉독을 경청했고, 나 자신이 성경을 읽었으며, 시편을 노래했다. 하지만 이제 나의 경청과 독서, 찬양이 달라졌다. 지금까지 나를 스쳐 지나간 정의에 대한 언급들이 튀어나왔다. 남아공에서 유색인들과 팔레스타인인들을 만난 경험이 내 눈을 뜨게 했고 나의 관심을 사로잡았다.

성경은 정의에 대해 자주 말하지만, 정의에 대한 어떤 정의^{definition}나 이론도 제공하지 않는다. 성경은 우리가 정의에 대해 잘 안다고 가정한다. 성경이 반복적으로 하는 일은 독자들에게 정당하게 행동하고 불의를 고치라고 명령하는 것이다. 성경은 독자들에게 정의에 대한 사랑으로 그렇게 행하라고 명령한다. 성경은 왜 우리가 정의를 사랑해야 하는지, 왜 불의를 고쳐야 하는지, 그리고 우리가 정의롭게 행동하고 불의를 고칠 때 우리의 행동을 어떻게 이해해야 하는지를 설명하는 신학적 맥락 속에 그런 명령을 위치시킨다. 그리고 성경은 정의를 행하고 불의를 고치려는 노력에 우선권을 둔다.

모세는 이스라엘 백성을 향한 고별 연설의 일부분으로 전달한 하나님 법전에서 "너는 마땅히 공의만을 따르라. 그리하면 네가 살겠고 네 하나님 여호와께서 네게 주시는 땅을 차지하리라"고 말한다(신

16:20). 정의를 행하고 불의를 고치라는 명령은 예언서에서 더욱 강화된다. 예언자들은 정의실천과 경건활동을 자주 대비시킨다. 아모스 선지자의 유명한 구절에서, 하나님은 다음과 같이 말씀하신다.

> 내가 너희 절기들을 미워하여 멸시하며
> 너희 성회들을 기뻐하지 아니하나니
> 너희가 내게 번제나 소제를 드릴지라도
> 내가 받지 아니할 것이요
> 너희의 살진 희생의 화목제도
> 내가 돌아보지 아니하리라.
> 네 노랫소리를 내 앞에서 그칠지어다.
> 네 비파 소리도 내가 듣지 아니하리라.
> 오직 정의를 물같이,
> 공의를 마르지 않는 강같이 흐르게 할지어다(암 5:21-24).

정의를 행하라는 동일한 명령이 미가 6장의 유명한 구절에도 나온다. 그 구절은 이스라엘을 향한 하나님의 고통스러운 탄식을 표현하며 대단히 통렬하게 시작한다.

> 이르시기를 내 백성아 내가 무엇을 네게 행하였으며
> 무슨 일로 너를 괴롭게 하였느냐.
> 너는 내게 증언하라. 내가 너를 애굽 땅에서 인도해내어

> 종노릇하는 집에서 속량하였고
> 모세와 아론과 미리암을 네 앞에 보냈느니라(미 6:3-4).

예언자는 이런 하나님의 탄식에 가슴이 아파서 어떻게 하나님을 기쁘게 하며 그의 슬픔을 완화시킬지 묻는 사람을 상상한다.

> 내가 무엇을 가지고 여호와 앞에 나아가며
> 높으신 하나님께 경배할까.
> 내가 번제물로 일 년 된 송아지를 가지고
> 그 앞에 나아갈까(미 6:6).

상상 속의 인물은 과장법을 사용해서 말한다.

> 여호와께서 천천의 숫양이나
> 만만의 강물 같은 기름을 기뻐하실까(미 6:7).

예언자는 발언자의 질문에 반박한다.

> 사람아, 주께서 선한 것이 무엇임을 네게 보이셨나니
> 여호와께서 네게 구하시는 것은
> 오직 정의를 행하며 인자를 사랑하며
> 겸손하게 네 하나님과 함께 행하는 것이 아니냐(미 6:8).

정의를 행하라는 명령의 신학적 배경은 하나님께서 정의를 사랑하시고 불의를 미워하신다는 것이다. 이사야 61장을 읽으면, 하나님께서 "나 여호와는 정의를 사랑하며"(8절)라고 말씀하시는 소리를 듣는다. 이스라엘과 교회에 합류해서 시편 37편의 말씀을 직접 읽으면, "여호와께서 정의를 사랑하시고"(28절)라는 말씀을 자신의 입으로 직접 발언하시는 모습을 발견한다. 이들은 여러 예들 중 단지 두 개에 불과할 뿐이다. 우리에게 정의를 행하고 불의를 교정하라는 하나님의 명령 배후에는 정의에 대한 하나님의 사랑이 놓여 있다.

정의를 행하고 불의를 교정하라는 성경의 명령에 대한 신학적 배경의 또 다른 측면은 모세가 자신의 고별 연설의 일부로 전해준 법전의 다른 본문에서도 드러난다.

> 너는 객이나 고아의 송사를 억울하게 하지 말며 과부의 옷을 전당 잡지 말라. 너는 애굽에서 종 되었던 일과 네 하나님 여호와께서 너를 거기서 속량하신 것을 기억하라. 이러므로 내가 네게 이 일을 행하라 명령하노라. 네가 밭에서 곡식을 벨 때에 그 한 뭇을 밭에 잊어버렸거든 다시 가서 가져오지 말고 나그네와 고아와 과부를 위하여 남겨두라. 그리하면 네 하나님 여호와께서 네 손으로 하는 모든 일에 복을 내리시리라. 네가 네 감람나무를 떤 후에 그 가지를 다시 살피지 말고 그 남은 것은 객과 고아와 과부를 위하여 남겨두며 네가 네 포도원의 포도를 딴 후에 그 남은 것을 다시 따지 말고 객과 고아와 과부를 위하여 남겨두라. 너는 애굽 땅에서 종 되었던 것을 기억하라. 이러므로 내가 네게 이 일을 행

하라 명령하노라(신 24:17-22).

이것은 이상하다. 이스라엘 백성은 하나의 민족으로서 자신들이 애굽에서 종이었고 하나님이 그들을 그 상태에서 구속하셨다는 사실을 기억하기 위해, 자신들 안에 있는 과부, 고아, 객을 정당하게 대우해야 한다. 과부, 고아, 객을 정당하게 대우하는 것과 하나님이 종살이에서 구하셨다는 사실을 기억하는 것이 도대체 무슨 상관이란 말인가?

물론 정의를 행하는 동안, 이스라엘 백성은 자신들이 구원받았다는 사실을 기억할 수 있다. 그래서 그들은 두 가지 일을 동시에 행할 수 있다. 하지만 하나님은 그들이 구원받았다는 사실을 기억해야 하기 **때문에**, 혹은 그들이 기억하기 **위해**, 혹은 기억의 **한 방식으로**, 그들에게 정의를 행하라고 명령하신다. 그것은 무슨 뜻인가? 어떻게 사람이 자기 민족의 구원을 기억하기 때문에 누군가를 정당하게 대우할 수 있을까? 어떻게 사람이 기억하기 위해, 혹은 기억의 한 방식으로 누군가를 정당하게 대우할 수 있을까?

그 답의 실마리는 기억에 대한 언급이 무언가를 마음에 담거나 회상하는 사적이고 내적인 행동에 대한 언급이 아니라, **일종의 기념물로서 어떤 일을 행한다**는 공적이고 사회적인 행동에 대한 언급이라는 것이다. 구약성경의 여러 곳에서, 하나님은 이스라엘에게 하나의 기념물로서 어떤 일을 행하도록 훈계하시는 것으로 보고된다. 그래서 이스라엘의 사회생활은 기념행위와 기념물로 가득하다. 이런 구약의 기념물 중 가장 유명한 것이 유월절이다. 그래서 우리는 출애굽기에서 유월절이 '너희를 위한 기념일이 될 것이다'(12:14)라는 말씀을 읽는다.

무언가를 기념물로 실천하거나 만든다는 것은 무슨 뜻인가? 일부 성서학자들은 어떤 것을 하나의 기념물이나 기억으로 행하거나 만든다는 생각이 고대 이스라엘에게, 혹은 고대 셈족들에게는 독특한 것이었다고 주장한다. 우리 현대인들이 기억을 내적이거나 사적인 것으로 생각하는 반면, 고대 이스라엘인들이나 셈족들은 기억을 외적이고 사회적인 것으로 생각했다고 한다.

하지만 그런 주장은 거부되어야 한다. 당신과 나와 같은 현대인들도 어떤 것을 기념물로 실천하고 만든다. 우리의 삶은 기념행위나 기념물로 가득하다. 워싱턴 D.C.에 있는 베트남 참전용사 기념관은 하나의 기념물이다. 그렇지 않다면 무엇이겠는가? 미국인들은 매년 7월 4일을 독립선언문 서명에 대한 기억이나 기념으로 기린다.

왜 우리는 이런 일을 하는가? 왜 우리는 어떤 것을 기념물로 행하거나 만드는가? 우리는 과거의 중요한 인물과 사건을 기리고, 그들에 대한 기억을 생생하게 유지하기 위해 이런 일을 한다. 베트남 참전용사 기념관은 베트남전쟁에서 자신들의 목숨을 바친 사람들에게 경의를 표하고, 그들에 대한 기억이 사라지지 않게 해준다. 미국의 수도를 '워싱턴'으로 명명한 것은 조지 워싱턴 George Washington 에게 경의를 표하고 그를 기억하게 해준다. 우리 인간은 쉽게 망각한다. 심지어 우리가 경의를 표하고 싶은 과거의 사람과 사건조차 잘 잊는다. 어떤 것을 기념물로 행하거나 만드는 일은 우리의 망각을 보상하는 기념의 한 방식이다.

하지만 왜 이스라엘인들은 하나님이 그들을 애굽의 종살이에서 구한 것을 기념하기 위해 과부, 객, 고아에게 정의를 행해야 했는가? 왜 기념물로서 정의를 행하는가? 왜 다른 것은 안 되는가? 왜 이들에게 정의를 행해야 하는가?

사실 이스라엘이 애굽에서 자신의 구원에 대한 기념으로 실천한 다른 것들도 있었다. 이스라엘은 해마다 유월절 식사를 자신의 구원에 대한 기념으로 행했다. 이스라엘은 그 구원을 기념해서 매주 제7일에 안식했다.

왜 안식일이 노예노동에서 구원받은 것을 기념하는 적절한 실천방법으로 간주되었는지 쉽게 이해할 수 있다. 하지만 다시 한 번, 왜 과부, 고아, 객을 정당하게 대우하는 것이 적절한 것으로 간주되었을까?

내가 생각하는 대답은 다음과 같다. 사람들이 일반적으로 구약에서 발견하는 그림은 과부, 객, 고아의 복지가 고대 이스라엘에서 심각한 위기에 처한 것이다. 그들은 힘없는 사람들이었다. 그들을 정당하게 대우하는 것이 그들을 위험에서 구했다. 그것이 바로, 그들을 정당하게 대우하는 것이 애굽의 종살이에서 이스라엘의 구원을 기념하기에 적절했던 이유다.

정말로, 하나님이 이스라엘을 애굽에서 구하신 것의 기념으로서 이 집단들을 정당하게 대우하는 것이 적절하다면, 그들을 정당하게 대우할 때 이스라엘은 하나님을 닮는 것이다. 그것은 두 가지 일을 한꺼번에 한 것이다. 즉, 애굽의 종살이에서 하나님이 자신을 구한 것의 기념으로서 힘없는 사람들을 공평하게 다루는 것, 그리고 하나님을 닮는 것.

나는 앞에서 성경이 정의에 대한 정의나 이론을 제공하지 않는다고 말했다. 대신, 성경은 우리에게 정의를 추구하라고 명령한다. 그래서 성경은 우리에게 정의를 추구하라고 명령하고, 그 명령에 정의를 추구해야 하는 이유와 그것을 이해하는 방식을 알려주는 신학적 배경을 부여하며, 정의를 행하고 불의를 고치기 위해 분투하는 일에 우선순위를 둔다. 우리는 신학적 맥락의 주된 요소들에 주목했다. 이제 우선순위에 대해 말해보자. 우리는 내가 지금까지 분석했던 신명기의 같은 본문으로 시작할 수 있다.

그 본문은 여섯 개의 짧은 구절들 안에서 네 차례나 정의를 행하는 것과 과부, 고아, 객의 운명을 연결한다. 이런 면에서, 그 본문은 구약성경의 전형이다. 반복해서, 정의의 실천과 불의의 교정이 과부, 고아, 객의 운명과 연결된다. 자주 그 명단에 가난한 자들이 추가된다. 여기에서 이사야가 말한다.

> 정의를 구하며
> 학대받는 자를 도와주며
> 고아를 위하여 신원하며
> 과부를 위하여 변호하라(사 1:17).

몇 장 뒤에서, 우리는 다음과 같은 구절을 발견한다.

> 불의한 법령을 만들며
>
> 불의한 말을 기록하며
>
> 가난한 자를 불공평하게 판결하여
>
> 가난한 내 백성의 권리를 박탈하며
>
> 과부에게 토색하고
>
> 고아의 것을 약탈하는 자는 화 있을진저(사 10:1-2).

나의 주장을 위해 인용할 수 있는 수백 개의 다른 구절 중 시편에 이런 구절이 있다.

> 가난한 자와 고아를 위하여 판단하며
>
> 곤란한 자와 빈궁한 자에게 공의를 베풀지며
>
> 가난한 자와 궁핍한 자를 구원하여
>
> 악인들의 손에서 건질지니라 하시는도다(시 82:3-4).

플라톤의 『국가』는 온통 정의에 관한 내용으로 가득하다. 하지만 『국가』에서 정의를 과부, 고아, 이방인, 그리고 가난한 자의 운명과 연결한 곳은 없다. 그것은 부분적으로 『국가』에서 플라톤의 주된 관심이 롤스의 명명처럼, "이상적 이론"ideal theory을 개발하는 것이었기 때문이다. 하지만 그 과정에서 플라톤은 이상국가가 붕괴될 수 있는 다양한 방식을 보여준다. 그가 보여주는 붕괴는 모두 사람이 자신에게 가장 적합한 일 대신 다른 일을 하는 것으로 구성된다. 하지만 그런 붕괴

속에는 삶이 위험에 처한 과부, 고아, 이방인, 그리고 가난한 자는 들어 있지 않다.

플라톤의 정의 토론에서 참된 것은 정의에 대한 서양의 문헌들 대부분에서도 참이다. 구약 저자들이 정의와 과부, 고아, 이방인, 가난한 자의 운명을 연결한 것은 특이하고 예외적이며 충격적이다. 너무나 충격적이어서, 우리는 그것이 도대체 무슨 뜻이냐고 묻지 않을 수 없다. 그것의 의미는 무엇일까?

구약의 저자들은 잘 작동되는 사법적 정의와 형사적 정의 제도의 중요성에 대해 결코 무지하지 않았다. 내가 모세의 고별 연설에서 인용한 구절, 즉 "너는 마땅히 공의만을 따르라"는, 모세가 공정하게 재판하는 사법제도를 설립하도록 이스라엘에게 교훈하는 본문 끝에 나온다. 재판관들은 불공평하게 재판해서는 안 되고, 뇌물을 받아서도 안 되며, '정의를 왜곡해서도' 안 된다. 하지만 과부, 고아, 이방인, 그리고 가난한 자는 일반적으로 범죄자들이 아니었으므로, 그들에게 적합한 정의는 형사적 정의가 아니라, 기본적 정의, 그리고 기본적 불의의 교정이었다. 하나님이 정의를 사랑하신다고 구약 저자들이 말할 때, 백성들이 처벌받는 모습을 하나님이 보고 싶어 하신다는 뜻이 아니다. 그렇다면 기본적 정의와 불의를 다룰 때, 왜 과부, 고아, 이방인, 가난한 자에 대해 반복적으로 언급하는가?

몇 십 년 전, 남미의 해방신학자들은 여기서 드러나는 것이 하나님의 "가난한 자들을 위한 우선적 선택" preferential option for the poor 이라고 주장했다. 그런 주장이 북미의 수많은 부자 기독교인들을 분노케 만들었다. "하나님의 가난한 자들을 위한 우선적 선택이라니, 도대체 무슨 소리인가? 하나님이 부자와 가난한 자들을 동등하게 사랑하지 않으신다는 말인가? 우리가 하나님의 사랑을 받기 위해 가난해질 필요는 없다. 게다가, 우리는 모두 하나님 보시기에 가난한 자들이 아닌가?"

하나님은 정말 우리 모두를 사랑하신다. 우리는 하나님의 사랑을 받기 위해 가난해질 필요가 없다. 하지만 자신이 정의를 사랑한다는 하나님의 선언, 그리고 우리에게 정의를 행하고 불의를 고치라는 하나님의 교훈이 성경에서 반복적으로 과부, 고아, 이방인, 그리고 가난한 자들의 운명과 연결되어 있다는 사실을 부인할 수는 없다. 왜 그런가? 왜 가난한 자들을 위한 우선적 선택, 혹은 (보다 일반적으로) 가난한 자들과 함께 과부, 고아, 이방인을 위한 우선적 선택인가? 왜 힘없는 자들을 위한 우선적 선택인가? 그것은 바로 이 네 그룹이 힘없는 자들, **힘없는 사인조 그룹**이기 때문이다.

몇 가지 제안을 하겠다. 첫째, 성경 저자들의 정의에 대한 발언은 결코 정의의 본질에 대한 추상적 담론에서 이루어진 것이 아니라, 항상 정의를 행하고 불의를 고치라는 명령에서 이루어진다. 그리고 그 명령은 어떤 상상 속 이상사회의 주민들이 아니라, 실제로 타락한 사회의 주민들에게 주어진 것이다. 둘째, 우리가 실제로 타락한 사회에서 정의를 행하고 불의를 고치려 할 때, 우리는 우선순위를 정해야 한다. 누구도 모든 사람을 공평하게 대할 수 없다. 누구도 모든 불의를 고칠 수 없다. 셋째, 힘 있고 부유한 사람들이 가끔씩 습격과 폭행 등을 당할 때가 있다. 그들도 불의의 희생자들, 즉 **간혹 일어나는 불의한**

사건의 희생자들이다. 하지만 옛 이스라엘에서 과부, 고아, 이방인, 그리고 가난한 자들의 상황과 비교해보라. 그들의 **일상적 상황**은 불공평하거나, 불공평에 너무나 취약했다. 그들도 간혹 벌어지는 불의한 사건에 고통받을 것이다. 예를 들어, 습격처럼 말이다. 하지만 그들의 일상적 상황은 **조직적으로** 불공평했거나, **조직적** 불의에 너무나 취약했다.

우리가 정의를 행하고 불의를 고치려 한다면, 우리는 간혹 벌어지는 사건을 무시하지 않을 것이다. 하지만 우리는 조직적 불의에 우선순위를 둘 것이다. 우리는 그들의 일상적 상황이 부당하거나, 특히 부당한 대우에 취약한 사람들에게 우선순위를 둘 것이다. 그것이 바로 그렇게 힘없는 사인조 그룹을 위한 우선적 선택이 존재했던 이유다.

마지막 요점. 내가 이사야에서 인용했던 한 구절에서, 예언자는 힘없는 사인조 그룹을 "학대받는 자들"the oppressed 로 묘사한다. 내가 시편에서 인용한 구절에서, 찬송작가는 그들을 "악인들의 손"에 있는 것으로 묘사한다. 다른 많은 구절들에서, 그들은 **짓밟힌 자들**downtrodden 로 묘사된다.

이사야와 시편 기자는 그들을 현재 우리가 여러 곳에서 듣는 용어, 즉 '불행한 사람들'unfortunates 로 묘사하지 않는다. 그들을 '불행한 사람들'로 묘사하는 것은 누구도 그들의 상황에 대해 책임이 없다고, 그래서 누구도 잘못이 없다고 주장하는 것이다. 만약 우리가 그들 곁을 그냥 지나침으로써 그들의 곤경을 완화하기 위해 아무 일도 하지 않는다면, 우리는 그들을 학대하는 것이 될 것이다. 그들의 곤경을 완화하는 것은 선택적 자선이 아니라 정의의 문제가 된다. 그러나 그들의 곤경은 불의의 결과가 아니므로, 그들을 정당하게 대우하는 것에는 불의를 고치려는 노력이 포함되지 않는다.

역으로, 그들을 짓밟힌 자들로 묘사하는 것은 그들의 상황이 불의의 결과라고 의미하는 것이다. 역으로, 그것은 누군가가 그들의 상황에 대해 책임이 있다는 의미다. 그들을 짓밟힌 자들로 묘사하는 것은 도덕적 비판을 담고 있다. 도덕적 비판은 전형적으로 방어적 태도와 분노를 촉발하며, 때로는 위협과 암살까지 촉발한다. 나는 그것들에 대해 나중에 더 많이 이야기할 것이다.

13장
신약성경에서 정의가 대체된다는 주장에 대해

나는 지금까지 신약성경에서 언급된 정의의 역할에 대해서는 아무 말도 하지 않았고, 구약성경에서 언급된 정의의 역할에 대해서만 한정해서 말했다. 나는 의도적으로 그렇게 했다. 왜냐하면 정의를 행하고 불의를 바로잡으라는 신약성경의 명령이 폐지·대체되었다는 대중적 견해와 정면대결을 펼치기 위해서였다.

우리는 이런 결론을 지지하기 위해 사용되는 두 가지 다른 사상의 흐름을 발견한다. 하나는 하나님이 계속해서 정의를 사랑하고 힘없는 자들에게 특별한 관심을 갖고 계시지만, 사람들을 억압하는 사회구조의 개혁이 나와 당신의 일은 아니며, 정부에 압력을 가해 범법자들이 정의를 행하도록 만드는 것도 나와 당신의 일이 아니라고 주장한다. 억압적이고 부패한 사회구조의 변화는 오직 이 구조 속에 사는 사람들의 마음이 바뀔 때만 가능하다. 마음이 변하지 않으면, 개혁을 위한 투쟁은 아무 소용이 없다. 신약성경은 우리에게 마음의 변화를 추구하라고 훈계한다. 천국에는 정의가 존재할 것이다. 모든 신실한 자들의 억울함이 해결될 것이다. 하지만 우리는 그날을 위해 아무 일도 하지 않는다. 우리는 그저 기다린다. 하나님, 오직 하나님만이 그런 일을 가능케 하실 것이다. 이 세상에서 기독교인들의 기본적 입장은 기다리는 것이다. 인내와 소망 중에 지금의 악한 세상에서 풀려나서 천국에 들어가길 기다리는 것이다.

이런 사상의 흐름은 기다림이 신약 영성의 근본적 요소라고 주장할 때는 옳다. 바울이 로마서에서 언급했듯이 말이다.

> 피조물이 고대하는 바는 하나님의 아들들이 나타나는 것이니 피조물이 허무한 데 굴복하는 것은 자기 뜻이 아니요 오직 굴복하게 하시는 이로 말미암음이라. 그 바라는 것은 피조물도 썩어짐의 종노릇한 데서 해방되어 하나님의 자녀들의 영광의 자유에 이르는 것이니라. 피조물이 다 이제까지 함께 탄식하며 함께 고통을 겪고 있는 것을 우리가 아느니라. 그뿐 아니라 또한 우리 곧 성령의 처음 익은 열매를 받은 우리까지도 속으로 탄식하여 양자 될 것 곧 우리 몸의 속량을 기다리느니라. 우리가 소망으로 구원을 얻었으매 보이는 소망이 소망이 아니니 보는 것을 누가 바라리요. 만일 우리가 보지 못하는 것을 바라면 참음으로 기다릴지니라(롬 8:19-25).

하지만 새 창조에 대한 간절한 기다림이 신약 영성의 근본적 요소라는 사실은 이런 사상의 정당성을 보증하지 않는다. 고려해야 할 질문은 우리의 기다림이 취하는 **형태**다. 우리는 새 창조가 모든 것을 쓸어

버리도록 인내하고 기다리면서 이 세상의 불의에 침묵해야 하는가? 아니면 새 창조가 우리의 노력에 열매를 맺어주길 인내하고 기다리면서 그런 불의를 줄이기 위해 분투해야 하는가? 우리는 사회적 희망의 실현만큼 사회적 노력의 실현을 기다려야 하는가? 아니면 오직 사회적 희망의 실현만 기다려야 하는가?

최근 온두라스를 여행했을 때(이에 대해 뒤에서 더 자세히 말할 것이다), 나는 그 나라에서 수많은 복음주의 기독교인들이 다음과 같이 주장하는 소리를 들었다. 즉, 그들은 국가의 범죄자 심판과 처벌을 정의와 동일시한다. 그들은 징벌과 처벌을 동일시하면서 바울의 로마서를 인용한다. "원수 갚는 것이 내게 있으니 내가 갚으리라고 주께서 말씀하시니라"(롬 12:19; 신 32:35의 인용). 도출된 결론은 정의를 추구하는 것이 우리의 일이 아니라는 것이다.

정의를 행하고 불의를 교정하라는 명령이 신약에서 철회되었다는 주장을 지지하기 위해 사용된 두 번째 사상은 대중적 경건보다 20세기 개신교 윤리와 신학 내부의 한 운동에서 더 많이 발견된다. 무엇보다도 신약 저자들이 하나님을 사랑하고 이웃을 자기 몸처럼 사랑하라는 예수의 명령을 알려주려고 사용했던 그리스어 단어가 **아가페** agapé 다. 내가 염두에 둔 운동의 핵심적 주장은, 예수가 뜻했던 아가페는 정의와는 아무런 상관도 없는 무상의 자기희생적 자애였다는 것이다. 그 운동의 고전적 문헌은 1930년대 초반 스웨덴의 루터파 주교 안데르스 니그렌 Anders Nygren 이 출판한 『아가페와 에로스』 *Agape and Eros* 다.[1] 니그렌은 『아가페와 에로스』에서 19세기 덴마크 루터파 철학자 쇠렌 키르케고르^{Søren Kierkegaard}를 언급하지 않는다. 하지만 신약의 아가페에 대한 니그렌의 이해는 키르케고르의 『사랑의 역사』^{Works of Love}에서 영향을 받았음에 틀림없다.

    니그렌과 키르케고르 두 사람 중, 의심의 여지없이 키르케고르가 더 심오했다. 하지만 키르케고르보다 니그렌이 신학자들 사이에서 영향을 더 많이 끼쳤을 뿐 아니라, 사랑과 정의의 관계에 대해서도 관심이 더 많았다. 그의 주장은 신약에서 아가페적 사랑이 정의를 대체한다는 것이다. 어떻게 그가 이런 사상을 발전시켰는지 함께 살펴보자.

    니그렌은 세 개의 위대한 동기들이 서양사상에서 지배를 위한 투쟁 속에 연루되어 있음을 발견했다. 한 가지 동기는 에로스, 즉 매력으로서의 사랑인 에로스다. 에로스의 동기는 플라톤 전통에서 지배적이다. 그것은 『심포지엄』^{Symposium}에서 플라톤이 토론한 주제다. (니그렌은 에로스가 자기애^{self-love}의 한 형식이라고 주장했다. 내가 보기에, 이것은 받아들이기 어렵다. 내가 베토벤의 후기 현악 4중주를 사랑한다고 말할 때, 내가 염두에 둔 것은 매력으로서의 사랑이다. 하지만 내가 사랑한 것은 나 자신이 아니라 사중주다.) 두 번째 동기는 노모스^{nomos}, 즉 법의 동기다. 니그렌은 노모스와 정의를 연결했다. 그리고 노모스의 동기가 구약에서 지배적이라고 주장했다. 세 번째 동기는 자기희생적 자애나 관대로서, 정의에는 아무런 관심이 없는 것으로 이해된 아가페다. 아가페의 동기는 신약에서 지배적이며, 그래서 예수가 하나님의 것으로 간주한 것, 그리고 우리에게 이웃을 위해 명령하는 것이 바로 그 사랑이라고 니그렌은 주장했다.

주저함 없이, 니그렌은 이런 구조의 함의, 즉 정의라는 구약의 동기가 신약에서 아가페적 사랑의 동기로 대체되었다고 주장했다. 구약의 하나님은 정의의 신ª ᵍᵒᵈ이고, 신약의 하나님은 사랑의 신이다. 니그렌은 말한다. 예수는 "그럴 가치가 없는 사람들과 교제를 시작하신다"고. 그가 그렇게 하는 것은 "정의의 원리로 하나님과의 교제를 대체하려는 일체의 시도에 반대하는" 것이다.[2] "예수가 잃어버린 죄인들을 자신에게 데려오는 것이 바리새인들뿐 아니라, 유대교의 율법적 정의로 양육되고 거기에 뿌리를 둔 사람에게는 하나님에 의해 설립되고 그의 정의에 따라 보장된 질서를 위반한 것으로 보였음에 틀림없다."[3] 그들에게, 그것은 "정의의 인간적 질서뿐 아니라, 무엇보다 신적 질서, 하나님의 위엄을 위반한 것이다."[4]

간단히 말해 예수가 보여주고 명령했던 아가페적 사랑은 정의를 포함하거나 보충하지 않고, 정의를 대체한다. "'동기가 있는' 정의는 '동기가 없는' 사랑에게 자리를 물려주어야 한다."[5] 우리는 정의가 요구하는 대로 이웃을 대우하는 것과 **더불어** 이웃을 아가페적으로 사랑해야 하는 것이 아니라, 정의가 요구하는 대로 이웃을 대우하는 **대신** 이웃을 아가페적으로 사랑해야 한다.

왜 니그렌은 신약에서 사랑이 정의를 대체한다고 이해했을까? 왜 사랑**과** 정의가 아니었을까? 이 질문에 대한 니그렌의 답은 대단히 명쾌했다. 그는 신약에서 사랑의 전형적인 모범, 즉 사랑에 대한 우리의 모든 생각(우리에 대한 하나님의 사랑과 이웃에 대한 우리의 사랑)을 형성하는 모범은 바로 죄인에 대한 하나님의 사랑하는 용서라고 주장했다. 하나님의 용서는 정의가 요구하는 것을 실천하는 경우가 아니다. 정의는 범죄자가 하나님이 자신을 용서하라고 요구하신다는 주장을 할 수 없다.

이웃에 대한 우리의 사랑은 하나님의 용서를 모방하는 것이다. 우리는 대가를 바라지 않는 관용으로 이웃의 복지를 향상시키기 위해 노력해야 한다. 정의가 요구하는 것에 관심을 두지 않으면서 말이다. 예수와 신약 저자들이 염두에 두었던 사랑은 정의가 요구하는 것을 실천하는 일에 대해서는 전혀 언급이 없다. 신약의 사랑은 정의가 요구하는 것에 관심이 없다. 그것은 타자의 복지에 대한 자기희생적 관심일 뿐으로 철저하게 대가를 바라지 않는다.

니그렌은 이런 사랑의 흐름에서 한 발 더 내디뎠다. 정의가 요구하는 것에 무관할 때, 아가페적 사랑은 불의를 범할 수 있다. 니그렌은 이것을 포도원 노동자들에 대한 예수 비유의 요점으로 간주했다 (마 20:1-16). 니그렌의 해석에 따르면, 땅 주인은 뙤약볕에서 하루 종일 일한 사람들과 나중에 온 사람들에게 같은 일당을 지불했을 때 그 자신이 공평하지 않았고, 먼저 온 일꾼들에게는 부당했음을 인정한다. 하지만 땅 주인은 자기가 생각하는 만큼 관대할 권리가 있다고 말하면서 일찍 온 일꾼들의 불평을 무시한다. 니그렌은 아가페적 사랑(정의가 요구하는 것에 관심을 두지 않는 자기희생적 관대)이 때로는 불의를 초래할 수도 있다고 주장한다. 하지만 상관없다. 예수의 추종자는 불의를 초래할지라도 사랑에 충실해야 한다.

니그렌 이후, 신약의 사랑과 정의의 관계에 대해 가장 깊이 생각했던 근대 아가페운동의 주요 인물은 미국 신학자 라인홀트 니버Reinhold Niebuhr였다. 니그렌에 합류하여, 니버도 신약의 사랑을 정의의 요구에는 아무런 관심도 보이지 않는 무상의 자기희생적 관대로 해석했고, 그런 사랑이 불의를 초래할 수 있다는 점에서 니그렌에게 동의했다. 하지만 니버는 사랑과 정의 간의 충돌 가능성에 대한 니그렌의 반응이 사회적·정치적으로 순진하다고 생각했다. 니그렌은 사랑에 집착하라고 말했다. 니버는 이것이 사회적·정치적 정책으로서는 재앙이 될 것이라고 생각했다. 히틀러에게 아가페적 사랑으로 반응해보라! 미국의 자유주의적 기독교에 대해 니버가 평생에 걸쳐 반대한 것의 핵심은 그것의 순진한 생각, 즉 기독교인들이 이웃들을 더 많이 사랑하면 사람들이 친절하게 반응할 것이고, 결국 사랑이 세상을 지배할 것이라는 생각에 대한 반대였다. 이 시대에 우리는 사랑이 흔히 사랑을 불러오는 대신, 불의를 초래하거나 촉진하며 무시당할 것이라고 예상해야 한다. 예수의 삶은 십자가에서 끝났다. 니버의 말이다.

그렇다면 어떻게 해야 하나? 니버는 불의를 범하거나 촉진하는 것에 만족하는 것은 무책임하다고 생각했다. 하지만 기독교 신학자요 윤리학자로서 사랑을 포기할 수 없었다. 정의는 이해가 충돌하는 현재의 타락한 세상을 위한 것인 반면, 사랑은 (그의 표현대로) "알력이 없는 조화"의 종말의 때를 위한 것이라는 생각이 그의 해법이다. 그는 우리가 지금 여기에서, 작게나마 갈등이 없고 아가페적 사랑이 실천될 수 있는 상황에서, 불의를 조장하거나 촉진하지 않고 이웃을 사랑해야 한다는 조건을 덧붙였다.

14장

신약의 정의

니그렌 식의 사상은 지지할 수 없다. 그리고 약간 다른 이유로, 니버의 것도 마찬가지다. 니그렌에게 집중해보자. 니그렌의 사상은 체계적인 면에서 일관성이 부족하다. 우리는 항상 죄인에 대한 하나님의 용서를 모범으로 삼아서 사랑에 대해 생각해야 한다. 따라서 용서가 정의에 꼭 필요한 것은 아니므로, 우리가 정의의 요구에 신경 쓸 필요는 없다. 그러나 잠시만 용서의 본질에 대해 생각해보라. 우리는 무작정 용서를 온갖 경우에 적용할 수 없다. 오직 그가 내게 악을 행했을 때만, 그리고 오직 그가 내게 잘못했다는 사실을 내가 인지하는 경우에만, 나는 그가 내게 행한 것, 오직 그가 내게 행한 잘못에 대해 용서할 수 있다. 그런데 누군가에게 잘못하는 것은 그 사람을 부당하게 대우하는 것이다. 그것은 그가 권리를 갖고 있는 어떤 것을 그에게서 빼앗는 것이다. 그래서 용서는 정의와 불의에 무관심할 수 없다. 용서는 불의에 대한 관심을 전제로 한다. 정녕, 용서는 정의의 요구를 넘어선다. 범죄자는 용서받을 권리가 없다. 하지만 용서는 불의, 그리고 그것의 인식에 대한 반응이다. 정의와 불의를 망각하는 것은 용서를 망각하는 것이다.

용서는 불의에 무관심할 수 없다는 것이 사실일지라도(니그렌은 그 부분에서 실수했다), 용서는 정의의 요구에 자극받지 않을 수 있다는 응답이 나올 수 있다. 사실이다. 하지만 아가페적 사랑에서 불의를 용납할 수 있다는 니그렌의 주장에서 또 다른 그리고 더 깊은 비일관성에 주목해보자.

내가 누군가를 아가페적으로 사랑하면서 그를 부당하게 대우하면, 나는 그렇게 대접받지 않을 그의 권리를 침해하는 것이다. 그러므로 나는 그에게 잘못한 것이다. 이제 내가 전에 논했던 상관관계의 원리 Principle of Correlatives 를 생각해보자. 그 원리는 우리에게 말한다. 만약 어떤 사람이 내가 그를 어떤 식으로 대우하지 않을 것에 대한 권리를 가진다면, 나는 그에 대해 그런 식으로 대우하지 않을 상관관계의 의무를 지닌다. 그리고 나에게 그를 그런 식으로 대우하지 않을 의무가 있다면, 내가 그를 그런 식으로 대우하는 것은 도덕적으로 용납할 수 없는 일이다. 니그렌의 입장은 우리가 하지 말아야 할 일, 즉 누군가에게 잘못을 범하는 일을 가끔은 사랑 때문에 해도 괜찮다는 것이다. 하지만 그것은 일관성이 없다. 만약 내가 그것을 하지 말아야 한다면, 그런 것은 도덕적으로 허용되지 않는다.

이 책에서 이론적 비일관성의 문제보다 우리의 목적에 더 중요한 것은 니그렌 식의 생각이 주석적으로 용납될 수 없다는 사실이다.

한편으로 니그렌은 포도원의 농부 비유를 잘못 해석했다. 이 비유는 신약의 사랑이 불의를 초래할 수 있고, 그럴 경우에 기독교인들은 사랑에 충실하고, 정의에는 작별인사를 고해야 한다는 그의 주장의 주된 성서적 근거다. 그 비유에서, 지주가 불평하는 일찍 온 일꾼들에게 한 말은 니그렌의 해석과 전혀 다르다. 즉, "내가 부당하게 너희들을 대우했다. 하지만 내 마음대로 내가 관용을 베풀 권리가 나에게 없는가?"라고 말하지 않는다. 그 지주가 한 말을 그대로 인용해보자. "친구여, 내가 네게 잘못한 것이 없노라. 네가 나와 한 데나리온의 약속을 하지 아니하였느냐.……나중 온 이 사람에게 너와 같이 주는 것이 내 뜻이니라. 내 것을 가지고 내 뜻대로 할 것이 아니냐"(마 20:13-15). 여기서 번역된 그리스어 단어는 아디코스^{adikos}다. 불평하는 자들에게 지주가 "나는 당신들을 부당하게 대우하지 않는다"라고 말한다. 그가 그들을 부당하게 대우했지만, 이것은 그의 관대함의 용납할 수 있는 결과라고 주장함으로써 그들에게 동의를 구하는 대신, 지주는 자신이 그들을 부당하게 대우하지 않았다고 주장한다.

그럼에도, 이제는 보다 일반적으로 생각해보자. 신약을 세심하게 읽는 사람은 결코 신약에서 정의가 대체되었다고 결론 내릴 수 없다. 정의는 붉은 줄처럼 신약 전체를 관통한다. 복음서에서 예수의 정체성은 본질적으로 정의에 의존한다는 사실부터 시작해보자.¹

예수는 자기 주변에 있는 사람들에게 대단히 초조하고 화가 났다. 그래서 그는 그들에게 반복적으로 자신의 정체에 대해 말하고, 복음서 저자들은 그들의 목소리로 우리에게 그의 정체에 대해 들려준다. 이런 정체성 해명 중에서 가장 중요한 메시지는 정의의 시대를 시작하기 위해 예수가 하나님의 기름부으심을 받았다는 것이다.

누가복음 4장에서, 누가는 예수가 그의 고향 나사렛에서 안식일을 맞아 회당에 참석했을 때 일어난 이야기를 들려준다. 그가 읽기 위해 일어나자, 이사야 선지자의 책을 건네받았다. 예수는 책을 펼치고 다음과 같이 기록된 곳을 찾았다.

> 주의 성령이 내게 임하셨으니
> 이는 가난한 자에게 복음을 전하게 하시려고
> 내게 기름을 부으시고
> 나를 보내사 포로 된 자에게 자유를,
> 눈먼 자에게 다시 보게 함을 전파하며
> 눌린 자를 자유롭게 하고
> 주의 은혜의 해를 전파하게 하려 하심이라 하였더라(눅 4:18-19).

책 읽기를 마치자, 예수는 책을 덮어 참석자에게 돌려준 후 자리에 앉았다. 참석한 모든 회중이 그의 설명을 기대하며 바라보았다. 그가 말했다. "이 글이 오늘 너희 귀에 응하였느니라"(눅 4:21). 자신과 이사야가 이야기했던 기름부음 받은 자를 동일시하면서 말이다. 누가에 따르면, 회중들은 긍정적으로 반응했을 뿐 아니라, 요셉의 아들이 그렇게 말한 사실에 깜짝 놀랐다. 하지만 예수가 선지자 엘리야와 엘리사에 관한 구약 이야기를 사용하여 하나님의 호의가 이스라엘에만 한정된 것이 아니라고 계속 말씀하시자, 그들은 "크게 화가" 났다(눅 4:28).

조금 더 암시적이지만, 동일한 정체성 해명이 몇 장 뒤에 나타난다. 세례 요한이 헤롯에 의해 투옥되었을 때, 그는 자신의 추종자들로부터 예수에 관한 소식을 들었다. 이런 보고는 그를 혼란스럽게 했다. 그는 예수가 메시아이며 자신은 예수의 선구자란 사실을 믿었다. 하지만 예수의 행보는 요한이 기대한 메시아의 것이 아니었다. 그래서 요한은 자신의 제자 두 명에게 "오실 그이가 당신이오니이까, 우리가 다른 이를 기다리오리이까"(눅 7:19)란 질문을 예수에게 보냈다. "예수께서 질병과 고통과 및 악귀 들린 자를 많이 고치시며 또 많은 맹인을 보게 하신"(눅 7:21) 후에, 그들은 예수에게 질문했다. 예수가 요한의 제자들에게 준 답변은 전에 그가 회당에서 언급했던 정체성 해명과 비슷하다. "가서 보고 들은 것을 요한에게 알리되 맹인이 보며 못 걷는 사람이 걸으며 나병환자가 깨끗함을 받으며 귀먹은 사람이 들으며 죽은 자가 살아나며 가난한 자에게 복음이 전파된다"(눅 7:22). 그 후, 예수께서 자기 때문에 "실족하지 아니하는 자"는 복이 있다고 선언하셨다(눅 7:23).

마태복음에서, 우리는 매우 비슷한 정체성 해명을 발견하는데, 이번에는 마태복음 저자의 목소리로 직접 듣는다. 마태가 예수의 이야기를 들려주는 부분에서, 마태가 그 이야기에 개입하여 자신이 들려주는 사건들의 의미에 대한 개인적 해석을 제공할 때, 예수는 이미 어느 정도 가르치고 치유하는 일을 하고 계셨다. "이는 선지자 이사야를 통하여 말씀하신 바"

보라 내가 택한 종 곧 내 마음에 기뻐하는 바

내가 사랑하는 자로다.

내가 내 영을 그에게 줄 터이니

그가 심판을 이방에 알게 하리라.……

[그는] 상한 갈대를 꺾지 아니하며

꺼져가는 심지를 끄지 아니하기를

심판하여 이길 때까지 하리니

또한 이방들이 그의 이름을 바라리라

함을 이루려 하심이니라(마 12:17-18, 20-21).

우리는 이런 정체성 해명을 어떻게 이해해야 할까? 회당에서 벌어진 일을 보고하면서, 누가가 이사야 61장의 첫 두 구절을 인용했다는 사실을 주목하자. 예수의 성경 읽는 장면에 대한 누가의 보고 첫 구절과 마지막 구절은 이사야의 것과 정확히 일치한다. 하지만 누가는 한 구절("눈먼 자에게 다시 보게 함")을 추가했고, 한 구절("마음이 상한 자를 고치며")을 생략했으며, "갇힌 자에게 놓임"을 "포로 된 자에게 자유"라고 고쳤다. 이사야 본문은 다음과 같다.

주 여호와의 영이 내게 내리셨으니

이는 여호와께서 내게 기름을 부으사

가난한 자에게 아름다운 소식을 전하게 하려 하심이라.

나를 보내사 마음이 상한 자를 고치며

포로 된 자에게 자유를,

갇힌 자에게 놓임을 선포하며

여호와의 은혜의 해와 우리 하나님의 보복의 날을 선포하여(사 61:1-2).

이사야의 앞 장들(58, 59, 60장)에도 이와 비슷한 구절들이 나온다. 이 책 12장에서 인용한 미가의 구절처럼, 이렇게 앞에 나온 이사야 본문들에는 불의를 초래하는 경건을 거절하는 내용이 먼저 나온다. "너희가 금식하는 날에 오락을 구하며 온갖 일을 시키는도다.……너희가 오늘 금식하는 것은 너희의 목소리를 상달하게 하려는 것이 아니니라"(사 58:3-4). 그 후에 이 본문은 이렇게 이어진다.

내가 기뻐하는 금식은

흉악의 결박을 풀어주며

멍에의 줄을 끌러주며

압제당하는 자를 자유하게 하며

모든 멍에를 꺾는 것이 아니겠느냐.

또 주린 자에게 네 양식을 나누어주며

유리하는 빈민을 집에 들이며

헐벗은 자를 보면 입히며

또 네 골육을 피하여 스스로 숨지 아니하는 것이 아니겠느냐(사 58:6-7).

성경을 공부한 사람이라면, 예수와 그의 말을 들은 사람들이 분명히 그랬듯이, 즉각적으로 가난한 자들에게 복음을 전하고, 포로 된 자들에게 자유를 선포하고, 갇힌 자들을 놓아주는 것을 정의 실천에 대한 구약의 표준적 예들로 인식했을 것이다. 하나님의 정의 통치를 시작하기 위해 임명된 하나님의 선택받은 사람으로서 자신과 복음서 저자들에 의해 예수의 신분이 밝혀진다.

우리는 신약에서 정의의 역할을 잠시 살펴보았다. 살펴봐야 할 것이 훨씬 더 많이 있다. 하지만 '더 많은 것'을 분별하기 위해, 신약의 영어번역과 관련된 것을 하나 다루어야 한다.

15장

영어성경의 번역들

나는 자주 나 자신(과 타인들)에게 왜 그렇게 많은 사람들이 신약에서 정의가 대체되었다고 믿게 되었느냐고 질문했다. 구약에서 정의가 두드러진다는 것에 대해서는 아무도 이의를 제기하지 않는다. 구약은 대단히 풍요롭고 다양한 저서들의 모음집이다. 사람이 어떤 문제에 집착할 경우, 정의 같은 주제는 간과할 수 있다. 그것은 이해할 만하다. 하지만 그런 문제가 제기되면, 구약에서 정의가 두드러진다는 사실에 대해서는 아무도 이의를 제기하지 않는다.

왜 신약은 이 문제에 관해 구약과 연속선상에 있는 것으로 해석되지 않는가? 왜 그것은 구약과 관계가 단절된 것으로 해석되는가? 구약의 저자들은 하나님이 정의를 사랑하신다고 선언한다. 왜 신약의 하나님은 정의를 사랑하시는 것으로 이해되지 않는가? 구약의 하나님은 우리에게 정의를 행하고 불의를 고치라고 명령하신다. 왜 신약의 하나님은 우리에게 정의를 행하고 불의를 고치라고 명령하시는

145

것으로 이해되지 않는가?

　니그렌에게는 그의 사상을 형성한 신학적 해석의 원리가 있었다. 신적이고 인간적인 모든 사랑은 죄인에 대한 하나님의 은혜로운 용서라는 렌즈를 통해 이해되어야 한다. 하지만 이런 원리의 적용이 신약에서 사랑이 정의를 대체했다는 결론으로 이어진다면, (모순되는 증거들을 고려할 때) 모든 사랑을 그런 렌즈를 통해 볼 때 뭔가 잘못이 있을 수 있다는 결론을 내리지 못할 이유가 무엇인가? 사랑에 대한 우리의 생각을 재고해보는 것은 어떨까?

　정의에 해당하는 라틴어는 유스티티아^{justitia}다. 로맨스어들, 즉 이탈리아어, 스페인어, 포르투갈어, 프랑스어, 루마니아어는 라틴어의 직계 자손들이다. 신약을 이 언어들 중 하나로 번역할 때, 라틴어에 근거한 그들의 언어가 탄생했다. 스페인어 후스티시아^{justicia}가 한 예다. 역으로, 대부분의 신약 영어번역본들은 justice, just, unjust 같은 단어들을 거의 사용하지 않는다. 그런 이유 때문에, 니그렌의 주장이 신약을 영어로 읽는 사람들에게 그럴듯해 보이는 것이다. 그들이 읽는 신약은 정의에 대해 거의 말하지 않는다.

　신약의 그리스어 원전에서, 우리는 자주 형용사 디카이오스(*dikaios*, 의로운), 명사 디카이오시네(*dikaiosynē*, 정의), 동사 디카이오오(*dikaioō*, 의롭게 하다) 등을 만난다. 이들은 모두 디크(*dik*, 정의, 관습)에서 파생된 단어들이다. 나는 그리스어로 신약을 읽기 전에, 고전 그리스어를 공부했다. 고전 그리스어를 공부하면서 우리가 읽은 책들 중 하나가 플라톤의 『국가』였다. 디크^{dik}에서 파생된 단어들이 『국가』에는 흔하다. 우리는 그것들을 거의 자동적으로 '정의'justice, '정당한'just, '정당하게'justly 등으로 번역하도록 배웠다.『국가』의 주제가 정의다.

내가 그리스어로 신약을 처음 읽었을 때, 디크에서 파생된 수많은 단어들을 발견했다. 대부분의 신약성경 영어번역본들에서 그 형용사가 거의 대부분 '정당한'just 보다는 '의로운'righteous 으로, 명사가 '정의'justice 보다는 '의'righteousness 로 번역된 것을 보고 놀란 기억이 있다. 물론 항상 그런 것은 아니다. 누가에 따르면, 한 바리새인이 마련한 만찬 자리에서 예수가 안식일을 지키고 있다. 그때 예수가 주인에게 말한다. "잔치를 베풀거든 차라리 가난한 자들과 몸 불편한 자들과 저는 자들과 맹인들을 청하라. 그리하면 그들이 갚을 것이 없으므로 네게 복이 되리니 이는 의인들the dikaios 의 부활 시에 네가 갚음을 받겠음이라"(눅 14:13-14). RSV는 디카이오스를 'just'로 번역했다("you will be repaid at the resurrection of the just").

오늘날의 영어로 righteousness는 결코 justice의 동의어가 아니다. 그래서 사람이 어떻게 번역하느냐에 따라 차이가 생긴다. 우리의 영어단어 righteousness는 게르만어 레흐트(recht, 정확한, 공정한, 진정한)에서 온 것이다. 물론 명사 righteousness와 형용사 righteous는 표준영어에 속한다. 하지만 오늘날에 그것들은 기독교인들의 종교적 담론 외에는 거의 사용되지 않는다. 일상적 업무들에서 누군가가 righteous로 묘사되는 경우가 거의 없다. 어떤 사람이 일상생활에서 righteous라고 묘사될 때, 그것은 자신의 도덕적 정직에 대한 관심이 지나치다는 뜻이다. 그 단어는 자기-의를 의미하게 되었다.

오늘날 기독교인들의 종교적 대화에서, '의로움'righteousness은 매우 다른 의미를 갖게 되었다. 그것은 하나님과 올바른 관계에 있다being right with God는 뜻이다. 이것은 내적 자아의 문제로 이해된다. 물론 우리의 내적 자아가 하나님과 올바른 관계에 있는 것은 우리 동료들을 어떻게 대우할지에 영향을 끼친다. 하지만 그런 의로움은 마음의 문제로 이해된다. 기독교인들이 신약성경의 영어번역들에서 의로움righteousness이란 단어를 만날 때, 그들은 그것을 개인의 내적 자아가 하나님과 올바른 관계에 있는 것으로 이해한다.

분명 그 번역들이 의로움을 하나님께 돌릴 때는 다른 것을 의미한다. 하나님의 의로움은 하나님과 올바른 관계에 있는 것으로 구성될 수 없다. 오늘날 기독교적 담론에서 '의로움'이 하나님께 적용될 때, 그것은 전형적으로 하나님의 보복적 정의를 언급하는 것으로 이해된다. 하나님의 '의로운 분노'는 악행에 대한 하나님의 분노다.

오늘날 '의로운'righteous의 의미가 인간에게 적용될 때, '정의로운'just이란 의미와 매우 다르다. 오늘날 의로움righteousness의 의미가 정의justice의 의미와 매우 다르다는 사실을 고려할 때, 플라톤의 영어번역본들에서는 같은 단어들이 대체로 '정의로운'just, '정의'justice 등으로 번역되는 반면, 왜 신약성경의 영어번역본들은 디크에서 파생된 단어들을 '의로운'righteous, '의로움'righteousness 등으로 번역하는가?

고려해야 할 한 가지 설명은 디크에서 파생된 단어들의 의미가 플라톤과 예수 사이의 수세기에 걸쳐 변했으며, 번역자들이 이런 변화를 반영하는 것이다. 즉, 플라톤 시절에는 명사 디카이오시네의 의미가 '정의'였지만, 신약성경이 집필된 시절과 장소에서 그것의 지배적 의미가 현재 우리가 '의로움'이라고 부르는 것이 되었다는 것이다. 그렇다고 그것은 자신의 옛 의미를 완전히 잃어버린 것이 아니다. 그것은 여전히 정의를 언급하기 위해 사용될 수 있었다. 따라서 우리는 그 단어가 어떤 경우에 '하나님과 올바른 관계에 있는 것'이란 자신의 지배적 의미로 사용되고, 또 어떤 경우에 '정의'라는 더 오래되었지만 지금은 덜 지배적인 의미로 사용되는지를 결정하기 위해, 그것이 무슨 말을 하려는지 그리고 그것이 발언 되는 맥락은 무엇인지를 고려해야만 한다. 그런데 우리 번역자들은 내용과 맥락에 따르면 그것의 의미가 사람의 내적 자아 속에서 하나님과 올바른 관계에 있는 것이라고 결론을 내렸다.

물론 디카이오시네의 의미가 정말 이런 식으로 변했을 수도 있다. 그러므로 신약성경을 집필할 때와 장소에서, 그것이 인간에게 적용될 때 사람의 내적 자아가 하나님과 올바른 관계에 있는 것, 혹은 도덕적으로 정직한 사람이 되는 것을 의미하지만, 또한 정의를 의미하기 위해 사용될 수도 있었다. 나는 그리스어 학자가 아니기 때문에, 그 문제에 대해 판단을 내릴 수 없다. 그럼에도 내게 더 설득력 있어 보이는 대안적 제안을 용감하게 제시해보겠다.

정당하게 행동하는 것(정의 실천하기)으로 시작해보자. 내가 상관관계의 원리라고 부른 것에 따르면, 정당하게 행동하는 사람은 자신이 마땅히 행해야 하는 것을 행한다. 현재의 표준영어에서, '사람이 마땅히 해야 하는 일을 하는 것'의 근접한 동의어는 '바른 일을 하는 것'이다. 정당하게 행동하는 것은 올바른 일을 하는 것이다.

우리가 정당하게 행동한다면, 우리가 올바른 일을 한다면, 그 결과는 우리의 관계에서 **정의**가 될 것이다. 우리의 관계에서 정의는 우리가 정당하게 행동하는 것의 결과다. 그것은 우리가 올바른 일을 행하는 것의 결과다.

다음으로, 어떤 사람들이 습관적으로 정당하게 행동하는 동안, 다른 사람들은 가끔씩 그렇게 행동한다는 사실에 주목하라. 정당하게 행동하고 올바른 일을 행하는 습관은 전자의 성품의 한 측면이다. 현재의 우리 표준영어에는 이런 성격적 특성을 지칭할 만한 단어가 없다. courageous(용감한)는 습관적으로 용감하게 행동하는 사람의 성격적 특징을 말해준다. prudence(신중)란 영어단어는 습관적으로 신중하게 행동하는 사람의 성격적 특징을 가리킨다. 하지만 현재 우리의 표준영어에는 습관적으로 정당하게 행동하는 사람, 습관적으로 올바른 일을 행하는 사람의 성격적 특성을 가리키는 단어가 없다. 아마도 righteousness(의로움)가 한때 그런 단어였을 것이다. 그랬기 때문에, 신약성경의 번역자들이 매우 일반적으로 디카이오시네를 그런 식으로 번역하게 되었는지도 모르겠다. 하지만 righteousness는 더 이상 그런 성격적 특징을 담아내지 못한다. 그것은 우리의 내적 자아가 하나님과 올바른 관계 속에 있다는 성격적 특징을 담고 있을 뿐이다. 혹은 일상적 상황에서 사용될 때, 그것은 도덕적 정직이란 성격적 특징을 담고 있다. 이런 두 개의 성격적 특징들은 모두 습관적으로 정당하게 행동하는 것, 습관적으로 올바른 일을 행하는 것의 성격적 특징과는 매우 다르다.

나는 세 개의 독특하지만 밀접하게 관련된 현상들을 선별했다. (1) 특정한 행동 방식. 즉, 올바른 일을 행하는 것, 정당하게 행동하는 것. (2) 그렇게 행동한 결과로 생긴 관계. 즉, 정당한 관계, 정의로 특징지워진 관계. (3) 습관적으로 정의를 실천하거나 올바른 일을 행하는 것의 성격적 특징. 내 생각에, 신약성경의 디카이오시네는 이런 세 가지 현상 중 하나를 언급하는 것 같다. 그래서 그것은 모호하다. 다음 장에서, 우리는 그런 생각이 어떻게 작동하는지를 이해하기 위해 몇 개의 구절들을 살펴볼 것이다.

그 문제를 다루기 전, 구약성경에서 의미와 번역에 대해 간략히 언급하는 것이 좋겠다. 거기에서 짝으로 나오는 미쉬파트^{mishpat}와 체데카^{tsedeqa}가 대체로 '정의와 의로움'$^{justice\ and\ righteousness}$으로 번역되어 있다. 미쉬파트란 단어는 법정에서 기원한 것이며, 명백하게 정의를 의미한다. 반면 체데카의 본래적 의미는 곧고 정확하며 올바르다는 것이다.

학자들은 오랫동안 우리가 이 쌍을 어떻게 이해해야 하는지를 두고 논쟁과 토론을 벌여왔다. 대단히 분명하게, 그 단어들은 동의어가 아니다. 하지만 미쉬파트와 체데카는 서로 밀접한 관계를 맺고 있음에 틀림없다. 앞에서 내가 (1) 옳거나 정의로운 행동들, (2) 우리가 정당하게 행동할 때, 우리의 사회적 관계들을 특징짓는 것으로서 정의, 그리고 (3) 기질적으로 정당하게 행동하는 사람의 성격적 특징을 구분한 것은 몇 가지 가능성을 제시한다.

만약 미쉬파트란 단어가 이 세 가지 중 두 번째 것, 즉 우리가 영어로 '정의'라고 부르는 우리의 사회적 관계의 특징을 가리킨다고 가정해보자. 그럴 경우, 체데카는 정의롭거나 올바른 행동, 혹은 정의롭거나 올바른 행동의 기질을 가진 사람들의 성격적 특징을 가리킨다고 말할 수 있을 것이다. 각각의 경우, 맥락과 내용이 그 단어가 어떤 의미로 사용되었는지를 결정해야 한다. 이런 제안이 옳다면, 미쉬파트와 체데카란 단어들이 서로 다른 의미를 가질 때에도 서로 긴밀하게 연결될 것이다.

이사야 32:16-17은 다음과 같다.

그때에 정의 justice 가 광야에 거하며
공의 righteousness 가 아름다운 밭에 거하리니
공의의 열매는 화평이요
공의의 결과는 영원한 평안과 안전이라.

'정의'로 번역된 히브리어 단어는 미쉬파트고, '공의'로 번역된 히브리어 단어는 체데카다.

분명히 여기서 체데카는 기독교적 맥락에서 공의 righteousness 가 의미하게 된 것, 즉 사람의 내적 자아가 하나님과 올바른 관계에 있다는 것을 의미하지 않는다. 그것이 도덕적 정직을 의미하는가? 아마 그럴 수도 있다. 하지만 도덕적 정직이란 성격적 특성을 '아름다운 밭에 거하는 것'으로 묘사하는 것은 나에게 매우 낯설어 보인다. 정의를 행하는 것을 '아름다운 밭에 거하는 것'으로 묘사하는 것이 훨씬 더 자연스럽다.

> 그때에 정의가 광야에 거하며
> [정의를 행하는 것]이 아름다운 밭에 거하리니
> 공의의 열매는 화평이요
> [정의를 행하는 것]의 결과는
> 영원한 평안과 안전이라.

이렇게 읽을 때, 미쉬파트와 체데카는 서로 긴밀하게 연결된다. 하지만 그 단어들은 동의어가 아니다.[1]

아모스 5:24은 다음과 같다.

> 오직 정의^{justice}를 물같이,
> 공의^{righteousness}를 마르지 않는 강같이 흐르게 할지어다.

도덕적 청렴이라는 기질적 특성, 다시 말해 어떤 기질적 특성이 마르지 않는 강처럼 흘러야 한다고 요구하는 것도 내게는 다시 낯설어 보인다. 따라서 옳은 것을 행하는 실천이 마르지 않는 강처럼 흐르게 하라는 요구가 훨씬 더 자연스럽다.

> 오직 정의^{justice}를 물같이,
> [옳은 것을 행하는 실천]이 마르지 않는 강같이 흐르게 할지어다.

16장

신약의 정의에 대해 몇 가지 더

우리가 마태복음에서 발견하는 팔복 중 하나는 "디카이오시네^{dikaiosynē}를 위하여 박해를 받은 자는 복이 있나니 천국이 그들의 것임이라"(마 5:10)이다. 대부분의 다른 영어번역본들처럼, RSV는 디카이오시네를 'righteousness'(의)로 번역한다. 이것은 용납할 수 없다. 사람들은 자신들의 내적 자아가 하나님과 바른 관계에 있다고 박해를 받지는 않는다. 그들이 도덕적으로 청렴하다고 박해를 받지는 않는다. 정의를 행하고 불의를 고치려는 사람들이 다른 사람들을 불편하게 만들기 때문에 박해를 받는 것이다. 예수는 올바른 일을 행하기 때문에, 즉 정의를 행하고 불의를 고치려 하기 때문에 박해받는 사람들을 축복하는 것이다. 예루살렘 성경은 팔복의 이 부분을 이렇게 번역한다. "올바름^{right}을 위해 박해받는 사람은 행복하다."

마태복음에 나오는 팔복 중 또 다른 것은 다음과 같다. "디카이오시네에 주리고 목마른 자는 복이 있나니 그들이 배부를 것임이요"(마 5:6). 대부분의 다른 영어번역처럼, RSV도 디카이오시네를 'righteousness'(의)로 번역한다. 즉, "righteousness에 주리고 목마른 자는 복이 있나니 그들이 배부를 것임이요." 이것은 정확한가? 예수는 그들의 내적 자아가 하나님과 바른 관계에 있는 것에 굶주리고 목말라하는 사람들을 축복하시는가? 혹은 도덕적 청렴에 굶주리고 목마른 사람들을 축복하시는가? 그것이 불가능한 것은 아니다. 하지만 우리가 디카이오시네를 다른 곳에서는 '정의'로 번역하면서 여기서는 '의'로 번역한다면, 영어 독자들에게 그 그리스어의 언어학적 관계를 감추게 된다. 예수는 정의에, 올바른 것에 굶주리고 목마른 사람들을 축복하신다. 다시 한 번, 예루살렘 성경은 그것을 제대로 이해한다. "옳은 것에 굶주리고 목마른 사람들은 행복하다."

마태복음 3:15-17에서, 우리는 세례 요한의 저항에도 불구하고 자신에게 세례를 주라는 예수의 주장을 읽는다. 예수가 말한다. "이제 허락하라. 우리가 이와 같이 하여 모든 디카이오시네를 이루는 것이 합당하니라"(15절). 다른 영어 성경 번역들처럼, RSV도 디카이오시네를 'righteousness'(의)로 번역한다. "이제 허락하라. 우리가 이와 같이 하여 모든 righteousness를 이루는 것이 합당하니라." 'righteousness'(의)가 의미하는 것을 고려할 때, 이것은 말이 안 된다. 사람의 내적 자아가 하나님과 올바른 관계를 맺는 것이 요한이 예수에게 세례를 준 것으로 실현된다는 것은 말도 안 된다. 도덕적 청렴이 실현될 것이라고 말하는 것도 말이 안 된다.

그렇다면 그 본문들은 어떻게 번역되어야 할까? 앞 장에서 마태가 예수의 신분에 대해 말하는 부분을 떠올려보자. "그가 이방인들에게 정의[크리시스^{krisis}]를 선포할 것이다"(마 12:18)와 "그는 정의[크리시스]에게 승리를 가져다준다"(마 12:20). 예수가 실현하는 것은 정의이며, 요한이 그에게 세례를 줌으로써 실현하는 것도 바로 정의다.

마태복음 6:33은 다음과 같다. "너희는 먼저 그의 나라와 그의 디카이오시네를 구하라. 그리하면 이 모든 것을 너희에게 더하시리라." 대부분의 다른 영어번역들처럼, RSV도 디카이오시네를 righteousness로 번역한다. 즉, "너희는 먼저 [하늘에 계신 아버지]의 나라와 그의 righteousness를 구하라." 그것이 옳은가? 예수는 우리에게 하늘에 계신 아버지의 나라와 우리의 내적 자아가 올바른 관계에 있도록 구하라고 말씀하셨는가? 달리 말하면, 그는 우리에게 하늘에 계신 아버지의 나라와 도덕적 청렴을 구하라고 말씀하셨는가? 나는 그렇게 생각하지 않는다. 예수의 청중들과 마태복음의 일차 독자들은 구약성경에 정통했기 때문에, 정의를 행하고 불의를 고치는 것을 자동적으로 하나님 나라와 연결했을 것이다. 예수는 우리에게 하늘에 계신 아버지의 나라와 그것이 가져올 정의를 구하라고 말씀하신다.

14장에서, 우리는 포도원 노동자들에 관한 예수의 비유를 니그렌이 어떻게 해석했는지 살펴보았다. 포도원 주인은 그날 오후 3시경에 시장에서 빈둥거리는 일일노동자들에게 말한다. "포도원에 들어가라. 내가 너희에게 디카이오스^{dikaios} 하게 주리라"(마 20:4). RSV는 형용사 디카이오스를 'right'로 번역한다. 즉, "whatever is right, I will give you"(옳은 대로, 내가 너희에게 주리라). 후에 포도원 주인이 불평하는 사람들에게 말한다. "내가 네게 아디코스^{adikos} 한 것이 없노라"(마 20:13). RSV는 이것을 "Friend, I am not treating you no wrong"(친구여, 나는 네게 잘못한 것이 없다)이라고 번역한다. 이런 번역들은 내가 보기에 정확하다. 그 주인은 자신이 제3시에 고용했던 사람들에게 말한다. 나는 네게 옳은 대로 주리라. 즉, 나는 네게 공정하게 주리라. (예루살렘 성경은 디카이오스를 '정당한 임금'$^{fair\ wage}$ 으로 번역한다.) 그는 불평하는 사람들에게 말한다. 나는 네게 잘못한 것이 없다. 즉, 나는 너를 부당하게 대우하지 않는다. (예루살렘 성경은 그것을 "나는 네게 부당하지 않다"고 번역한다.)

위대한 순회재판^{assize} 의 비유는 좀 더 세심하게 다룰 필요가 있다. 옛 영어로, assize는 재판시간이었다. 전통적으로 그 비유는 기독교적 친절과 자비의 위대한 특성으로 간주되었다. 우리가 이방인을 환대할 때 예수를 환대하는 것이다. 우리가 병든 자를 돌볼 때 예수에게 사랑을 베푸는 것이다. 그 비유는 다음과 같다.

> 인자가 자기 영광으로 모든 천사와 함께 올 때에 자기 영광의 보좌에 앉으리니 모든 민족을 그 앞에 모으고 각각 구분하기를 목자가 양과 염소를 구분하는 것같이 하여 양은 그 오른편에 염소는 왼편에 두리라. 그때에 임금이 그 오른편에 있는 자들에게 이르시되 내 아버지께 복 받을 자들이여 나아와 창세로부터 너희를 위하여 예비 된 나라를 상속 받으라. 내가 주릴 때에 너희가 먹을 것을 주었고 목마를 때에 마시게 하였고 나그네 되었을 때에 영접하였고 헐벗었을 때에 옷을 입혔고 병들었을 때

에 돌보았고 옥에 갇혔을 때에 와서 보았느니라. 이에 **의인들**이 대답하여 이르되 주여, 우리가 어느 때에 주께서 주리신 것을 보고 음식을 대접하였으며 목마르신 것을 보고 마시게 하였나이까. 어느 때에 나그네 되신 것을 보고 영접하였으며 헐벗으신 것을 보고 옷 입혔나이까. 어느 때에 병드신 것이나 옥에 갇히신 것을 보고 가서 뵈었나이까 하리니 임금이 대답하여 이르시되 내가 진실로 너희에게 이르노니 너희가 여기 내 형제 중에 지극히 작은 자 하나에게 한 것이 곧 내게 한 것이니라 하시고 또 왼편에 있는 자들에게 이르시되 저주를 받은 자들아, 나를 떠나 마귀와 그 사자들을 위하여 예비 된 영원한 불에 들어가라. 내가 주릴 때에 너희가 먹을 것을 주지 아니하였고 목마를 때에 마시게 하지 아니하였고 나그네 되었을 때에 영접하지 아니하였고 헐벗었을 때에 옷 입히지 아니하였고 병들었을 때와 옥에 갇혔을 때에 돌보지 아니하였느니라 하시니 그들도 대답하여 이르되 주여, 우리가 어느 때에 주께서 주리신 것이나 목마르신 것이나 나그네 되신 것이나 헐벗으신 것이나 병드신 것이나 옥에 갇히신 것을 보고 공양하지 아니하더이까. 이에 임금이 대답하여 이르시되 내가 진실로 너희에게 이르노니 이 지극히 작은 자 하나에게 하지 아니한 것이 곧 내게 하지 아니한 것이니라 하시리니 그들은 영벌에, **의인들**은 영생에 들어가리라 하시니라(마 25:31-46).

이 번역에서 righteous란 단어가 두 번 나온다. 축복이 선포되고, 그 이유가 주어진다. 즉, 예수가 굶주렸을 때 우리가 그에게 음식을 주었고, 그가 목말랐을 때 우리가 그에게 마실 것을 주었으며, 그가 나그네였을 때 우리가 그를 영접하였고, 그가 헐벗었을 때 우리가 그에게 옷을 주었다. 그 후에 영어본문은 말한다. '의인들' the righteous 이 대답한다. "주여, 우리가 어느 때에 주께서 주리신 것을 보고……" 뒤에 영어본문은 말한다. 그 왕의 왼편에 있는 자들이 영원한 형벌을 받을 것이나, '의인들'은 영생에 들어갈 것이라고. 두 경우에, 의인으로 번역된 그리스어 단어의 형용사는 디카이오스다.

이 번역이 정확한가? 분명 예수는 자신의 우편에 있는 사람들의 내적 자아가 하나님과 올바른 관계에 있다고 말하지 않는다. 그 비유의 맥락을 고려할 때, 그것은 말이 되지 않는다. 그렇다면 그는 그들이 도덕적으로 청렴한 사람들이라고 생각하는가? 그것은 본질적으로 예루살렘 성경이 그를 이해하는 방식이다. 그래서 그것은 디카이오스의 경우들을 '덕스러운' virtuous 으로 번역한다.

하지만 디카이오스한 행위들의 예에 주목하라. 굶주린 자들에게 음식을 주고 목마른 자들에게 물을 주며 나그네를 영접하고 헐벗은 자들에게 입을 것을 주며 병든 자들을 돌보고 감옥에 있는 자들을 방문하는 것.

이제 예수가 회당에서 인용한 이사야 본문(61:1-2)에서 정의를 행하는 것의 예들을 검토해보자. 가난한 자에게 아름다운 소식을 전하고 마음이 상한 자를 고치며 포로 된 자에게 자유를 선포하고 갇힌 자에게 감옥의 문을 열어주는 것. 또한 내가 인용한 이사야 본문보다 몇 장 앞에 나오는 본문에서 정의를 행하는 것의 예들도 기억하라. 흉악의 결박을 풀어주며 멍에의 줄을 끌러주며 압제당하는 자를 자유하게 하며 주린 자에게 네 양식을 나누어주며 유리하는 빈민을 집에 들이며 헐벗은 자를 보면 입히는 것.

나는 예수의 청중들이 그의 비유를 이런 본문들의 반복으로 이해했고, 마태의 일차 독자들도 그 비유를 그런 식으로 이해했을 것이라고 생각한다. 그 비유는 정의를 실천하는 것, 올바른 일을 행하는 것에 관한 것이다. 놀라서, "주여, 우리가 어느 때에 주께서 주리신 것을 보고……"라고 말한 사람들은 **의인들**이다. 영생으로 들어간 사람들은 바로 의인들이다. 이것은 정의를 행하고, 불의를 바로잡는 것에 관한 대헌장이다. 덧붙여 말하자면, 여기서 우리가 목격하는 것은 연약한 자들에 대한 구약의 우선적 선택이 신약으로 옮겨지는 것이다.

마태복음에서 디크^{dik} 어근 단어들의 번역에 대해 더 많은 말을 할 수 있다. 그리고 나는 아직 다른 복음서들의 경우에 대해서는 아무 말도 하지 않았다. 나는 이제 바울의 로마서로 옮겨갈 것이다. 그 서신서 서두에서(1:16-17), 바울은 자신의 주제를 진술한다. "내가 복음을 부끄러워하지 아니하노니 이 복음은 모든 믿는 자에게 구원을 주시는 하나님의 능력이 됨이라. 먼저는 유대인에게요 그리고 헬라인에게로다. 복음에는 하나님의 디카이오시네(의)가 나타나서 믿음으로 믿음에 이르게 하나니 기록된 바 '오직 의인은 믿음으로 말미암아 살리라' 함과 같으니라." RSV와 다른 모든 영어 번역본들에서 디카이오시네는 'righteousness'(의)로, 디카이오스는 'righteous'(의로운)로 번역된다.

바울 서신의 주제가 하나님의 의라고 들은 사람들이 다 그런 것은 아니지만, 매우 많은 사람들이 그 주제가 악을 행하는 자들에 대한 하나님의 의로운 분노라고 추측할 것이다. 그리고 바울은 정말 즉각적으로 모든 불경건함과 사악함에 대한 하나님의 분노에 대해 말한다. 하지만 우리의 추측들을 다루기보다, 바울이 실제로 말하는 것을 살펴보자.

로마서 1:16의 짧은 구절, "먼저는 유대인에게요 그리고 헬라인에게"는 로마서의 첫 열한 개 장들을 관통하는 한 가지 주제에 대해 힌트를 준다. 그들의 죄악과 관련해서, 유대인과 이방인들 사이에는 특별한 차이가 없다. 따라서 그들에 대한 하나님의 심판과 관련해서도 양자 간에 차이가 없으며, 하나님의 칭의의 제공과 관련해서도 양자 간에는 차이가 없다. 하나님은 동일한 조건에서 모든 사람에게 칭의를 제공하신다. 그런 선물을 받기 위해 필요한 것은 오직 믿음뿐이며, 믿음은 모든 사람에게 허용된다. "할례자도 믿음으로 말미암아 또한 무할례자도 믿음으로 말미암아 의롭다 하실 하나님은 한 분이시니라"(롬 3:30). "차별이 없느니라"(롬 3:22, 롬 10:12에서 반복됨). "하나님께서 외모로 사람을 취하지 아니하심이라"(롬 2:11).

'하나님의 공정함'이란 주제가 바울의 입장에서는 혁신적인 것이 아니었다. 신명기에서 모세는 이스라엘에게 주 너희 하나님은 "외모로 보지 아니하시며 뇌물을 받지 아니하시고 고아와 과부를 위하여 정의를 행하시며 나그네를 사랑하여 그에게 떡과 옷을 주시나니"(10:17-18)라고 선언한다. 역대하 19:7에서, 유다 왕 여호사밧은 "우리의 하나님 여호와께서는 불의함도 없으시고 치우침도 없으시고 뇌물을 받는 일도 없으시니라"라고 선언했다. 그리고 욥은 하나님에 대해, 그는 "고관을 외모로 대하지 아니하시며 가난한 자들 앞에서 부자의 낯을 세워주지 아니하시나니 이는 그들이 다 그의 손으로 지으신 바가 됨이라"(욥 34:19)라고 말한다. 이스라엘의 사사들은 하나님을 본받아서, "재판할 때에 외모를 보지 말"아야 한다. 그들은 "귀천을 차별 없이" 들어야 한다(신 1:17).

모든 공관복음서에 보고되는 한 이야기에서는, 예수가 자신이 접촉한 사람들과 관계 맺는 방식을 포착하기 위해 "외모를 보지 않는다"no partiality는 문구가 사용된다. 그는 "외모를 보지 않았다"(어떤 차별도 하지 않았다). 그 이야기는 예수를 반대했던 사람들이 로마 황제에게 세금을 납부하는 것의 도덕성에 대한 교활한 질문으로 그를 곤경에 빠뜨리려는 내용이다. 세 복음서에서, 질문자는 예수의 명성을 언급하며 물음을 시작했다. 마태복음의 이야기를 인용해보자. "선생님이여, 우리가 아노니 당신은 참되시고 진리로 하나님의 도를 가르치시며 아무도 꺼리는 일이 없으시니 이는 사람을 외모로 보지 아니하심이니이다"(마 22:16; 참고. 막 12:14, 눅 20:21). 진리를 가르친다는 예수의 명성을 언급한 것은 일종의 아부다. 아무도 꺼리는 일이 없고 사람을 외모로 보지 않는다는 예수의 명성에 대한 언급은, 그를 곤경에 빠뜨리기 위한 준비 작업이다. 예수가 아무도 꺼리지 않고 어디까지 갈 수 있을까? 그가 황제까지 꺼리지 않을 수 있을까?

외모로 보지 않는다 혹은 차별하지 않는다는 주제는 사도행전에도 나온다. 한 황홀경 속에서 베드로는 이스라엘의 특별한 우월감을 포기해야 한다고 결론을 내렸다. 그는 말한다. "내가 참으로 하나님은 사람의 외모를 보지 아니하시고 각 나라 중 하나님을 경외하며 **정의**[디카이오시네]를 행하는 사람은 다 받으시는 줄 깨달았도다"(행 10:34-35).¹

간단히 말해 바울의 로마서가 지속적으로 개진하는 것은 다음의 두 가지다. 첫째는 외모를 보지 않으시는 하나님(불편부당한 하나님)이란 구약의 주제이고, 둘째는 예수의 사역과 베드로가 본 환상의 신학적 의미를 확대하여 밀도 있게 묵상하는 것이다.

이제 그 질문에 대해 생각해보자. 어떤 사람이 선을 행할 때, 차별하지 않는다고 가정해보자. 분명 그것은 정당하게 행동하는 것의 한 예다. '하나님의 정의'라는 구약의 주제를 거절하는 대신, 바울은 그 주제를 새롭게 적용한다. 하나님이 칭의를 베푸실 때 드러나듯이, 하나님의 사랑은 정당한 사랑이다. 예루살렘 성경은 그것을 제대로 이해한다. 그것은 자신의 주제에 대한 바울의 진술을 이렇게 번역한다. "나는 하나님의 복음을 부끄러워하지 않는다. 그것은 모든 믿는 자들을 구원하시는 하나님의 능력이다. 먼저 유대인에게, 하지만 헬라인들도 마찬가지로. 왜냐하면 이것이 하나님의 정의를 우리에게 보여주는 것이기 때문이다."²

신약에서 몇 개의 디크^{dik} 어근 단어들에 대한 영어번역들을 살펴볼 때, 내 요점은 영어번역들이 신약에서 정의의 압도적 중요성을 감춘다는 것이다. 신약의 영어번역들은 정의를 자주 언급하지 않는다. 그것은 상당히 많은 영어성경 독자들이 정의가 신약에서 대체되었다고 믿게 된 이유를 설명해준다.

17장

정의와 사랑

신약에서 사랑이 정의를 대체한다는 일반적 견해는 거부되어야 한다. 구약의 이스라엘처럼, 신약 신자도 정의를 행하고 불의를 고치라는 요청을 받는다. 하지만 사랑이 정의를 대체하면, 사랑과 정의의 관계는 어떻게 될까?

니그렌이 자신의 사랑 개념을 정의의 요구에는 아무런 관심도 보이지 않는 자기희생적 관대함으로 소개한 사실을 기억하라. 이것은 우리를 위한 사랑이 하나님께로부터 기원했고, 우리에게 우리 이웃을 우리 자신처럼 사랑하라고 명령했을 때, 예수께서 의미했던 것이라는 해석이다. 그렇다면 이제 예수가 의미한 아가페가 무엇인지 우리 스스로 생각해볼 때다.

공관복음은 예수가 두 가지 사랑을 명령했던 이야기를 들려준다 (마 22:34-40, 막 12:28-34, 눅 10:25-37). 세 복음서에서 그 이야기는 약간 다르게 묘사되지만, 약간의 수사학적 차이가 있을 뿐이다. 다만 두 가지 예외가 있다. 마가의 보고에서는, 예수가 쉐마로 첫 번째 명령을 소개한다. "이스라엘아, 들으라. 주 곧 우리 하나님은 유일한 주시라." 마태의 경우에는, 예수의 두 번째 명령이 첫 번째와 비슷하다고 말한다.

첫 번째 명령은 우리가 하나님을 우리의 전 존재로 사랑해야 한다고 말한다. 니그렌의 판단으로는, 이것이 사랑을 자기희생적 무상의 관대함으로 해석하는 데 어려움을 제기한다. 하나님을 무상의 관대함으로 대우하는 일이 그에게는 불가능해 보였다. 따라서 그는 우리가 하나님을 사랑해야 한다고 예수가 말했을 때, 막연하게 말했다고 결론 내렸다. 엄격하게 말한다면 예수가 의미한 것은 우리가 하나님에 대해 **믿음**을 가져야 한다는 것이다.

그렇다면 우리는 마태복음에서, 두 번째 명령이 첫 번째와 비슷하다는 예수의 발언을 어떻게 판단해야 할까? 두 명령에 대한 니그렌의 해석을 고려하면, 두 번째는 첫 번째와 완전히 다르다. 믿음은 자기희생적 무상의 자애와 결코 동일하지 않다. 나는 니그렌이 이런 문제를 다루었는지 잘 모르겠다.

두 번째 명령은 사람이 자기 이웃을 자신처럼 사랑해야 한다는 것이다. 그 명령의 수사학적 구조는 익숙한 "······한 것처럼 ······하다"이다. 너희가 너희 자신을 사랑한 것처럼 너희 이웃을 사랑하라. 너희는 너희 자신을 사랑한다. 그렇지 않은가? 그렇다면 너희 이웃도 사랑하라. 그 명령은 자기 사랑$^{self-love}$의 현실성뿐 아니라 합법성도 전제하고, 우리에게 우리 자신뿐 아니라 우리 이웃도 사랑하라고 명령한다. 물론 어떤 사람은 자신을 사랑하지 않는다. 그리고 자기 사랑은 항상 기형적이고, 때로는 상태가 매우 심각하다.

자기 사랑은 분명히 자기희생적 무상의 자애가 아니다. 칼 바르트는 자주 아가페를 "타자를 위한 존재"being for the other 로 묘사한다. 하지만 자기 사랑은 타자를 위한 존재가 아니라, **자신**oneself 을 위한 존재다. 이런 경우, 니그렌은 예수가 막연하게 말했다고 주장하지 않았다. 대신 기독교는 모든 형태의 자기 사랑에 반대한다고 단호하게 선언했다. 나는 이런 입장이 두 번째 사랑 명령이 자기 사랑의 현실성과 합법성을 인정했다는 사실과 어떻게 조화될 수 있는지 이해할 수 없다.

이제 우리의 목적을 위해, 앞의 두 주장보다 더 중요한 것이 있다. 두 개의 사랑 명령은 단지 토라의 핵심이나 중심에 대한 진술이 아니다. 그것들은 토라에서 인용한 것이다. 첫 번째는 신명기 6장에서 인용한 것이고, 두 번째는 레위기 19장에서 인용한 것이다. 이 두 명령들이 토라에서 나오는 맥락을 살펴보면, 우리는 그 의미를 보다 명확히 이해할 수 있을 것이다. 맥락이 항상 의미를 명확히 해주는 것은 아니지만, 자주 그렇게 한다. 이번 경우가 그렇다고 생각한다. 예수 및 그의 대화자들은 그 명령을 자신들이 토라에서 읽은 것과 같은 의미로 이해했을 것이다. 그들이 다르게 이해했을 수도 있지만, 그들이 다르게 이해했다고 주장하는 사람들은 그것을 증명해야 할 책임이 있다. 그렇다면 두 번째 명령이 토라에 나오는 맥락을 살펴보자.

모세는 출애굽기의 '언약서'와 신명기의 '신명기 법'을 구별하기 위해, 오늘날 학자들이 흔히 "성결법전"Holiness Code 이라고 부르는 하나님의 율법을 이스라엘에게 전달한다. 그 맥락은 여러 장으로 확대된다. 우리의 목적을 위해, 바로 앞에 나오는 절에서 몇 개만 인용해도 충분할 것이다.

> 너는 네 이웃을 억압하지 말며 착취하지 말며 품꾼의 삯을 아침까지 밤새도록 네게 두지 말며 너는 귀먹은 자를 저주하지 말며 맹인 앞에 장애물을 놓지 말고 네 하나님을 경외하라. 나는 여호와이니라. 너희는 재판할 때에 불의를 행하지 말며 가난한 자의 편을 들지 말며 세력 있는 자라고 두둔하지 말고 공의로 사람을 재판할지며 너는 네 백성 중에 돌아다니며 사람을 비방하지 말며 네 이웃의 피를 흘려 이익을 도모하지 말라. 나는 여호와이니라. 너는 네 형제를 마음으로 미워하지 말며 네 이웃을 반드시 견책하라. 그러면 네가 그에 대하여 죄를 담당하지 아니하리라. 원수를 갚지 말며 동포를 원망하지 말며 네 이웃 사랑하기를 네 자신과 같이 사랑하라. 나는 여호와이니라(레 19:13-18).

여기서 우리에게 있는 것은 사랑 명령으로 끝나는 여러 상세한 명령들이다. 머리에 떠오르는 하나의 질문은 마지막 명령, 즉 "네 이웃을 네 자신과 같이 사랑하라"가 단지 여러 명령 중 하나로 간주되어야 하는가이다. 이것은 예수와 그의 대화자들이 생각했던 것이 아니다. 그들이 보기에, 그것이 바로 토라의 핵심이었다. 그리고 그것은 지금까지 유대전통이 그 구절을 해석한 방식으로 남아 있다. 사랑 명령은 앞에 나온 내용들의 일반화된 요약이다. 우리는 이 문장을 마치 "간단히 말해서"란 문구로 시작되는 것처럼 읽어야 한다. "간단히 말해서, 너는 네 이웃 사랑하기를 네 자신과 같이 사랑하라."

이제, 우리의 현재적 관심에 적합한 내용을 살펴보자. 사랑과 정의는 서로 적대적이지 않다. 이와 정반대다. 이웃을 정당하게 대우하는 것이 이웃을 사랑하는 것의 한 예로 인용되고 있다. 정당한 행동은 사랑의 한 예다. 예수가 우리의 이웃을 위해 우리에게 명령하는 사랑이 정의가 요구하는 것에는 아무런 관심도 두지 않는 순전한 무상의 자애로 이해되어서는 안 된다. 이것이 우리가 신약의 사랑을 이해해 온 방식이라면, 우리는 사랑과 정의의 통합을 위해 우리 이해를 재고해야 한다.

우리는 그것을 어떻게 이해해야 하나? 지난 수십 년간, 내가 이 문제들을 이야기했을 때, 내가 받은 빈번한 반응은 성경에서 사랑, 정의, 의 등은 기본적으로 같다는 것이다. 수없이 반복해서 제공된 그런 공식은 이 모든 것이 **올바른 관계** right relationships 와 관련이 있다는 것이다. 나는 이런 생각이 어디에서 기원했는지 잘 모르겠다. 하지만 그것이 이제는 일반적이 되었다. 내가 이 구절에서 '올바른' right 이 무슨 뜻이냐고 묻는다면, 결코 명확한 답을 얻을 수 없다. 올바른 관계가 단지 **좋은** good 관계인가? 아니면 **정당한** just 관계인가? 그것은 무엇인가?

차이를 지워 없애는 이런 전략은 거부되어야 한다. 나는 그것이 회개하는 죄인이라도 용서받을 권리를 요구할 수 없다는, 용서에 대한 성서적 이해에서 근본적이라고 생각한다. 그래서 회개하는 죄인은 자신의 용서를 정의가 요구한다고 주장할 수 없다. 용서는 언제나 은혜의 행동이요 사랑의 행동이다. 니그렌의 그런 생각은 옳았다. 하지만 우리가 사랑과 정의를 올바른 관계로 뭉뚱그린다면, 요점을 이해할 수 없게 된다. 요점을 파악하기 위해 우리는 사랑과 정의를 구분해야 한다.

더욱이 내가 앞 장에서 주장했듯이, 로마서에 기록된 바울의 가장 중요한 주장은 유대인과 이방인들 모두에게 칭의를 제공할 때, 하나님이 정당하게 행동하신다는 것이다. 하나님의 사랑은 정당한 사랑이다. 로마서는 하나님의 '사랑의 정의'justice of love에 관한 것이다. 하지만 사랑과 정의가 '올바른 관계'라고 불리는 어떤 것으로 뭉뚱그려진다면, 이런 주장은 성립될 수 없다.

그러므로 다시 한 번 반복해보자. 정의가 요구하는 대로 사람을 대우하는 것이 그 사람을 사랑하는 것의 한 예가 되려면, 우리는 어떻게 사랑을 이해해야 할까?

정의는 권리에 근거한다는 나의 주장을 기억하라. 그리고 권리가 무엇인지 이해하려면, 우리는 한편으로 한 사람의 삶이 얼마나 잘 혹은 엉망으로 진행되는지 구분하고, 다른 편으로는 그 사람 자신의 가치를 구분해야 한다. 정말로 존경받을 만한 사람이 자신의 삶이 엉망진창임을 알게 될 수도 있다. 역으로 대단히 잘 먹고 잘사는 사람이 결코 존경받을 만한 사람이 아닐 수도 있다. 이것은 "왜 악한 사람이 잘사는가?"라는 오래된 불평을 낳는다.

내가 이해한 것처럼, 권리는 이런 두 가지 현상의 결합으로 구성된다. 즉, 개인의 삶이 번성하거나 엉망인 것(그의 웰빙)과 그 사람 자신의 가치의 결합 말이다. 특히 개인은 자신의 가치에 적합한 방식으로 대접받지 못할 경우, 특정한 방식으로 대접받을 권리를 지닌다. 개인이 특정한 방식으로 대접받을 권리를 빼앗는 것은 그 사람을 제대로 존중하지 않는 것이다. 내 관점에서, 개인의 가치나 존엄의 사상과 함께하지 않고, 오직 삶의 행복이란 사상으로만 작동하는 윤리체계는 권리에 대한 적절한 설명은 제공하지만, 정의에 대한 적절한 설명은 제공하지 못한다.

그래서 내 주장은 예수가 하나님의 것으로 돌리면서 우리에게 명령하는 사랑이 어떻게 이해되어야 하는가이다. 그런 사랑은 타인의 선을 증진시키려 한다. 타인의 선(그리고 우리 자신의 선)은 두 가지 차원을 갖는다. 즉, 타인의 복지(웰빙)와 타인의 가치에 대한 존중. 사랑은 단지 전자만이 아니라 두 차원 모두에 주목한다. 사랑은 타인의 복지(웰빙)를 증진시키려 한다. 하지만 사랑은 타인의 가치도 존중받게 한다. 사랑은 어떤 사람의 가치나 존엄에 적합하지 않은 방식으로 그 사람을 대우하면서 그 사람의 복지를 증진시키지는 않는다. 어떤 사람을 학대하면서 복지를 추구하는 것은 용납할 수 없다.

온정주의적 자애가 틀린 것은 행위자가 자애 대상자의 가치를 적절히 존중하지 않으면서 그 사람의 선을 증진시키려 하기 때문이다. 그것이 바로 내가 남아공을 처음 방문했을 때 발견한 상황이다. 즉, 흑인과 유색인의 존엄을 억압하는 온정주의적 자애 말이다. 아파르트헤이트를 옹호했던 사람들은 그들의 존엄과 그들의 존엄에 대한 존중이 요구한 것을 볼 수 없었던 것이다.

이렇게 차원이 다른 두 종류의 사랑에 해당하는 영어가 있을까? 타자의 복지를 증진시키려고 애쓰면서, 그가 적절한 존중 속에 대접받도록 만드는 사랑 말이다. 내 생각에, 우리에게 그런 영어가 있다. 바로 'care'다. '누군가를 돌본다'care for 란 의미에서 care가 아니라, 염려하다care about 란 의미에서 care 말이다. 우리가 누군가에 대해 염려할 때, 우리는 그 사람의 복지를 증진시키기 위함이고, 그 사람이 자신의 가치에 합당한 존중(그 사람의 품위가 손상되지 않고 함부로 취급받지 않도록)을 받는다고 확인하고 싶어 한다. 어떤 사람이 다른 사람에게 필요 없는 고통을 야기해서 그 사람의 복지를 약화시키는 광경을 볼 때, 나는 화가 난다. 그리고 어떤 사람이 다른 사람의 품위를 손상시키는 모습을 볼 때도, 역시 화가 난다. 그 사람의 품위를 손상시키는 과정에서, 그들이 그 사람에게 온갖 종류의 좋은 것을 퍼준다고 해도 말이다. 두 경우에서, 나의 분노는 내 염려의 한 표현이다. '염려'는 강력한 단어가 아님을 인정해야 한다. 하지만 내가 아는 한, 그것은 영어에서 최고의 것이다.

예수께서 "네 이웃을 네 자신과 같이 사랑하라"고 말씀하셨을 때, 그는 우리에게 자기희생적이지만 정의에는 둔감한 자애로 이웃을 대우하라고 명령하신 것이 아니다. 그는 우리에게 이웃에 대해 염려하라고 명령하신 것이다. 최소한의 방식으로, 나는 내 원수의 복지를 증진시킬 수도 있을 것이다. 하지만 나는 항상 그를 그의 가치에 적절한 존중으로 대할 수 있고, 그런 식으로 그에 대해 염려할 수 있다.

니그렌과 니버는 이렇게 우리가 사는 갈등의 세계에서 자기희생적인 무상의 자애가 모든 면에서 잘 형성되리라고 생각했다. 불의를 범하거나 촉진할지라도 말이다. 나는 불의를 범하는 자애는 왜곡된 염려라고 제안하는 바이다. 그것은 잘 형성된 염려의 한 차원, 즉 자애의 차원을 보여준다. 하지만 그것에는 다른 차원, 즉 존중의 차원이 부족하다.

나는 모든 인간이 가치를 지닌다고 생각해왔다. 현실적으로, 어떤 인간은 경멸할 만하다. 그들 때문에 고통과 아픔이 주변으로 확산된다. 그들은 동료들의 품위를 손상시키고 티끌만큼도 존중하지 않는다. 나는 클리블랜드의 한 남자에 관한 신문기사를 읽은 적이 있다. 그는 몇 년 전에 강간혐의로 유죄판결을 받고 감옥에 갔다. 후에 출옥하여, 최소한 열한 명의 여자들을 죽여서 자기 집 주변에 매장했다. 단 한 명을 죽였을지라도, 이런 것이 바로 '원수'다. 우리의 자연적 충동은 그에 대해 분노, 끓어오르는 분노를 느낀다. 하지만 예수는 우리가 그를 사랑해야 한다고 말한다. 도대체 이것은 무슨 뜻일까? 내 생각에, 그것이 의미하는 바는 비록 우리가 그를 엄벌에 처할지라도, 그의 품위를 손상시켜서는 안 된다는 것이다. 우리는 그의 가치에 맞게 그를 대우해야 한다.

어떤 사람은 그가 전혀 가치가 없다고 말한다. 그는 인간쓰레기다. 하지만 성경은 그렇지 않다고 말한다. 당신이 그렇게 생각한다면, 틀린 것이다. 그도 역시 하나님의 형상을 지니고 있으며, 하나님은 그에게도 자신의 칭의를 확대하신다. 이런 것들이 그에게 가치를 부여한다. 그런 가치를 제거하기 위해, 그 사람이나 다른 사람들이 할 수 있는 일은 없다. 나는 이것에 대해 간략히 좀 더 말할 것이다.

나는 신약성경에서 아가페에 대한 모든 해석이 하나로 통일되는 것을 목표로 삼아야 한다고 생각한다. 그것이 예수가 우리를 위해 하나님께 돌리고, 하나님과 이웃을 위해 우리에게 명령하며, (예수가 생각하기에) 우리가 우리를 위해 가져야 하는 바로 그 사랑이란 의미에서 말이다. 우리는 그렇게 통일된 해석을 갖지 못할 수도 있다. 하지만 그것이 우리가 목표로 삼아야 하는 것이다.

우리는 니그렌의 해석이 이런 목적을 제대로 성취하지 못했다는 사실을 알았다. 그가 아가페적 사랑이라고 선택한 것, 즉 정의가 요구하는 것에 대해서는 아무런 설명도 하지 않는 자기희생적 자애를 설명한 후, 그는 하나님이 그런 사랑의 대상이 될 수 없음을 깨달았다. 우리가 하나님을 아가페적으로 사랑해야 한다고 예수께서 말씀하셨을 때, 그것은 막연하게 말한 것이라고 그는 결론을 내린다. 그러므로 그의 의미는 우리가 하나님에 대해 믿음을 가져야 한다는 것이다. 그리고 우리 자신에 대한 사랑과 관련해서, 니그렌은 기독교가 모든 형태의 자기 사랑을 거부한다고 주장한다.

우리가 아가페적 사랑을 염려^{care}로 이해해야 한다는 나의 제안은 얼마나 적절한가? 표면상, 사람이 자신과 자기 이웃에 대해 염려할 수 있다는 것, 그리고 하나님이 우리에 대해 염려할 수 있다는 것은 분명하다. 분명하지 않은 것은 사람이 하나님에 대해 염려할 수 있느냐 하는 것이다. 어떤 이들은 사람이 하나님에 대해 염려한다고 말하는 것이 신학적으로 부당하다고 생각할 것이다. 어떤 이에 대해 염려하는 것은 그들이 연약하다는 것을 전제로 한다. 자신들의 복지에 대한 손상에 연약하고, 자신들의 가치에 적합하지 않은 방식으로 취급받는 것에 연약하다는 것을 전제하지 않는가? 그렇다면 하나님이 그런 식으로 연약하단 말인가? '신적 무감각'이란 전통적 교리에 따르면, 하나님은 그렇지 않다.

시편 기자는 이 땅의 백성들에게 "여호와의 이름에 합당한 영광을 그에게 돌"리라고 명령한다(시 96:8). 이것은 그들이 흔히 그렇게 하지 않는다는 것을 전제한다. 그리고 예수는 우리에게 하나님의 이름이 높임을 받으시도록 기도하라고 가르쳤다. 이것도 자주 그렇지 못하다는 것을 전제한다. 간단히 말해 성경 저자들은 하나님을 부당하게 대접받는 분으로 소개한다. 즉, 우리는 하나님의 가치에 적합한 방식으로 하나님을 대우하지 않는다. 그리고 그들은 하나님을, 우리가 어떻게 대하느냐에 따라 기뻐하거나 화를 내는 분으로 소개한다. 우리가 하나님에 대해 염려해야 한다고 말할 때 전제하는 것처럼, 하나님은 연약한 분으로 소개된다.

심지어 성경의 권위를 인정하는 사람들조차도 성경이 묘사하는 하나님과 실제 하나님이 동일하다고 생각하지 않는다. 따라서 우리는 비유와 신인동형론 등을 허용해야 한다. 어떤 구절에서 하나님은 바위로 소개된다. 하지만 하나님이 말 그대로 바위는 아니다. 하지만 그 경우에, 증명의 책임은 하나님에 대한 성경적 표현의 어떤 특정한 측면이 문자 그대로 받아들여져서는 안 된다고 생각하는 사람들에게 놓여 있다.

다른 곳에서, 나는 하나님이 이미 묘사된 방식처럼 연약하지 않다고 주장하는 사람들이 증명의 책임을 성공적으로 수행하지 못했다고 주장한 바 있다.¹ 물론 하나님이 연약하지 않은 근본적인 방식들이 존재한다. 즉, 하나님은 소멸되지 않고, 하나님의 권능에는 한계가 없다. 하지만 하나님은 우리가 당신을 부당하게 대하는 것, 그래서 화 나시는 것에 약하시다.

18장

정의, 사랑, 그리고 샬롬

포체프스트룸에서 열린 학술대회에 참석했을 당시에 내가 가르치고 글을 쓴 철학의 한 분야는 예술철학이었다. 학술대회에 참석하러 가는 중에, 나는 옛 학생과 나이로비 대학교 철학교수인 그녀의 남편을 방문하러 케냐의 나이로비에 들렀다. 어느 주말에, 그들이 나를 데리고 커피와 차 농장이 많은 북쪽의 한 계곡으로 올라가서 그의 집이 있는 카라티나^{Karatina}란 마을로 갔다. 도중에 우리는 한 선교사 마을에 들렀는데, 그곳의 운영자는 내가 알던 사람이었다. 그곳의 건물들 일부는 지금까지 내가 본 것들 중 가장 초라하고 더러웠다. 그것들은 허술하게 지어졌고 페인트도 벗겨졌으며, 사방에 먼지와 쓰레기들이 널려 있었다. 이 건물들이 크고 분명하게 주장한 것은 당신이 영혼을 구원하는 사업을 할 때, 미학적 우아함은 별로 중요하지 않다는 것이었다. 누추해도 괜찮다. 그것은 마치 강제로 입에 쑤셔 넣은 역겨운 것을 그 아름다운 계곡의 언덕들이 토해내는 것처럼 보였다. 나는 우리 삶에서 아름다움의 중요성을 주장할 때, 이 예를 가끔 사용했다. 복잡하고 정교한 아름다움이 아니라 단순한 아름다움, 미학적으로 우아한 환경.

포체프스트룸에서 돌아오는 비행기에서, 나는 내 삶이 회복할 수 없을 정도로 부서지는 사실을 걱정하기 시작했다. 나는 철학을 사랑했다. 나는 미술도 사랑했다. 나는 내가 살던 집을 직접 설계했다. 아내와 나는 그래픽아트 작품들을 수집해왔다. 또 나는 음악을 사랑했다. 다양한 경험을 통해, 나는 예전 ^{liturgy}에 관심이 많았다. 하지만 이제는 정의가 내 의제가 되었다. 이런 사랑들이 나를 분열시키며 다른 방향으로 이끌었다. 그것들은 내가 몰랐던 어떤 방식으로 일관성이 있었을까? 혹은 내가 파편화된 존재로 살아가는 것을 참아야 했을까?

집으로 돌아오고 나서 얼마 뒤, 나는 구약의 시문학과 예언서에서 샬롬^{shalom}이란 말이 빈번하게 나온다는 사실에 충격을 받았다. 『70인역』(최초의 그리스어 구약 번역본)에서도, 히브리어 샬롬이 그리스어 에이레네^{eirēnē}로 번역되었다. 동일한 단어 에이레네가 신약 그리스어 원본에도 매우 자주 나온다.

대부분의 영어성경 번역본에서, 히브리어 단어 샬롬과 그리스어 단어 에이레네는 '평화'로 번역된다. 그리고 샬롬은 정말로 평화를 요구한다. 이것이 바로 샬롬이다.

> 그때에 이리가 어린 양과 함께 살며
> 표범이 어린 염소와 함께 누우며

송아지와 어린 사자와 살진 짐승이 함께 있어
어린아이에게 끌리며
암소와 곰이 함께 먹으며
그것들의 새끼가 함께 엎드리며
사자가 소처럼 풀을 먹을 것이며
젖 먹는 아이가 독사의 구멍에서 장난하며
젖 뗀 어린아이가 독사의 굴에 손을 넣을 것이라.
내 거룩한 산 모든 곳에서 해 됨도 없고 상함도 없을 것이니
이는 물이 바다를 덮음같이
여호와를 아는 지식이 세상에 충만할 것임이니라(사 11:6-9).

하지만 샬롬은 평화를 넘어선다. 적대감의 부재를 넘어선다. 한 국가가 평화롭지만, 가난 속에 비참할 수 있다. 샬롬은 단지 평화가 아니라 **번영**이기도 하다. 우리 존재의 모든 차원에서 번영. 즉, 우리와 하나님과의 관계에서, 우리와 동료 인간들과의 관계에서, 우리와 우리 자신과의 관계에서, 우리와 창조 일반과의 관계에서 말이다. 포체프스트룸에서 흑인과 유색인들의 정의를 위한 울부짖음과 선교사 거주지역의 끔찍함을 토해내려는 케냐 언덕 ^{Kenyan hills}의 시도 모두는 샬롬에 대한 요청이자, 그것의 부재에 대한 탄식이었다. 아름다움, 예전^{liturgy}, 정의, 철학이 만들어낼 수 있는 종류의 이해. 이런 것들이 샬롬의 한 차원이란 점에서 근본적으로 서로 연결되어 있다.

샬롬은 하나님과 우리의 관계 속에 번영을 포함한다. 선지자들

이 샬롬에 대해 이야기할 때, 그들은 인간이 더 이상 하나님을 피해 시간의 복도로 도주하지 않는 날, 그들이 더 이상 자신들의 신적 추적자에게 저항하기 위해 그 복도에서 돌아서지 않는 날을 예언한다.[1] 그들은 인간 공동체가 하나님에 대한 자신의 사랑과 섬김 속에서 번영의 날을 예언한다. 선지자 이사야의 글에서,

> 말일에 여호와의 전의 산이
> 모든 산꼭대기에 굳게 설 것이요
> 모든 작은 산 위에 뛰어나리니
> 만방이 그리로 모여들 것이라.
> 많은 백성이 가며 이르기를
> 오라. 우리가 여호와의 산에 오르며
> 야곱의 하나님의 전에 이르자.
> 그가 그의 길을 우리에게 가르치실 것이라.
> 우리가 그 길로 행하리라 하리니(사 2:2-3).

샬롬은 우리 서로 간의 관계 속에 번영을 포함한다. 사회가 세상에서 각자의 방식으로 살아가는 개인들의 집합일 때, 샬롬은 존재하지 않는다. 불의가 존재하고, 사람들이 부당한 대접을 받는 곳마다, 샬롬은 존재하지 않는다.

사람은 누군가가 존재한다는 사실을 모를 때, 혹은 누군가가 존재하는 것은 알지만 그것에 대해 무관심할 때조차, 부당한 대우를 받

을 수 있다. 비록 부당한 대우를 받는 사람들이 삶에서 자신들의 운명에 만족할 경우에도, 샬롬이 존재하지 않을 수 있다. 모든 흑인과 유색인들이 아파르트헤이트에 만족했을지라도(물론 그들은 만족하지 않았다), 혁명이 일어나기 전 남아공에는 샬롬이 존재하지 않았을 것이다. 미국의 모든 흑인들이 자신들의 노예 상태에 대해 만족했을지라도(물론 그들은 만족하지 않았다), 해방 전에는 샬롬이 존재하지 않았을 것이다. 진정한 번영은 단지 감정적 만족이 아니다. 진정한 번영은 오직 우리가 더 이상 서로를 부당하게 대하거나 억압하지 않을 때 존재한다. 샬롬은 정의를 자신의 토대로 삼는다. 샬롬은 정의를 초월하지만, 샬롬은 정의만큼 중요하다. 이사야는 샬롬이 존재하게 될 때를 다음과 같이 선언한다.

> 그때에 정의가 광야에 거하며
> 공의가 아름다운 밭에 거하리니
> 공의의 열매는 화평이요
> 공의의 결과는 영원한 평안과 안전이라(사 32:16-17).

끝으로 샬롬은 우리와 자연환경과의 관계 속에 번영을 포함한다. 육체가 없는 영혼이 아니라, 육체를 가진 피조물인 우리가 지구 및 피조물과의 관계에서 번영할 때, 우리의 육체노동과 그 결과에서 번영할 때, 우리의 육체에서 번영할 때, 샬롬이 존재한다. 샬롬에 대해 말하면서, 이사야는 주님이 "이 산에서 만민을 위하여 기름진 것과 오래

저장하였던 포도주로 연회를 베푸시리니 곧 골수가 가득한 기름진 것과 오래 저장하였던 맑은 포도주로 하실" 날을 예언한다(사 25:6). 그는 백성이 "화평한 집과 안전한 거처와 조용히 쉬는 곳에 있"을 날을 예언한다(사 32:18).

나는 이미 샬롬 구절들 중에서 가장 유명한 것을 인용했다. 즉, 이사야가 예견된 샬롬을 풍성한 조화의 이미지들(짐승들 사이의 조화, 인간과 짐승들 사이의 조화)로 묘사하는 구절들 말이다. "그때에 이리가 어린 양과 함께 살며……" 그 구절은 이런 말로 시작된다.

> 이새의 줄기에서 한 싹이 나며
> 그 뿌리에서 한 가지가 나서 결실할 것이요
> 그의 위에 여호와의 영
> 곧 지혜와 총명의 영이요
> 모략과 재능의 영이요
> 지식과 여호와를 경외하는 영이 강림하시리니
> 그가 여호와를 경외함으로 즐거움을 삼을 것이며(사 11:1-3).

우리 기독교인들은 이사야가 말한 싹이, 바로 천사들이 그의 탄생을 축하하여 찬미한 분이라고 믿는다. "지극히 높은 곳에서는 하나님께 영광이요 땅에서는 하나님이 기뻐하신 사람들 중에 평화[샬롬, 그리스어는 에이레네]로다 하니라"(눅 2:14). 우리는 그가 바로 제사장 사가랴가 "우리 발을 평강[샬롬]의 길로 인도하시리로다"(눅 1:79)라고 말했던 분이라고 믿는다. 우리는 그가 바로 시므온이 "주재여, 이제는 말씀하신 대로 종을 평안히[샬롬] 놓아주시는도다"(눅 2:29)라고 말했던 분이라고 믿는다. 우리는 그가 바로 하나님이 이스라엘에게 "화평[샬롬]의 복음"(행 10:36)을 전하실 때 사용하신 분이라고 믿는다. 우리는 유대인으로서 바울이 이방인들에게 "오셔서 먼 데 있는 너희에게 평안[샬롬]을 전하시고 가까운 데 있는 자들에게 평안[샬롬]을 전하셨으니"(엡 2:17)라고 말했던 분이라고 믿는다. 우리는 그가 바로 이사야가 "평강[샬롬]의 왕"(사 9:6)이라고 불렀던 예수 그리스도라고 믿는다. 자신의 마지막 설교에서 사도들에게 "평안을 너희에게 끼치노니 곧 나의 평안을 너희에게 주노라. 내가 너희에게 주는 것은 세상이 주는 것과 같지 아니하니라. 너희는 마음에 근심하지도 말고 두려워하지도 말라"(요 14:27)고 말씀하신 분이 바로 이 예수였다.

샬롬[에이레네]에 대한 성경적 이해를 살펴봄으로써 더 많은 이야기를 할 수 있을 것이다. 하지만 여기서 우리의 목적을 위해서는 이 정도면 충분하다. 예수께서 우리에게 명령하신 이웃에 대한 사랑과 샬롬이 긴밀히 연결되어 있다는 사실에 주목하자. 자신을 사랑하듯이 이웃을 사랑하는 것은 사람이 자신의 샬롬을 추구하듯이, 이웃의 샬롬을 추구하는 것이다. 그것은 인간 공동체의 번영을 추구하는 것이다. 그리고 성경적 사랑이 정의를 포함하는 것은 샬롬이 정의를 포함하기 때문이다. 샬롬은 정의를 넘어선다. 그렇다고 샬롬이 정의를 결여하는 것은 결코 아니다. 그것이 바로 잘 구성된 염려care가 정의를 결여하지 않는 이유다.

내가 앞 장에서 인용했던 것처럼, 복음주의 진영의 일반적인 견해는 정의를 추구하는 것이 기독교인들의 일이 아니라 하나님의 일이라는 것이다. 우리의 일은 사람들을 사랑하면서, 하나님이 정의를 가져오시고 부당하게 대우받은 사람들을 변호하실 날을 인내하며 기다리는 것이다. 사랑과 정의를 대립시켰다는 면에서, 이 견해가 얼마나 잘못되었는지 이제는 분명해졌다. 샬롬이 정의를 포함하고 사랑이 공동체의 샬롬을 추구하기 때문에, 사랑은 정의를 포함한다. 샬롬을 추구하는 사랑은 세상을 향한 하나님의 뜻이자 우리의 소명이다. 역사에서 샬롬의 온전한 실현이 단지 인간의 업적이 아니라 하나님의 선물이며, 그것이 우리 삶에 일시적으로 실현되는 것도 하나님의 선물이지만, 그럼에도 우리가 애쓰고 분투해야 하는 것은 바로 샬롬 속의 정의다. 우리는 옆에 서서 팔짱을 끼고 그런 때가 도래하길 기다려서는 안 된다. 우리는 하나님의 뜻을 위해 일하는 일꾼들이다. 하나님의 선교$^{missio\ Dei}$가 우리의 선교다.

19장
성경은 정의의 바른 질서 개념을 말하는가?

밀라노의 암브로시우스, 카이사레아의 바실리우스, 그리고 요한 크리소스토무스에게 돌아갈 시간이다. 우리는 부자들의 여벌 옷이 헐벗은 빈민들의 것이며, 그들의 남은 음식은 굶주린 사람들의 것이라고 이들 세 사람이 말하는 것을 보았다. 이들 중 그 누구도 우리의 '권리'right 와 비슷한 단어를 사용하지 않았지만, 어떤 것이 누구의 것이나 누구에게 속한다고 말하는 것은 그 사람에게 그것에 대한 권리, 합법적 요구가 있음을 전제한다.

암브로시우스, 바실리우스, 그리고 크리소스토무스는 자신들의 성경해석에 근거해서 빈민의 권리에 대한 생각을 발전시켰다. 그들의 해석이 지나쳤을까? 성경에 따르면 정의가 빈민구제를 요구한다고 그들이 말했다면, 그들의 해석은 결코 지나친 것이 아니다. 하지만 그들은 그것을 넘어선다. 그들은 가난한 자들이 옷과 먹을 것에 대한 권리, 즉 자연권을 갖는다고 전제한다. 그들이 그렇게 할 때, 정의에 대한 자신들의 견해를 성경 속에 투영한 것은 아닐까?

나는 정의가 권리에 근거한다는 견해를 제시했고 방어했다. 즉, 우리의 사회적 관계들은 우리가 대접받을 권리가 있는 그대로 대접받을 때 정당한 것이다. 나는 우리의 권리 중 자연권이 있다는 견해를 방어했다. 이런 주장들은 논란의 여지가 있다. 정의에 대한 주장을 인정하는 사람들 중에 자연권의 존재를 부정하는 사람들이 있다. 그들은 우리가 가진 모든 권리가 이런저런 방식에 의해 사회적으로 생성된다고 주장한다. 그것이 바로 성경 저자들이 정의에 대해 암묵적으로 생각했던 방식이었을까?

문제는 성경 저자들이 자연권이란 개념이나 용어를 사용했는지의 여부가 아니다. 문제는 그들이 말할 때, 자연권의 존재를 전제했는가의 여부다. 그들은 이따금 권리에 대해 말한다. 생득권^{birthrights}이 한 예다. 하지만 그들이 이런저런 권리들에 대해 명시적으로 말했던 것을 고려해볼 때, 그들이 그것들을 자연권, 혹은 사회적으로 부여된 것으로 간주했는지가 분명치 않다. 우리 질문은 성경의 용어에 대한 것이 아니라, 그것의 암묵적 전제에 대한 것이다.

기독교 성경은 자연권의 존재를 의미하고 전제한다. 하나님으로 시작하라. 성경 전체를 관통하는 전제는 하나님이 우리에게 권리를 갖는다는 것이다. 우리의 복종에 대한 권리, 하나님의 가치에 대한 적절한 인정의 권리 등. "여호와의 이름에 합당한 영광을 그에게 돌릴지어다. 예물을 들고 그의 궁정에 들어갈지어다"라고 시편 기자는 말한다(시 96:8). 이런 권리는 자연적이다. 하나님이 이런 권리를 갖는 것은 어떤 인간적 행동 때문이 아니다. 물론 그것은 자연적 인권^{human} ^{rights}이 아니다. 그것은 자연적 신권$^{divine\ rights}$이다.

우리의 찬양과 복종에 대한 권리가 하나님께 있다는 전제는 그에게 찬양과 복종을 드리지 않는 사람들을 하나님이 처벌하실 때 하나님의 행동이 정당하다고 강조한다. 하나님이 참회하는 죄인을 용서하는 대신, 먼저 처벌하신다고 선언한다. 우리가 앞에서 언급했듯이, 어떤 사람이 다른 누군가에게 한 일에 대해 용서받으려면, 먼저 그 사람이 부당한 대접을 받았다는 것, 그 사람에게 권리가 있는 어떤 것을 빼앗겼다는 것이 전제되어야 한다. 만약 어떤 사람이 권리를 갖고 있는 것이 아니라 단지 원했던 것을 빼앗겼다면, 그 상황에 대한 적절한 반응은 용서가 아니라 유감^{regret}일 것이다. 하나님이 죄인을 용서하신다고 선언할 때는 하나님의 권리가 침해당하는 방식으로 하나님이 대접받았다는 뜻이다.

그렇다면 인간은 어떤가? 성경은 인간에게 자연권이 있다고 의미하거나 전제하는가? 그렇다. 성경은 우리에게 동료들에 대한 자연적 의무가 있다고 전제한다. 하지만 나에게 동료들에 대한 자연적 의무가 있다면, 상관관계의 원리를 고려해서 그들에게도 나에 대한 자연적 권리가 있는 것이다. 나에게는 내 이웃을 살인하지 말아야 할 의무가 있다. 이것이 그 나라의 법이든 아니든 말이다. 하지만 내가 그를 살인하지 않은 것처럼, 내 이웃도 나에 대해 상관관계의 권리를 갖는다.

암브로시우스, 바실리우스, 그리고 크리소스토무스가 성경을 주석하면서 자연권의 존재를 전제했을 때, 그들이 지나치게 해석한 것은 아니다.

한 가지 관련된 주제로 옮겨보자. 나는 정의에 대한 두 개의 근본적으로 다른 사유방식, 바른 질서right order 개념과 생득권inherent rights 개념을 구분하면서 정의의 본질에 대한 나의 논의를 시작했다. 자연권이 있다고 주장할 때, 나는 바른 질서 이론가들이 생득권 이론가들과 원칙적으로 함께할 수 있다고 언급했다. 비록 대부분이 그런 것은 아니지만 말이다. 두 개념 간의 본질적 차이는 거기에 있지 않고, 도덕 질서의 심층구조가 어떻게 이해되는가에 있다.

생득권 이론가는 개인과 인류에게 특정한 권리를 부여하는 어떤 것이 존재한다고 주장한다. 그들에게 이런 권리를 부여하는 어떤 것은 그들 밖에 존재할 필요가 없다. 내가 주장했던 청구권 이론은 하나의 생득권 이론이며, 우리가 권리를 갖는 것은 바로 우리의 가치, 우리의 존엄성 때문이라고 주장한다.

반대로, 바른 질서 이론가는 존엄성을 지닌 것만으로 누군가에게 권리를 부여하기에는 충분하지 않거나, 혹은 개인이나 인간에게 충분한 어떤 것이 존재하지 않는다고 주장한다. 그들에게는 직간접적으로 권리를 부여하는 외적 기준이 항상 있어야 한다. 외적 기준과 그것을 특정한 경우에 적용하는 것이 없다면, 누구도 자연권을 소유할 수 없다.

우리는 성경이 (신적이고 인간적인) 자연권의 존재를 전제한다는 사실을 보았다. 성경은 정의와 권리에 대한 이런 두 가지 사유방식(생득권 방식이나 바른 질서 방식) 중 한 가지를 전제하는가?

언뜻 보기에, 성경에서 신적 계명이 두드러진 것은 성경 저자들이 바른 질서 개념을 전제했다고 지적하는 것처럼 보일 것이다. 신적 계명의 내용은 권리를 간접적으로 부여하거나 수여하는 객관적 기준이 될 것이다. 그것이 바로 조안 록우드 오도노반이 스스로 "의무의 객관적 매트릭스"라고 부른 것을 이해한 방식이다. 객관적 매트릭스는 하나님 계명의 내용이다. 하나님은 우리에게 계명을 주신다. 이런 계명은 그분이 명령하시는 것을 행함으로써 하나님께 복종하라는 하나님을 향한 의무를 우리 안에 발생시킨다.

예를 들어, 하나님은 우리에게 살인하지 말라고 명령하신다. 그것은 누구도 살해하지 않음으로써 하나님께 순종하라는 하나님을 향한 의무를 우리 각자 안에 발생시킨다. 그래서 하나님은 우리 각자를 향해 우리가 동료를 살해하지 않음으로써 하나님께 복종해야 한다는 상관관계적 청구권을 갖는다. 세 번째 명령에서, 하나님은 우리에게 하나님의 이름을 망령되이 부르지 말라고 명령하신다. 그것은 우리 각자 안에 하나님의 이름을 망령되이 부르지 않음으로써 하나님께 복종하라는 하나님을 향한 의무를 발생시킨다. 그래서 하나님은 우리가 우리 각자를 향해 하나님의 이름을 망령되이 부르지 않음으로써 하나님께 복종해야 한다는 상관관계적 청구권을 갖는다.

하지만 겉모습만 피상적으로 살펴보는 대신, 그 문제에 대해 좀 더 깊이 생각해보자. 사람이 누군가에게 어떤 일을 하도록 명령하는 것이 허용되지 않는다면, 그렇게 하는 것은 그 명령을 들은 사람 안에서 그가 명령하는 것을 행한 의무를 발생시키지 않는다. 만약 어떤 군인이 어떤 허락도 없이(그렇게 할 권위도 없이) 다른 군인에게 명령을 내린다면, 그렇다고 해서 명령에 복종할 의무가 그 군인에게 생긴 것은 아니다. 같은 내용을 다르게 말해보자. 어떤 사람이 다른 사람에게 특정한 일을 하도록 명령하는 것이 허용된다면, 그의 명령은 명령을 받은 사람 안에 그것을 행할 의무를 발생시킨다.

어떻게 우리는 그런 허용(그것을 명령허용이라고 부르자)을 받는가? 흔히 그것은 어떤 사람이나 일군의 사람들에 의해 수행된 어떤 행동을 통해 우리에게 부여된다. 특별히 그런 부여는 흔히 특정한 지위나 업무에 임명되는 것과 함께 이루어진다. 한 군인이 대위로 임명을 받는다. 이제 그 사람이 허락받는 일 중에는 자신의 명령 아래 있는 군대에게 특정한 종류의 명령을 내리는 것이다. 사실 그 사람이 그들에게 그런 명령을 내릴 때, 그가 명령을 내린 사람들 안에 그가 명령한 것을 수행함으로써 그에게 복종할 의무가 발생한다. 그래서 그는 자신이 명령한 것을 그들이 수행함으로써 자신에게 복종하는 것에 대해 상관관계적 권리를 갖게 된다.

하지만 모든 명령허용이 이런 식으로 우리에게 부여되는 것은 아니다. 나는 부모에게 자식들이 특정한 일을 하거나 삼가도록 명령하는 것이 허용된다고 생각한다. 그런 부여는 그들이 부모라는 직무에 임명되면서 이루어진 것이 아니다. 그 아이의 생물학적 부모는, 부모란 직무에 임명된 적이 없다. 자식들에게 명령할 수 있는 권한(혹은 허용권)을 부모에게 준 것은 부모가 되었다는 사실과 관계가 있다. 내가 이해하는 한, 그들이 이런 특별한 허용권permission-right을 갖게 된 것은 그들을 낳았기 때문이다. 그것이 바로 자연적 허용권이다.

이런 교훈을 하나님께 적용해보자. 하나님이 우리에게 명령하시면, 그 명령을 행함으로써 하나님께 복종해야 하는 의무가 우리에게 생긴다. 그리고 그것의 상관관계로서, 하나님이 명령하신 것을 행함으로써 하나님께 복종하도록 우리에게 요구할 수 있는 청구권이 하나님께 생긴다. 하나님이 우리에게 그런 명령을 내리시도록 허용되기 때문에, 그것은 우리 안에 그런 의무를 발생시킨다. 하나님은 그렇게 할 수 있는 허용권, 그렇게 할 권한을 갖는다.

하나님이 이런 명령허용을 소유하신다고 설명해주는 것은 무엇인가? 우리가 하나님을 임명한 지위나 직무는 없다. 그런 생각은 어리석다. 그렇다면 그것은 하나님 자신에 의해 자신에게 부여된 것인가? 하나님이 자신을 특정한 직무에 임명하셨고, 그 직무에의 임명과 함께 자동적으로 특정한 명령허용이 따라온 것인가? 그런 생각도 말이 안 된다. 하나님의 명령허용을 대위 임명에 비유하여 생각하기보다, 우리는 그것을 부모의 명령허용에 비유해서 생각해야 한다.

성경 저자들의 기본적 전제는 하나님이 창조주이시기 때문에, 인간에게 명령할 권한(허용권)을 갖는다는 것이다. 하나님은 이스라엘에게 명령할 권한(허용권)을 갖고 계신다. 특히 이스라엘을 노예생활에서 구하셨기 때문에 말이다. 확실히, 그것이 바로 내가 미가 선지서에서 앞서 인용했던 괴로워하시는 하나님의 울음의 의미다.

여호와께서 자기 백성과 변론하시며

이스라엘과 변론하실 것이라.

이르시기를 내 백성아, 내가 무엇을 네게 행하였으며

무슨 일로 너를 괴롭게 하였느냐. 너는 내게 증언하라.

내가 너를 애굽 땅에서 인도해내어

종노릇하는 집에서 속량하였고(미 6:2-4).

성경 저자들에 의해 표현되고 전제된 도덕적 틀 안에서, 하나님은 우리에게 명령할 권한(허용권)을 가지신다. 그것이 바로 그 명령이 우리 안에 의무를, 그리고 하나님 안에 상관적 권한을 발생시킨다. 하지만 우리가 하나님에게 그런 권한을 부여했기 때문에 하나님이 그런 권한을 갖는 것은 아니다. 하나님은 우리의 창조주요 구속자이기 때문에 그런 권한을 소유하신다. 우리에게 명령할 하나님의 권리는 생득권 inherent right 이다.

생득권 사유방식에 대한 나의 설명에 한마디 덧붙이면서 이번 장을 마무리하겠다. 나는 개인과 인류에게 특정한 권리를 저절로 부여하는 무엇이 그들에게 존재한다는 생득권 이론가들의 주장을 언급했다. 그들의 권리 중 어떤 것은 그들에게 그런 권리를 부여하거나 수여하는 어떤 것이 그들 밖에 존재하지 않는다. 생득권 사유방식에 대해 이런 설명을 제공할 때, 나는 청구권과 허용권을 구분하지 않았다. 나는 그 설명을 두 종류의 권한 모두에 적용하려고 했다.

내가 지금까지 작업해온 생득권 이론은 일종의 청구권 이론이다. 그러므로 나는 허용권 이론을 발전시킨 것이 아니다. 내가 허용권

이론을 발전시킨다면, 그것도 생득권 이론이 될 것이다. 이제 우리가 확인한 것은 최소한 개인과 인류가 소유하고 있는 허용권의 일부는 부여된 것이 아니라 타고난 것이란 사실이다.

4부

불의 바로잡기

20장

인권

나는 아직까지 인권에 대해서는 아무 말도 하지 않았다. 이제는 말할 때가 되었다. 사람들은 자주 인권과 인간이 소유하는 권리를 혼동한다. 그 이유는 쉽게 이해할 수 있다. 즉, 동물권^{animal rights}은 동물들이 소유한 권리다. 하지만 인권^{human rights}이라는 용어가 사용될 때, 인권은 인간이 소유한 권리 중 하나다. 내가 가르친 과목에서 가장 뛰어났던 학생의 예를 기억하라. 그는 자신의 학점에 A를 받을 수 있는 권리가 있다. 하지만 그것은 인권이 아니다.

내 책, 『정의: 권리와 학대』에서, 나는 거의 끝부분에 가서야 인권에 대해 다루었다. 인권보다 권리가 훨씬 더 광범위하다는 생각을 전달하려고 그렇게 한 것이다. 그리고 나는 내 권리 이론이 단지 인권이 아니라, 일반적으로 청구권 이론이 되길 원했다. 나는 실패한 것처럼 보인다. 상당히 많은 수의 지성적 독자들이 인권에 대한 나의 설명을 권리 일반에 대한 나의 이론으로 간주했던 것이다.

그렇다면 인권이란 무엇인가? 20세기는 엄청난 도덕적 공포의 세기이자, 위대한 도덕적 성취의 세기였다. 그 공포에 상당한 수준으로 대응했다는 면에서 분명히 성취였다. 위대한 도덕적 성취에 대해 말할 때, 나는 인권을 점진적으로 국내법과 국제법으로 구체화한 것과 더불어, 인권에 대한 UN의 다양한 선언문들을 염두에 둔다.

UN 문서들은 인권이 무엇인지 설명하지 않는다. 서두에서 간단히 언급한 후, 권리 목록을 제시한다. 하지만 그 목록에 무엇을 넣을 것인지 결정할 때, 저자들은 인권이 무엇인지에 대한 어떤 이해를 사용했음에 틀림없다. 그래서 인권을 이해하는 한 가지 방법은 우리가 UN 문서에서 발견하는 인권 목록을 취해서, 그 목록에 내재된 개념을 추측해보는 것이다. 그 개념을 파악하는 다른 방법은 그 개념에 대해 철학자, 정치이론가, 법학자가 제시한 설명을 살펴보는 것이다.

사람들의 기대와 달리, 이런 두 가지 접근방법은 매우 상이한 결론을 도출한다. 인권에 대한 일반적 설명은 그것이 인간이 됨으로써 소유하는 권리라는 것이다. 혹은 같은 요점을 약간 다른 용어로 표현한다. 인권은 오직 인간이란 지위만으로 충분하게 소유할 수 있는 권리다. **그리스** 인간, **남자** 인간, **교육받은** 인간이 될 필요가 없다. 그것이 무엇이든, 특정한 종류의 인간, 심지어 인격적 존재person로서 기능할 수 있는 인간이 될 필요도 없다. 인간이라는 지위만으로 충분하다.

암브로시우스, 바실리우스, 크리소스토무스는 사람이 인간이라는 이유만으로 적절한 생존수단에 대한 공정하고 합리적인 접근 같은 권리를 갖는다고 생각했다. 그 권리가 바로 인권이다. 크리소스토무스는 그런 권리를 갖기 위해 꼭 덕스러운 인간이 될 필요는 없다고 요점을 분명히 했다. 그가 인간이라는 것만으로 충분하다.

UN의 인권 목록은 이런 설명에 부합하지 않는 사항들을 우리에게 제시한다. 한 가지 예만 살펴보자. 세계인권선언^{Universal Declaration of Human Rights} 제23조는 "모든 사람에게는 노동, 자유로운 직업선택, 적절하고 알맞은 노동조건, 실업에 대한 보호를 요구할 권리가 있다"고 천명한다. 이런 권리를 갖기 위해서는, 인간이라는 사실만으로 충분하지 않다. 특정한 종류의 인간이어야 한다. 즉, 일할 수 있는 인간 말이다. 모든 인간이 일할 수 있는 것은 아니다. 유아는 그렇지 않다. 치매가 심한 사람도 그럴 수 없다.

내가 보기에, 왜 이런 두 종류의 접근이 다른 결과를 초래하는지에 대한 설명은 UN 문서를 작성한 사람들이 모든 인간을 염두에 두지 않았음을 알려준다. 그들은 유아, 혼수상태에 있는 사람, 중증 치매 환자를 염두에 두지 않았다. 대개의 경우, 그들이 인용하는 권리는 근대세계의 전형적 상황에서 정상적인 성인이나 어린이의 권리다. UN 문서 작성자들이 주목한 것처럼 보이는 사람들은 이런 특정한 부류의 사람들이다.

그래서 우리는 선택해야 한다. 인권이 무엇인지에 대한 우리의 이해에서, 우리는 표준적인 설명의 도움을 받아, 단지 그가 인간이란 이유만으로 갖게 되는 권리로 인권을 이해해야 할까? 아니면 인권의 공통된 목록 속에 내포된 개념의 도움을 받아야 할까? 나는 전자를 제안한다.[1]

권리 일반과 인권에 대해, 우리는 **다른 조건이 같다면** other things being equal 소유하는 권리와 **모든 것을 고려할 때** all things considered 소유하는 권리를 구분하는 것이 중요하다. 물론 요점은 다른 것들이 동등하지 않을 수 있다는 것이다. 때로는, 한 사람의 "다른 조건이 같다면" 권리를 존중하는 것이 한 사람 혹은 그 이상의 사람들의 권리를 존중하는 것과 충돌한다. 그래서 사람은 그런 권리 중 어떤 것이 더 중요한지에 대해 "모든 것을 고려할 때" 결정을 내려야 한다. 사람이 바른 결정을 내리고 실천한다면, 그가 어떤 사람에게서 그의 "다른 조건이 같다면" 권리는 빼앗겠지만, 그의 "모든 것을 고려할 때" 권리는 빼앗지 못할 것이다. 그렇게 할 때, 사람은 그에게 해를 끼치지 않을 것이다. 그를 그의 가치에 합당한 존경으로 대우하지 않는 일은 없을 것이다. 사람이 그의 "모든 것을 고려할 때" 권리를 위반한다면, 그는 타인에게 해를 끼친 것이다.

내가 "다른 조건이 같다면" 권리라고 부른 것은 일반적으로 철학자들에 의해 **조건적 권리** prima facie rights 라고 불린다. 그래서 내가 "모든 것을 고려할 때" 권리라고 불러온 것은 일반적으로 **궁극적 권리** ultima facie rights 라고 불린다. 그러므로 이 용어를 사용하자.

권리의 강력한 힘을 고려할 때, 어떤 조건적 권리는 오직 다른 조건적 권리에 의해서만 압도될 수 있을 것이다. 어떤 조건적 인권은 다른 조건적 권리에 의해 압도되지 않을 것이다. 고문하는 사람의 쾌락을 위해 고문당하지 않을 권리가 그런 예다.

사람이 그런 권리를 갖지 못한 상황에서도, 즉 조건적 권리를 누리지 못한 상황에서도 특정한 방식으로 대우받을 권리가 인권이라고 말하는 것은 가치가 있다. 이것은 사람이 자신에게 권리가 있는 선이 행해질 수 없는 환경에 처한 경우일 것이다. 암브로시우스, 바실리우스, 크리소스토무스가 옳다고, 즉 우리의 인권 중에도 적절한 생계수단에 접근할 수 있는 공정하고 합리적인 방법에 대한 권리가 있다고 가정해보자. 그런 권리를 소유하기에 충분한 지위는 어떤 특정한 종류의 인간이 아니라, 인간이 되는 것, 그냥 인간이 되는 것이다. 하지만 극단적으로 광범위한 가뭄 때문에 어떤 생계수단도 이용할 수 없는 환경이라면, 그런 환경에서는 사람이 그런 권리를 가질 수 없을 것이다. 권리의 일반적 특성은 사람이 특정한 방식으로 대우받는 것이 불가능하다면, 그는 그런 식으로 대우받는 권리를 소유하지 않는 것이다.[2]

일단 우리가 인권이라는 인류의 권리를 확인했다면, 우리가 직면하는 가장 중요한 질문은 "우리가 이런 권리를 소유한다는 것을 어떻게 설명하는가?" "그런 권리의 근거는 무엇인가?"이다.

우리는 근거나 설명을 제시할 수 없는 인권이 존재한다고 확고히 믿을 수 있다. 사실 그것이 바로 인권을 위해 일하거나 글을 쓰는 사람들 대부분의 상황이다. 그들 대부분은 성공적으로 근거를 제시할 수 없다.

그런 상황에 있다고 해서 결코 불합리한 것은 아니다. 철학자와 다른 이론가들의 영구적인 상황은 자신들이 그것을 설명할 수 없는 처지에 놓여 있다고 확고히 믿는 것이다. 예를 들어 그들은 도덕적 의무 같은 것이 있지만, 자신들이 그것에 대해 만족스러운 설명을 제공할 수 없다고 믿는다. 한 가지 설명을 갖는 것은 좋고 바람직할 수 있다. 하지만 그것이 만족스러운 이론적 설명이 아니라면, 사람은 결국 그 현상의 존재에 대해 의심하기 시작할 것이다.

우리가 어떤 것에 대해 설명할 수 없다고 해서 그것이 존재한다는 믿음을 포기해야 한다는 뜻은 아니다. 더욱이, 그것이 존재하지 않는다는 뜻도 아니다.

UN 선언들은 모두 존엄성에 근거한 문서들이다. 그것들은 모두 인간이 소유한 존엄, 즉 그들의 가치, 탁월함, 존경스러움 때문에 인류에게 인권이 발생한다고 긍정하거나 전제한다. 권리 일반에 대한 나의 설명을 고려할 때, 나는 이것이 옳다고 생각한다.

가치, 존엄, 탁월함은 아무렇게나 사물에 부여되는 것이 아니다. 그것에 가치를 부여하는 어떤 것, 그것의 가치를 설명하는 어떤 것, 그것의 가치가 수반되는 어떤 것이 존재한다. 당신이 방금 작업을 끝낸 그림이 훌륭한 작품이라면, 그것을 훌륭하게 만드는 어떤 것이 존재한다. 우리는 그것을 말로 표현하는 것이 불가능하지는 않지만 어렵다는 것을 안다. 그러나 그것이 훌륭한 그림이지만, 그것을 훌륭하게 만드는 것이 존재하지 않는다고 말하는 것은 앞뒤가 맞지 않는다. 그렇다면 인권의 토대가 되는 것, 즉 인간의 어떤 것이 인간에게 존엄을 부여하는가?

자주 언급되어온 UN 문서들의 한 가지 특징은 비록 그것들이 모든 인간은 존엄하며 그들의 인권이 존엄에 근거한다고 긍정하거나 가정해도, 그것들은 결코 그런 존엄을 설명하지 않는다는 것이다. 그 문서들은 적합한 존엄이 수반되는 인간의 특징을 명확히 하려고 노력하지 않는다. 그 문서들의 기원과 관련된 다양한 이야기들로부터, 우리는 이런 침묵의 이유를 알 수 있다. 세계인권선언 원문을 작성했던 사람들은 인간 존엄의 토대를 논의했지만, 그 문제에 대해 생각이 서로 달랐다. 그래서 그들은 침묵하기로 결정했던 것이다.

인권의 토대에 관한 거의 모든 세속적 제안들은 존엄에 근거한 설명들이다. 그리고 그것들 대부분은 우리가 능력설명 capacity account 이라고 부를 수 있는 것이다. 그 제안들은 인권의 토대가 되는 가치가 인간이 소유한 특정한 능력에 동반된다고 주장한다.

합리적 작용 rational agency 에 대해서는 주목할 만한 의견의 일치가 있다. 내가 알기로는, 그것은 대체로 합리적 작용을 위한 능력이거나 어떤 특정한 형태의 능력이다. 예를 들어 의무감에 따른 행동의 능력, 선에 대한 이해를 토대로 한 행동의 능력, 혹은 삶의 계획을 구성, 실행, 수정하는 능력. 그 기본사상은 이마누엘 칸트에서 기원한다.

합리적 작용을 위한 능력은 주목할 만한 능력이다. 그것을 소유한 사람들에게 위대한 가치를 부여하기 때문이다. 하지만 우리가 이런 능력을 소유하기 때문에 지니게 된 가치에 인권의 근거를 두고 싶어 하는 사람들에게, 어떤 사람은 그런 능력을 소유하지 못한다는 것이 문제다. 새로 태어난 아기에게는 아직 그런 능력이 없다. 치매나 혼수상태에 빠진 사람들에게도 더 이상 그런 능력이 없으며, 출생과 함께 정신적으로 심각한 손상을 입은 사람들도 결코 그것을 소유할 수 없다. 하지만 그들에게도 권리가 있다. 예를 들면, 총에 맞고 쓰레기통에 던져져서 청소부들이 멀리 치워버리지 못할 권리 말이다.

『정의: 권리와 학대』15장에서, 나는 이 문제를 피하기 위해 정직한 능력설명을 수정하려는 다양한 시도들을 탐색했다. 나는 거기서 그런 모든 수정은 실패한다고 주장했다. 그들 각자는 이런저런 용납할 수 없는 함의를 지니고 있다. 그것들 모두가 그런 식으로 실패하기 때문에, 일반적으로, 능력설명이 작동하지 않을 것임을 사람들이 이해할 수 있다. 내가 거기서 이미 말한 것을 여기서 반복하기보다, 독자들이 내 책을 읽어보는 것이 좋겠다.[3]

그렇다면 왜 우리(어쨌든 우리 중 일부)는 그렇게 심각하게 손상되어서 결코 합리적 작용의 능력, 혹은 그들에게 존엄을 부여한다고 생각될 수 있는 어떤 다른 능력도 소유하지 못한 사람들에게 존엄을 부여하는가? 내 생각에, 고려해볼 만한 가치가 있는 제안을 하나 해보겠다.

한 인간이 아무리 심각하게 손상되었어도, 그의 인간적 본성은 그대로 남아 있다는 사실에 주목하라. 정말, 그 사람이 장애를 입었다고 말하는 것은 그의 본성이 손상되어 제대로 기능하지 못한다는 뜻이다.

인간적 본성은 진실로 고귀하다. 인간 이외의 어떤 동물에게도 그렇게 주목할 만한 본성은 없다. 가장 심각하게 손상된 인간에게도 인권의 토대가 되는 존엄을 부여하는 것은 바로 그들이 인간의 본성을 소유하기 때문이 아닐까? 그들이 인간적 본성을 소유한다는 사실이 그들에게 적합한 존엄을 부여하는 것은 아닐까?

어떻게 우리는 이런 제안에 대한 우리의 생각을 요약할 수 있을까? 한 가지 제안을 해보자. 우리의 인간 본성이 우리의 설계도라고 생각해보자. 그리고 한 설계도의 잘 구성된 예시와 잘못 구성된 예시의 경우에 대해 우리가 무슨 말을 할지 생각해보자. 나의 두 이웃이 자동차, 예를 들어 특정 모델의 재규어를 소유하고 있다고 가정해보자. 내 오른쪽에 있는 이웃의 것은 모든 면에서 잘 구성되고, 그래서 나는 그것을 대단히 존중한다. 내 왼쪽에 있는 이웃의 것은 사고가 나서 망가졌다. 정비공들과 정비소들은 그에게 그것을 수리하면 부품 교체비용이 너무 많이 들기 때문에, 가장 좋은 선택은 폐차시키는 것이라고 말한다.

내가 왼쪽에 있는 이웃에게 이런 조언 대신, 그의 자동차를 그것의 원본 설계 때문에 대단히 가치 있는 것으로 소중히 여기라고 조언해야 할까? 내가 그에게 그 차를 먼지가 쌓인 채 차고에 놔두고 가끔 덮개를 열어 그 유물에 감탄하라고 조언해야 할까? 정비공들과 정비소들이 그에게 폐차시키라고 조언할 때, 그들은 그것이 정말 잘 만들어진 차의 모델과 같은 것이란 사실을 무시하는 것이라고 나는 그에게 말해주어야 할까?

나는 그렇게 하지 않을 것이다. 나는 그에게 폐차시키라고 조언할 것이다. 그것은 쓰레기에 불과한 쇳덩어리, 플라스틱, 가죽, 유리일 뿐이다.

아마도 어떤 독자들은 이런 판단에 동의하지 않을 것이다. 아마도 어떤 이들은 그 차의 훌륭한 설계도가 그 차에 대해 위대한 가치를 부여한다는 근거하에, 그에게 그 차를 계속 보관하라고 충고할 것이다. 유추해보면, 그들은 모든 인간이 소유하는 인간적 본성이 그에게 인권의 토대가 되는 존엄성을 부여한다고 말할 것이다. 이런 견해를 소유한 사람은 누구나 인권의 세속적 토대를 갖는 것이다.

인권에 대해 생각하고 글을 쓴 거의 모든 기독교인들은 우리가 하나님의 형상을 갖고 있다는 사실이 인권의 토대가 되는 존엄성을 우리에게 부여한다고 주장한다. 이런 주장이 지지할 만한 것인지를 결정하기 위해, 우리는 하나님의 형상을 구성하는 것이 무엇인지 알아야 한다.

기독교(그리고 유대) 사상의 역사는 엄청나게 다양한 제안들을 포함하고 있다. 하지만 내가 아는 한, 그 모든 것은 둘 중 하나다. 어떤 저자들은 하나님의 형상이 특정한 능력들과 관련해서 하나님을 닮은 것으로 구성된다고 이해한다. 다른 이들은 그것이 창조 속의 특정한 역할들, 예를 들어, "지배하는" 역할처럼, 하나님을 닮거나 대표하는 것으로 구성된다고 이해한다. 그런 역할은 분명히 특정한 능력의 소유를 요구한다.

앞에서 언급된 세속적 능력에 대한 설명들의 요점이 여기서도 적용된다. 하나님의 형상을 소유하기 위해 필요한 능력이 무엇이든, 어떤 사람에게는 그런 능력이 없다. 만약 하나님의 형상이 전통적 방식으로 이해된다면, 즉 특정 능력의 소유를 전제하거나 그것으로 구성된다면, 어떤 사람에게는 하나님의 형상이 부족한 것이다.

내가 서술했던 대안적인 세속적 근거는 하나님의 형상을 이해하는 대안적 방법을 제안한다. 특정한 능력에 대해 하나님을 닮은 것으로, 혹은 창조에서 특정한 역할과 관련해서 하나님을 닮거나 대표하는 것으로 형상이 구성된다고 이해하기보다, 우리는 그것이 하나님을 닮은 본성을 갖는 것으로 구성된다고 이해할 수 있었다. 우리가 앞에서 언급했듯이, 아무리 인간이 훼손되었을지라도, 그는 인간적 본성을 소유한다. 그런 본성을 소유할 때, 그는 특정한 방식으로 하나님을 닮는다. 우리는 이것을 하나님의 형상에 대한 전통적인 **능력유사** 혹은 **역할유사** 설명 대신 **본성유사** nature-resemblance 설명이라고 부를 수 있을 것이다.

나는 인권이 인간 본성에 근거한다는 제안에 대해 의심을 표현했다. 우리가 고려 중인 유신론적 설명이 그런 세속적 설명에 덧붙이는 것은 우리가 우리 본성과 관련해서 하나님을 닮았다는 것이다. 나는 본성에 대한 이런 유신론적 설명이 세속적인 것만큼 설득력이 있다고 생각한다. 어떤 사람이 나에게 우리 집 왼쪽에 사는 이웃의 부서진 차의 설계도가 다른 이웃의 자동차 설계도와 똑같을 뿐 아니라, 더 멋진 차의 것과 비슷하다고 알려준다고 가정해보자. 그렇다고 내가 내 충고를 바꿀까? 그렇지 않을 것이다.

사물에 대한 기독교적 비전에서 인권의 근거가 되는 것은 자신이 지으신 모든 인간에 대한 하나님의 사랑이다. 보다 구체적으로 말한다면, 모든 인간과 친교와 우정을 나누고 싶어 하시는 하나님의 욕망이다. 그런 생각에 대해 생각할 때, 한 가지 비유가 다시 한 번 도움이 될 것이다.

자신의 모든 백성에게 공공선에 부합하는 정의로운 정치질서의 위대한 혜택을 부여하는 선한 군주에 대해 상상해보라. 하지만 그는 매우 외롭다. 그래서 자신의 모든 백성에게 혜택을 베푸는 사람으로 행동하는 것 외에, 그는 자신의 친구가 되어줄 어떤 사람을 뽑기로 결정한다. 이것은 선택받은 사람에게 하나의 영광이다. "당신이 저를 친구로 선택해주셨으니, 제게 큰 영광입니다"라고 그는 말한다. 의심의 여지없이, 시간이 흐르면서, 군주가 그들의 친구가 됨으로써 그들의 삶에 좋은 일들이 많이 생길 것이다. 하지만 왕이 그들을 친구로 선택했다는 사실 자체가 영광이다. 선택받은 사람들은 자신들의 이력서 '상훈' honors 란에 그 사실을 기록할 것이다. 선택받지 못한 사람들은 부러워할 것이다.

바로 여기에 요점이 있다. 영광을 받는 것은 그에게 가치가 부여된다는 것이다. 확실히, 이것은 다소 신비스럽다. 하지만 이것이 사실임을 보여주는 한 가지는, 영광을 받는 것은 존경을 위한 새로운 토대, 그래서 사람이 부당한 대우를 받을 수 있는 새로운 방법을 획득하는 것이다. 그것은 사람의 가치에 어떤 변화가 있을 경우에만 가능하다. 이제 사람이 부당한 대우를 받을 수 있는 가장 분명한 방법은 영광 그 자체가 약화되도록 하는 것이다. 왕의 친구로 선택받지 못한 사람은 선택받은 사람에게 냉소적으로 "대단한데!"라고 말한다. 이것은 일종의 모욕이기 때문에, 선택받은 사람에게는 화낼 권리가 있다.

그런 비유의 적용은 분명하다. 하나님이 친구로 삼고 싶어 하는 어떤 사람으로 바로 그 사람이 선택되었다고 가정해보자. 이것은 하나님에 의해 영예롭게 되는 것이다. 그리고 하나님에 의해 영예롭게 된다는 것은 그에게 가치가 부여된다는 것이다. 이제 모든 인간은 하나님이 자신의 친구로 삼고 싶어 하는 사람으로 선택되는 영예를 누리며, 이런 하나님의 욕망이 지속된다고 덧붙이자. 그렇다면 모든 인간이 그런 영예를 누린다는 것은, 그에게 동일하고 철회할 수 없는 가치를 지닌다.

이런 관점에서 고려해야 할 한 가지 문제는, 하나님이 친구가 되고 싶어 하는 피조물로 인간을 선택하는 것이 하나님을 너무 변덕스럽고 독단적으로 만드는 것은 아닐까 하는 것이다. 결코 그렇지 않다. 하나님이 악어를 선택할 수도 있지 않았을까? 아니다. 왕이 자신의 친구로 삼고 싶어 하는 사람들을 선택할 때, 그 지역에서 가장 존경받을 만한 사람을 찾지는 않을지라도, 우정의 가능성이 보이는 사람을 찾는다. 악어는 하나님과 우정을 나눌 잠재력이 부족하다. 하나님과 친구가 되려면, 인격적 존재persons의 본성이 필요하다. 아무리 잘해도, 악어가 사람이 될 수는 없다. 모든 동물 중에서 오직 인간만이 인격적 존재가 되어 하나님의 친구가 될 수 있다.

왜 하나님이 악어를 당신의 친구로 선택하지 않았는지를 이해하도록 만든 이유가 왜 하나님이 인간을 친구로 삼으셨는지를 이해하도록 만든다. 인격적 존재가 되는 이유가 인간 본성 안에 있기 때문에, 우리에게 하나님과 우정을 나눌 잠재력이 있다. 물론 그런 잠재력을 실현하기 전까지, 하나님과 우리가 극복해야 할 장애물이 있다. 하나님께 무례를 범했던 우리들 안에서 도덕적 균열이 회복되어야 한다. 그리고 현재 인격적 존재로 제대로 기능할 수 없는 사람들도 이번

생애나 내세에서 그런 심각한 기형이 치유되어야 한다. 하나님이 인간과 우정을 소망한다고 해서, 현재 인간에게 그런 소망을 만족시킬 능력이 있다고 전제하는 것은 아니지만, 인간이 언젠가는 이 생애나 내세에서 그런 능력을 갖게 된다고 전제한다.

내가 지금까지 상세하게 다룬 인권의 토대는 기독교인들뿐 아니라, 유대인과 무슬림에 의해서도 긍정될 수 있다. 명백히 기독교적인 토대를 하나 더 추가하면서 결론을 맺고자 한다. 간단히 말하겠다.

기독교인들은 예수 안에서 삼위일체의 제2위께서 우리의 인간적 본성을 떠맡았다고 주장한다. 이것은 인간을 위한 특별한 영예다. 삼위일체의 제2위는 우리의 본성을 떠맡음으로써 우리와 본성을 공유하는 영예를 우리 각자에게 부여하신다. 우리 각자에게 그것보다 더 큰 영예가 없다. 인간을 고문하는 것은 삼위일체의 제2위의 본성을 공유하는 피조물을 고문하는 것이다.

21장

남아공에서 보낸 6일

나는 기본적 정의론을 발전시켰고, 그렇게 이해된 정의의 중요성을 주장했으며, 사랑과 정의의 관계를 탐구했다. 이런 철학적 사색 외에, 나는 남아공에서 유색인들의 주장과 팔레스타인인들의 주장에 지지를 보냈다. 주로 이런 지지는 진행되던 불의에 청중들이 관심을 갖도록 일깨울 목적으로 내가 행한 강연과 글로 구성되었다. 1985년에는 남아공의 불의를 바로잡으려는 투쟁에 직접 참여한 적도 있었다. 그 경험을 통해 나는 당시에 벌어지던 투쟁의 매력적인 특징들을 살짝 엿볼 수 있었다. 나는 그 경험을 후에 출판했던 한 글에서 서술했다.[1] 다음은 내가 쓴 글의 일부다.

10월 15일 화요일 아침 일찍, 앨런 부삭Allan Boesak의 전화를 받았다. 가능한 한 빨리 케이프타운으로 와서, 청문회에서 그의 보석 상태를 해제하도록 증언해줄 수 있느냐는 내용이었다.

1980-1981년 학기에 앨런이 칼빈 대학에서 최초의 다문화 강사로 경력을 시작했을 때, 나는 그를 알게 되었다. 아내 클레어와 나는 앨런과 친한 친구가 되었다. 형제가 요청한 도움을 거절하는 사람은 없다. 하지만 내가 정말 도움이 될 수 있을까? 미국 중서부에 있는 한 대학의 철학교수인 내가 말이다.

토요일 저녁, 나는 뉴욕에서 비자를 손에 들고 비행기에 올랐고 일요일 밤에 비행기에서 내려, 앨런, 그의 가족, 그리고 한 친구의 영접을 받았다. 우리는 서둘러서 케이프타운 교외 벨빌^{Bellville}에 있는 그들의 집 부엌 탁자 주위에 둘러앉았다. 다음 날 아침 일찍, 변호사들과 소송을 준비하기 위해 앨런이 케이프타운 중심가로 떠나야 했기 때문이다.

다음 날 아침에 그 도시로 차를 몰고 가는 동안, 나는 우리 앞에 있는 이상한 카키색 차를 보았다. 그것은 버스처럼 보였지만, 지붕이 열려 있었다. 그래서 사람들이 일어서면 위로 머리가 나왔다. 양쪽 유리는 방탄 처리가 되어 있었고, 다른 모든 것은 무장이 되어 있었다. "저게 뭐지요?"라고 내가 물었다. "카스피르."^{casspir} 앨런의 대답이었다. 나는 카스피르의 용도가 무엇인지 묻지 않았다.

그곳에 머무는 동안, 나는 카스피르의 활동을 비디오테이프로만 봤다. 경찰들이 카스피르 앞에 서서 학생들에게 총을 겨누고 있었다. 그때 다른 경찰들은 땅 위에 서서 학교를 향해 최루탄을 발사하고 있었다. 경찰들은 인종통합이 이루어졌다. 대부분은 백인이었지만, '흑인들'도 여러 명 있었던 것이다. 하지만 학교는 인종통합이 아니었다.

오직 '흑인' 아이들만 쏟아져 나와서, 재채기와 기침을 하며 미친 듯이 울었다. 담장 위로 넘어지던 그들의 얼굴은 공포와 증오로 가득했다. 전날 적극적으로 시위에 참여했다는 것이 그들의 범죄였다.

앨런은 9월 26일, 독방에 감금되어 있었다. 한 가지 예외로, 그가 그 기간에 만난 유일한 사람은 그를 심문한 넬 소령$^{Major\ Nel}$이었다. 그의 아내는 넬 소령이 옆에서 감시하는 가운데 한 시간만 그를 면회하도록 허용되었다. 그녀는 남아공과 세계에서 벌어지는 일들에 대해서는 말할 수 없었고, 오직 가족에 대해서만 이야기를 나눌 수 있었다. 그를 체포했던 사람들은 앨런에게 성경책 외에 어떤 책도 허락하지 않았으며, 심지어 종이도 주지 않았다.

그가 출옥하자마자, 정부는 그를 다시 기소했다. 그때껏 벌금이 최종 마무리되지 않았지만 말이다. 현재 그의 혐의는 보안법에 명시된 선동죄다. 부삭이 위반했다고 정부가 주장하는 법률은 선동죄다. 소비자들의 불매운동을 선동하고, 한 학교의 수업 거부를 선동하며, 투자를 막고, 폴스무어 형무소에서 불법 행진을 계획하도록 도왔다는 것이다. 앨런은 자신이 학교수업 거부를 선동했다는 혐의는 부인했지만, 다른 것들에 대해서는 기꺼이 인정하고 있다. 비록 이런 것들이 보안법에 규정된 선동행위들인지의 여부가 아직까지 법원에서도 결정되지 않았지만 말이다.

부삭이 석방되는 보석조건들은 2만 란드 납부, 국가가 선정한 증인들과 연락하지 않기, 그리고 보석 상태에서, 그가 기소되었던 것과 동일한 종류의 죄를 짓지 않기 같은 일반적인 것이었다. 하지만 다른 조건들이 그를 가택연금 상태에 두는 결과를 초래했고, 그것들 때문에 그는 자신이 부름받은 사명을 감당할 수 없게 되었다. 청문회는 '가택연금'을 철회하도록 정부에 요구할 예정이었다. 부삭의 변호사는 만약 정부가 그의 행동을 막고 싶다면 그렇게 하되, 그에 따른 결과를 받아들여야 한다고 주장할 예정이었다. 그들이 보석 상태에 있는 그의 행동을 막을 수는 없었다.

부삭은 다음과 같은 보석 조건들에 저항하고 있었다. 즉, 그가 매일 아침 9시 전에 벨빌 경찰서에서 서명하고, 매일 밤 9시부터 다음 날 아침 6시 사이에는 그의 집 안에 있어야 하며, 경찰의 서면 허가증 없이는 벨빌 지역에서 벗어날 수 없고, 여권을 반납하고, 자신의 교회에서 드리는 정기 예배를 제외하곤 열 명 이상이 참석한 모임에는 절대로 참석하지 않으며, 자신의 교회 학생들을 방문할 때 외에는 어떤 교육기관도 방문하지 않고, 어떤 언론사와의 인터뷰에도 응하지 않으며, 경찰의 허가 없이는 어떤 장례식에도 참석하지 않는다는 것이었다.

군중들의 소란을 방지하기 위해 그 재판은 케이프타운에서 약 80킬로미터 떨어진 작은 마을 말메스베리^{Malmesbury}에서 열렸다. 우리는 재판이 수요일에 시작되었다가 금요일에 다시 열릴 예정임을 알았다. 나는 그다음 주일까지 머물 수 없었고, 변호사는 청문회가 2주 이상 걸릴지 어떨지 정확히 예측할 수 없었기 때문에, 내가 첫 증인이 될 예정이었다.

부삭과 변호사가 나에게 원한 것은 무엇이었던가? 첫째, 세계개혁교회들이 그를 세계개혁교회동맹 World Alliance of Reformed Churches 의 수장으로 임명했을 때 그에게 요구한 것을 수행하기 위해서는 반드시 부삭이 여권을 돌려받아야 한다고 증언하는 것. 둘째, 부삭이 그 나라를 떠남으로써 재판을 받지 않게 되는 일은 결코 없을 것이라고 증언하는 것. 셋째, 내가 아는 한, 그는 항상 비폭력적 저항을 요구했었다고 증언하는 것. 끝으로, 부삭 같은 목사들이 단지 '영적인' 문제만 다루고 정치에는 상관하지 말아야 한다고 정부가 주장한다면, 개혁주의 전통에서 한 가지 중요한 흐름이 '영적인 것'과 정치적인 것 사이의 어떤 이분법도 거절하는 것이었다고 증언하는 것. 하루 종일 준비한 후, 우리는 벨빌에 있는 부삭의 집으로 돌아갔다. 이제 밝은 빛 속에서, 나는 유색인종을 위해 마련된 소박하고 다소 침체된 교외 지역을 눈으로 볼 수 있었다.

다음 날 아침, 나는 정해진 일정을 시작했다. 아침 7시 15분, 지난밤에 끌려간 사람들에 대해 앨런에게 알려주는 전화가 왔다. 그들 대부분은 앨런의 친구이거나 아는 사람들이었다. 그 주 내내, 아침마다 7시가 조금 지나서 같은 내용의 전화가 걸려왔다. 금요일 아침에는 전날 밤에 케이프 지역에서 80명 이상의 사람들이 체포되었다는 내용의 전화를 받았다. 그들 중에는 연합민주전선 the United Democratic Front 의 이사들 전원, 대학교수들, 그리고 학생지도자들이 포함되었다. 구금된 사람들 중 한 명이 케이프타운 대학교의 교수인 찰스 빌라-비센치오 Charles Villa-Vicenzio 였다. 찰스는 나도 아는 사람으로서, 그날 밤에 부삭의 집에 올 예정이었다.

수요일 아침, 우리는 말메스베리로 차를 몰고 갔다. 내 생각에, 말메스베리에는 약 2천5백 명의 주민들이 살고 있었다. 마을 중심부에는 경찰이 도처에 있었다. 나는 어떤 이에게 경찰의 수가 얼마나 될 것 같으냐고 물어보았다. 그는 대략 2백 명은 될 것 같다고 말했다. 나는 1982년 초에 베이루트에서 경험한 이후, 그렇게 화력이 집중된 것을 본 적이 없었다. 하지만 이 경찰들은 베이루트의 경우보다 훨씬 더 나이가 많고 전문적으로 보였다. 법정은 약 60명 정도를 수용할 수 있었고, 경찰에 의해 정돈된 상태였다. 방청객 대부분이 유색인이었다. 그 청문회의 중심 언어는 영어였다. 하지만 증인에게 아프리칸스어가 더 편할 경우에는, 증언을 위해 언어가 그렇게 바뀌었다.

남아공 법에는 보석을 위한 세 가지 표준적 고려사항이 있다. 국가는 피고인이 재판을 받을 것인지, 피고인이 정부 측 증인들을 방해하지 않을 것인지, 그리고 보석 중일 때, 피고인이 기소된 것과 동일한 죄를 범하지 않을 것인지 확실히 하고 싶어 한다. 국가가 보석 조건으로 규정한 것들 중 뒤의 두 가지는 부삭에게 해당되지 않는다. 부삭은 이 조항들에 대해 전혀 문제 삼지 않았다. 그래서 유일하게 남은 문제는 그가 '가택연금'에서 벗어나면 그 나라를 떠날 것인지의 여부였다.

나는 증인석에 서서 선서를 했다. 만약 누군가가 법원의 출두 명령에 따른다는 서약서를 제출하여 가석방될 자격이 있다면, 그 사람이 바로 부삭이라고 나는 증언했다. 만약 그가 재판을 받지 않는다면, 그동안 그가 대표했던 모든 것, 그가 투쟁해왔던 모든 것이 허물어질 것이다. 그리고 나는 부삭이 세계교회로부터 위임받은 일을 수행하기 위해, 국제무대에서 활동해야 한다고 주장했다. 검사가 나에게 반대심문을 할 때, 부삭이 반드시 재판을 받을 것이라는 나의 증언과 관련해서는 질문하지 않았다. 또한 국제무대에서 부삭이 필요하다는 나의 주장에 대해서도 질문하지 않았다. 그래서 가택연금 상태가 풀릴 것처럼 보였다. 부삭이 재판을 받을 것이라고 국가에 확신을 심어주는 것 외에 그런 '가택연금' 상태가 법의 목적에 어떤 도움이 되겠는가? 대신, 검사는 내게 부삭이 비폭력을 준수해야 한다고 압력을 넣었다. 나는 내가 알고 있는 한 가장 단호하게, 그는 비폭력적 저항에 헌신한 사람이라고 증언했다.

"당신도 알다시피, 지금 남아공에는 엄청난 불안과 폭력이 존재합니다."
"예, 저도 그것에 대해 읽었습니다."
"그렇다면 당신은 부삭의 연설 후에 엄청난 불안과 폭력이 발생했다는 사실도 알고 있습니까?"
"그것에 대해서는, 저는 잘 모릅니다. 하지만 지난 8월에 대통령의 연설 후에 폭력이 발생했다는 것에 대해서는 읽었습니다. 그러나 그렇다고 해서 당신의 정부가 대통령의 입을 막진 않았습니다."
"더 이상의 질문은 없습니다."

부삭의 변호사가 보기에(비록 나는 잘 모르겠지만), 국가의 전략은 이제 분명했다. 남아공 법에는 표준적 고려사항들을 넘어서, 국가안전을 고려하여 보석조건이 결정될 수 있다는 조항이 담겨 있다. 국가안전에 대한 고려는 사실 보석을 결정할 때 결정적인 문제가 아닌 것처럼 보였다. 국가가 주장하는 것은 이 사건에서 국가안전이 최초로 결정적인 고려사항이 되어야 한다는 것이었다. 하지만 부삭이 남아공이란 국가의 안전을 위협했다는 사실을 그들이 얼마나 정확하게 판단했을까? 그것은 시간이 지나면서 분명해질 것이었다.

부삭 자신이 다음 증인으로 예정되어 있었다. 하지만 그가 증인석에 서기 전에 정회가 선언되었다. 우리들 대부분은 마당으로 나갔다. 우리는 백인 경찰들에 둘러싸여 있던 흑인과 유색인들 틈에 낀 소수의 백인이었다. 많은 웃음과 농담이 오갔다. 나는 중동에서 본 것을 회상했다. 즉, 억압받는 사람들이 웃고 농담하는 동안, 억압자들은 심각한 표정으로 있었던 것이다. 우리를 감시하던 경찰들의 표정도 어두웠다. 넬 소령의 표정은 더 어두웠다. 그는 국가를 위해 금요일에 부삭에게 반대하는 증언을 할 예정이었다. 그는 법정에서 우리와 떨어진 한 의자에 앉았다. 거기서 그는 다리를 꼰 채, 방의 반대편에 시선을 고정하고 근엄한 표정으로 앉아 있었다.

정회가 끝나고 부삭이 증인석에 앉았다. 반대심문 때 정말 믿을 수 없게도, 검사가 부삭에게 탁월한 연설을 할 수 있는 특별한 기회를 주었고, 중간에 방해는 하지 않았다.

"당신의 여권을 돌려받으면, 당신이 이 나라를 떠나지 않고 계속 재판을 받으리라는 것을 우리가 어떻게 확신할 수 있습니까?"

"나는 내 사람들을 결코 버리지 않을 것입니다. 반대로, 나는 이 나라에 대해 진리를 말하기 위해 기꺼이 재판을 받을 것입니다."

"당신은 목사로서의 일 외에도 정치활동에 참여하는 것이 적절하다고 생각한다는데, 그것이 사실입니까?"

"나는 나의 정치활동이 목사로서의 나의 소명에 추가된 어떤 것이라고 생각하지 않습니다. 나는 개혁주의 전통 출신입니다. 그 전통에서는 정치적인 것과 영적인 것을 분리하는 것에 반대합니다. 아브라함 카이퍼 Abraham Kuyper 가 말했듯이, 예수 그리스도의 주권에 속하지 않는 것은 이 세상에서 털끝만큼도 없습니다." (앨런은 이 순간에 그 관리의 얼굴에서 미소가 스쳐가는 것을 보았다고 말한다. 후에 우리는 그가 네덜란드 개혁교회의 장로라는 사실을 알았다.)

"하지만 당신이 폭력을 눈감아주었다는 것은 사실이 아닙니까?"

"나는 끈질기게 폭력에 반대하는 설교를 해왔습니다. 나는 폭력이 폭력을 행사하는 사람의 영혼을 파괴시킨다고 말해왔습니다. 그것은 아프리카너의 영혼을 파괴하고 있습니다. 당신은 내가 사람들의 영혼마저 폭력으로 파괴되길 원한다고 생각하십니까? 게다가 나는 항상 젊은이들에게 '여러분들은 돌을 던지고, 그들은 총을 쏜다'고 말했습니다."

"하지만 당신은 당신의 연설이 매우 감정적이고, 당신의 의도와 상관없이, 그 연설이 폭력을 유발할 수 있다는 것을 모릅니까?"

"그것이 사실이라는 증거를 하나라도 내게 보여주십시오."

"우리는 금요일에 증거를 보여줄 것입니다."

점심식사를 위해 재판이 잠시 중단되었다. 우리는 법원에서 나와, 1

천여 명의 군중들 앞에 섰다. 그들 대부분은 '흑인'이었고, 길가에 빽빽이 줄을 서 있었다. 그들은 부삭을 보자, 거대한 환호성을 터뜨렸다. 부삭이 어떤 사람과 악수하러 길을 가로질러 걷자, 사람들은 정돈된 자리에서 벗어나 자유롭게 움직였다. 우리는 점심을 먹으러 백인마을에서 벗어나 인근 흑인마을의 한 식당으로 차를 몰았다. 우리가 그 안에서 약 30분쯤 머물다가 밖으로 나왔을 때, 다시 한 번 군중들이 우리를 보고 환호했다. 이번에는 약 1천2백여 명의 학생들이 "부삭, 부삭, 부삭"이라고 외쳤고, 모든 사람이 앨런과 악수하고 싶어 했다.

금요일은 정부가 입장을 발표할 기회였다. 넬 소령이 두 증인 중 한 명이었고, 다른 사람은 벨빌의 경찰기동대 대장 반 샬크위크 대령 Captain van Schalkwijk 이었다. 이제 그들의 전략은 분명했다. 즉, 부삭의 연설이 폭력을 부추겼다, 이 폭력이 국가의 안전을 위협했다, 그리고 이런 이유로 그의 보석조건들은 예전 그대로 있어야 한다고 주장하는 것. 정부는 부삭의 연설이 폭력을 유발했다는 결정적 증거로 4-5가지 사례들을 열거했다. 그 증인들에 대한 부삭의 변호사 헨릭 빌륜 Henrik Viljoen 의 반대심문은 훌륭했다.

부삭은 7월 25일에 웨스턴케이프 대학교에서 연설했는데, 그 결과로 7월 26일 학생들이 폭동을 일으켰다는 혐의를 받았다.

빌륜: "넬 소령님, 당신은 그 연설이 7월 25일에 있었다고 정말 확신하십니까?

넬: "네, 그렇습니다."

빌륜: "그리고 폭동이 26일에 일어났다는 것도 말입니까?"

넬: "네."

빌륜: "그리고 그날 밤에 연설했던 사람이 바로 부삭 박사라는 것도 말입니까?"

넬: "맞습니다."

빌륜: "다른 사람은 없었습니까?"

넬: "아니요, 오직 부삭뿐이었습니다."

빌륜: "그가 웨스턴케이프 대학교에서 연설했다는 것도 말입니까?"

넬: "네."

빌륜: "그리고 그 폭동이 같은 대학교에서 일어났다는 것도요?"

넬: "네."

빌륜: "그다음 날 말입니까?"

넬: "네."

빌륜: "음, 넬 소령님, 저는 당신을 당황시키고 싶지는 않습니다. 하지만 부삭 박사는 7월 25일에 웨스턴케이프 대학교에서 연설할 수 없었습니다. 그는 그날 미국에 있었습니다. 그는 그 사실을 증명해 줄 비행기표를 갖고 있습니다."

넬: "그렇다면 저의 정보가 틀렸겠군요."

무슨 일이 벌어지고 있는 것일까? 나 자신에게 물어보았다. 아프리카너들에 대해 무언가를 말해야 할 때, 나는 항상 그들이 유능하다고 생각했다. 하지만 이것은 엄청난 무능이었다.

그 재판에서 또 다른 중요한 사건은 7월 29일에 웨스턴케이프 대학교에서 벌어진 학생들의 폭동이었다. 반 샬크위크는 폭동에 참가한 학생들과 함께 서 있는 부삭의 사진 한 장을 갖고 있었다.

빌륜: "당신은 부삭이 학생들에게 이야기하는 것을 들었습니까?"
반 샬크위크: "아니요, 나는 듣지 못했습니다."
빌륜: "그래서 당신은 그가 폭력을 행사하도록 학생들을 선동했다는 것을 직접 아는 것은 아니군요?"
반 샬크위크: "모릅니다."
빌륜: "대신, 그가 학생들을 진정시키려고 노력했을 수도 있겠군요?"
반 샬크위크: "그럴 수도 있겠지요."

이 시점에서, 빌륜은 증인으로 그 대학의 한 직원을 내세웠다. 직원은 문제가 된 바로 그날 대학 내에서 이미 폭동이 일어났고, 그때 총장이 부삭에게 전화를 걸어 가능한 한 빨리 와서 학생들을 진정시켜달라고 부탁했다고 증언했다.

부삭의 연설이 폭력을 부추겼다고 제기된 다른 사건들에도 불구하고, 상황은 그렇게 전개되었다. 우리가 본 것은 권력의 오만에서 흘러나오는 무능이었다. 정치적 영향력이 당신의 모든 재판을 좌우할 때, 능력은 불필요한 상품일 뿐이다.

그의 증인들이 반복적으로 "그때 나의 정보가 틀렸던 것 같습니다"라고 말한 것에 당황한 검사는 진술을 마치면서 부삭을 폭력과 엮으려는 시도를 하지 않았다. 다만 그는 남아공이 엄청난 혼란을 겪고 있다, 국가안전을 고려하면서 보석을 허가할 수 있는 법적 근거가 충분하다고 말했을 뿐이다. 의심의 여지없이, 그는 자신의 주장이 실패했던 작업, 즉 부삭을 폭력에 연루시키는 일을 판사가 해주길 기대했다. 빌륜은 그 소송이 아무런 소득도 없었다는 점을 잘 보여주었다. 우리가 법정 밖으로 나갔을 때, 그전 수요일보다 훨씬 더 큰 소리로 환호하는 훨씬 더 많은 군중을 만날 수 있었다.

청문회는 우리가 기대했던 것보다 훨씬 더 부삭에게 유리하게 끝났다. 증거나 법적인 측면에서, 판사는 논란이 된 단서들을 철회할 수밖에 없었다. 그의 얼굴을 보면, 그가 부삭에게 동정적이었음을 알 수 있다. 하지만 우리는 여전히 걱정이 되었다. 결국 판사들도 상급자들에게 잘 보이고 싶어 하는 인간들이 아닌가. 우리가 기대한 것은 일종의 타협이었다. 즉, 부삭에게 그가 원했던 것의 일부를 주면서, 동시에 국가를 지나치게 당혹스럽게 만들지 않는 것 말이다.

그날 오후에 부삭의 집은 웃음소리와 흥분된 이야기로 가득했다. 늦은 저녁식사를 마친 후, 우리는 앨런이 연설했던 연합민주전선의 한 집회 영상을 비디오로 보았다. 분명히 그 집회는 매우 감동적이었을 뿐 아니라, 노래, 구호, 리듬이 함께 어우러져 매우 재미있었다.

    Die oumas, die oupas,

    die mammas, die pappas,

    die boeties, die sussies,

die hondjies, die katjies,

is saam in die struggle.

할머니, 할아버지,

엄마, 아빠,

형제, 자매,

개, 고양이가

함께 투쟁에 나섰다.

매번 앨런이 첫 줄의 첫 단어를 선창하면, 예를 들어 "디 우마스"$^{die\ oumas}$라고 외치면, 군중들이 리듬을 타고 다음 단어들, 즉 "디 우파스"$^{die\ oupas}$를 외친다. 또한 그들은 그 문장에 코사어 문장, "아만들라 느가웨투"$^{Amandla\ ngawethu}$ (권력은 우리 것이다)를 섞어서 변화를 주었다. 그것은 최면효과가 있었다.

　토요일에 부삭 부부는 나를 공항까지 데려다주었다. 매표소에서 작별인사를 나눈 후, 나는 곧장 여권 검사자를 향해 걸어갔다. "당신이 저기서 함께 있던 사람이 바로 부삭 박사입니까?"라고 검사자가 물었다. 나는 "네"라고 대답했다. 그는 무언가를 적었다. "이 사실로 미루어볼 때, 당신은 벨빌에 있는 회크스트라트 6번지에 머물렀겠군요. 그곳이 부삭 박사의 집 주소지가 아닌가요?" 나는 "네"라고 대답했다. 그는 또다시 적었는데, 이번에는 더 길게 썼다. 그런 후, 그는 내게 즐거운 여행이 되길 바란다며 나를 보내주었다.

일주일 후 월요일에 판사가 판결을 내렸다. 케이프타운 시각으로 오전 6시쯤, 나는 그 소식을 알고 싶어서 전화를 걸었다. 전화기 뒤로 들려오는 부삭의 집에서 나는 소음을 통해 내용을 짐작할 수 있었다. 판사는 2만 란드를 지불해야 하는 것만 제외하고, 보석과 관련해서 문제가 된 모든 단서조항을 철회하도록 명령했고, 이 소송에서 보여준 정부의 무능을 질책한 후 퇴장했다. 그는 진정 용기와 인격을 갖춘 인물이었다! 하지만 앨런은 뭔가 불길한 말을 덧붙였다. "내 생각에, 정부는 나에게 또 다른 장난을 칠 겁니다. 그리고 내 여권을 돌려주지 않을 거예요." 다음 날, 그의 의혹이 사실로 드러났다. 정부는 그의 여권을 돌려주라는 판사의 명령을 거부했다. 이로써 자신들의 눈에 좋게 보일 때는 법과 질서의 최고 가치를 큰 소리로 떠들던 사람들이 스스로 자신들의 법에 복종하지 않았다. 그들은 법보다 질서, 그들의 질서를 더 중시한다.

22장

불의를 바로잡기 위한 투쟁의 기술

남아공에서 엿새 동안 머물면서, 나는 아파르트헤이트의 불의를 바로잡기 위한 투쟁에 대해 많이 보고 배웠다. 나는 그것에 매료되고 감동을 받았다. 비록 체류하는 동안 예배에 직접 참석하지는 않았지만, 나는 그 저항운동에서 예배의 중심적 역할을 알 수 있었다. 이런 점에서, 남아공에서 반ᅲ아파르트헤이트 운동은 미국의 시민권 운동과 비슷했다. 내가 직접 목격한 것은 노래, 구호, 이야기 등이 맡은 역할이었다.

나는 앞에서 철학 분야에서 나의 전공 중 하나가 예술철학, 혹은 흔히 미학으로 불리는 것이라고 언급한 적이 있다. 과거 250년간 예술철학은 거의 배타적으로 순수예술, 즉 박물관이나 미술관에서 전시되거나 공연장에서 연주되는, 혹은 도서관에서 읽어볼 수 있는 종류의 예술작품들에 관심을 집중해왔다. 이것은 흔히 예술 자체와 상관없는 이해를 도모한다고 알려진 예술과는 정반대로 "자신의 본질에 충실한" 예술이라는 것이다.

근대 예술철학의 주된 주제 중 하나는 예술과 삶의 분리다. 이 주제에 대해 잘 알려진, 아마도 최고의 진술은 1913년에 출판된 영국 비평가 클리브 벨Clive Bell 의 『예술』Art 에 나오는 다음의 구절일 것이다.

> 예술작품을 감상하기 위해, 우리는 삶에서 어떤 것, 즉 삶의 사상과 일에 대한 어떤 지식, 그것의 감정에 대한 어떤 익숙함도 가져올 필요가 없다. 예술은 우리를 인간의 활동 세계로부터 미학적 고양의 세계로 이동시킨다. 잠시 동안 우리는 인간적 이해관계에서 단절되고, 우리의 기대와 기억은 억제되며, 우리는 삶의 흐름 위로 들려진다.……넋을 잃은 철학자, 예술작품을 감상하는 철학자는 자신만의 강렬하고 특이한 의미(그 의미는 삶의 의미와는 무관하다)를 지닌 특별한 세상을 살아간다.[1]

벨은 다음과 같이 고백한다.

> 나는 가끔씩 예술을 삶의 정서에 대한 하나의 수단으로 사용하고, 그 속에서 삶의 관념을 읽어낸다. 나는 헛된 짓을 해왔다. 나는 미학적 고양의 최정상에서 따뜻한 인간성의 아늑한 언덕으로 굴러떨어졌다. 그것은 즐거운 영역이다. 그 누구도 그곳에서 즐거워하는 것에 대해 부끄러워할 필요는 없다. 지금까지 정상에 있었던 사람은 평온한 골짜기에서 추락한 기분을 느낄 수밖에 없다. 하지만 로맨스라는 따뜻한 경작지와 낯선 벽지에서 기쁨을 누렸다고 해서, 춥고 새하얀 예술의 정상을 등반

했던 사람들의 엄격하고 전율적인 기쁨을 짐작할 수 있다고, 그 누구도 감히 상상해서는 안 된다.[2]

비록 그렇게 과장된 낭만적 수사학을 사용하지는 않았지만, 나는 미학을 가르치던 초창기에 순수예술에 관심을 집중하고 예술과 삶의 분리라는 교리를 수용했다.

그러던 어느 토요일 오후에, 나는 미시간 주 그랜드래피즈에 있는 집 거실에서 한 가지 깨달음을 얻었다. 나는 미시간 대학교 라디오 방송을 청취하고 있었다. 보통 그 방송은 토요일 오후에 클래식 음악을 틀어주었다. 하지만 아나운서는 그날 다른 일을 할 것이라고 말했다. 노동가요를 들려주겠다는 것이다. 처음 10여 분 동안, 나는 그 노래들의 미학적 수준 때문에 들었다. 단순하지만 대단히 매력적이었다.

그 후, 일종의 인지부조화 현상이 내게 발생했다. 이 노래들은 여가 시간에 즐긴 것이 아니라 일하는 동안 불린 것이다. 일하면서 그 노래들을 부른 사람들은 일상생활에서 벗어난 것이 아니라 평일의 일상생활에 깊이 연루되어 있었다. 그리고 이 노래들이 본질에 충실하지 않은 음악을 대표한다는 주장에 대해서. 이 노래들은 사람들이 거실에서 미학적으로 청취할 때가 아니라 일하면서 불릴 때 그 본질에 충실하다. 그것이 바로 이 노래들이 의도한 것이다. 그렇다면 그것들은 열등한 형식의 음악이었던가? 왜 그럴까? 일하면서 노래하는 행위가 어떤 음악을 미학적으로 감상하는 행위보다 열등한 것일까? 나는 그렇다고 생각할 만한 어떤 이유도 발견하지 못했다. 그렇지 않다면, 왜 일하면서 부르는 노래들이 미학적 감상을 목적으로 한 음악보다 열등하단 말인가?

이런 깨달음 덕분에, 내가 1980년에 출판한 『행동하는 예술』$^{Art\ in\ Action}$에서 다룬 일련의 생각들을 발전시킬 수 있었다. 그 책에서 나는 미학적 감상의 대상으로 기능하는 예술작품들 외에, 예술이 인간 활동에서 담당할 수 있는 역할의 대단히 다양한 방식들에 주목하도록 요청했다. 내가 반反아파르트헤이트 저항운동에서 관찰했던 이야기 들려주기, 노래하기, 운율 만들기, 구호 외치기는 이런 주장의 생생한 표현이었다. 그것은 내게 미국 시민권 운동에서 불렸던 노래「우리는 승리하리라」의 특별한 역할을 상기시켜주었다.

노동가요의 역할은 무엇일까? 철길에서 작업하며 노래 부르는 것과 단지 철길 위에서 작업하는 것의 차이는 무엇일까? 노래 부르기, 구호 외치기, 운율 만들기 같은 것이 어떤 사회적 저항운동에 삽입되면 어떤 일이 벌어질까? 함께 손을 잡고 앞뒤로 흔들면서「우리는 승리하리라」를 부른 것과 단지 함께 그런 말을 하는 것 사이에는 어떤 차이가 있을까? 이것은 쉽게 답하기 어려운 질문들이다.

내가 보기에 철길 위에서 일하며 노래 부르는 것은, 자신의 일에 대한 개인적 감정을 표현하는 방법 중 하나다. 그것은 사람의 일을 일종의 감정적 맥락 속에 위치시킨다. 아마도 그것은 노동의 지루함에서 잠시나마 벗어나게 할 것이다. 내 생각에, 철길 위에서 일했던 자신의 경험담을 나누는 사람들은 서로에게 이렇게 말할 것이다. "우리가 일하면서 노래 부르던 것을 기억하나요?" 일하면서 노래하는 것이 때로는 그 일을 고귀하게 만들고 고양시키며 품위를 부여하도록 돕는다.

노래 부르기, 구호 외치기, 운율 만들기는 저항운동에서 비슷한 일을 한다. 비록 (내 추측으로) 그런 것들이 지루함보다는 위험을 면하게 하는 데에 더 효과가 있지만 말이다. 하지만 나는 그것들이 다른 일에도 효과가 있다고 생각한다. 그러한 것들은 그 운동의 회원들을 연합시킨다. 함께 손을 잡고 흔들면서 시민권 운동에 참여했던 우리는 "우리는 승리하리, 우리는 승리하리, 우리는 승리하리, 그날에"를 노래했다. 노래하는 대신에 우리는 단지 "우리는 승리하리, 우리는 승리하리"라고 말할 수도 있었다. 하지만 음악이 없는 말은 평범하고 특별한 것이 없다. 음악은 말을 고양시킨다. 그리고 그런 가사들을 단지 읽기만 하는 것은 함께 노래할 때 나오는 신비적 연합의 효과를 갖지 못할 것이다. 마찬가지로 반反아파르트헤이트 운동에서 사람들은 교대로 노래를 부르면서 연합했다.

할머니, 할아버지,
엄마, 아빠,
형제, 자매,
개, 고양이가
함께 투쟁에 나섰다.

예술작품도 남아공 아파르트헤이트 투쟁에서 매우 중요한 역할을 했다. 내가 포체프스트룸에서 돌아온 후 여러 해에 걸쳐 구입한 남아공에 관한 책 가운데에는 소설들도 있었다. 앨런 페이튼^{Alan Paton}의 『외쳐라, 사랑하는 조국이여』^{Cry the Beloved Country}와 『너무 늦었어, 도요새야』^{Too Late the Phalarope}, 쿳시^{J. M. Coetzee}의 『마이클 K』^{The Life and Times of Michael K}와 『추락』^{Disgrace}, 나딘 고디머^{Nadine Gordimer}의 여러 소설들, 브레이튼 브레이튼바흐^{Breyten Breytenbach}의 다양한 작품들. 언젠가 남아공을 방문하던 길에, 나는 아솔 푸거드^{Athol Fugard}의 연극 한 편을 관람했다.

이 모든 작품은 클리브 벨의 방식으로 읽힐 수 있다. 우리는 그 작품들을 일상생활과는 상관없이 미학적 차원에 주목하며 읽을 수 있다. 하지만 그것은 눈가리개를 쓰고 그 작품들을 읽는 것이다. 이 작품들은 아파르트헤이트에 관한 것이다. 보다 적절히 말한다면, 그것들은 아파르트헤이트라는 추상적 문제에 관한 것이 아니라, 아파르트헤이트 체제**하에 있는** 인간의 삶에 관한 것이다. 달리 말하면, 그것들은 아파르트헤이트 하에 있는 삶에 **관한** 것이 아니다. 그것들은 아파르트헤이트 하에 있는 삶을 우리 앞에 **보여준다**. 그렇게 함으로써, 그것들은 아파르트헤이트 하에 있는 삶의 실체에 대해 세상이 알게 하는 데 중요한 역할을 담당했다.

나는 『행동하는 예술』에서 철학자인 우리가 예술이 삶에 근거하는 다양한 방식에 주목해야 하며, 순수예술에만 배타적으로 집중하지 말아야 한다고 주장했다. 하지만 나는 그것을 구체적으로 실천하는 이후의 발걸음을 내딛지는 못했다. 특히 나는 사회적 저항운동에서 예술의 역할에 대해 논하지 못했다. 언젠가는 그런 작업을 할 것이다. 논의를 위한 '자료들' 중에는 남아공 아파르트헤이트 운동과 미국의 시민권 운동에서 음악, 노래, 소설 등이 수행했던 역할에 대해 관찰한 것이 포함될 것이다.

23장

감정이입의 장벽과 마음의 경화에 대해

나는 이 책 첫 장에서 제기한 질문을 나 자신에게 가끔 던져왔다. 즉, 왜 나는 내 나라에서 인종차별의 불의와 베트남전쟁의 불의에 대해 반응한 것과는 너무나 판이하게, 포체프스트룸에서 열린 학술대회에서 소위 흑인과 유색인들, 그리고 시카고 서부에서 팔레스타인인들의 정의에 대한 외침에 반응했을까? 내가 찾은 답은, 이 학술대회들에서 내가 조직적 불의의 희생자들의 얼굴과 목소리를 직접 대면했다는 것이다. 그들이 자신들의 일상적 모욕, 억압, 학대에 대해 이야기할 때, 나는 그들의 얼굴에 시선을 고정하고 그 말을 남김없이 흡수했다. 나 자신의 경험으로부터 일반화를 시도해본다면, 사회정의운동에 참여하는 사람들이 자신들의 대의를 위해 힘을 모으는 최선의 방법 중 하나는 학대당하는 사람들의 얼굴과 목소리를 대중에게 직접 보여주는 것이다.

그 얼굴을 보고 목소리를 듣는 것이 내게 어떤 영향을 주었을까?

그것은 내 안에서 감정이입을 불러일으켰다. '감정이입'은 단순한 동정을 의미하지 않는다. 유감을 뜻하는 것도 아니다. 정말로 동정심을 느끼는 것이다. 하지만 그것 이상이다. 나는 나 자신이 감정을 이입하여 그들과 하나 되는 것, 정서적으로 일치되는 것을 알았다. 나는 그들이 분노할 때 함께 분노했고, 그들이 모욕을 당할 때 함께 모욕을 느꼈으며, 그들이 받은 상처 때문에 함께 상처를 받았다.

의심의 여지없이, 학대받는 자들의 고난에 대한 연설과 논문도 때로는 감정이입을 불러일으킨다. 하지만 나 자신의 경험이 훨씬 더 전형적이라고 생각한다. 나는 남아공과 중동의 상황에 대한 설명들을 읽었지만, 그것이 내 안에서 감정이입을 일으키지는 못했다. 그들의 얼굴을 보고 그들의 목소리를 들었을 때, 감정이입이 발생했다. **실제**의 얼굴과 **실제**의 목소리 말이다. 흔히 영화가 비슷한 효과를 일으킨다. 때로는 산문과 소설도 그렇다. 『톰 아저씨의 오두막집』 $^{Uncle\ Tom's\ Cabin}$이 19세기 미국에서 노예해방운동에 그토록 강력한 영향을 끼친 이유는 해리엇 비처 스토$^{Harriet\ Beecher\ Stowe}$가 노예 톰의 곤경을 독자들에게 너무나 생생하게 보여주어 많은 사람들이 울었기 때문이다.

어떤 방식으로 감정이입이 촉발되든, 불의를 바로잡는 투쟁에 기운을 불어넣는 것은 바로 학대받는 자들을 향한 감정이입이다. 어떤 사람은 의무감에 자극을 받아서, 불의를 바로잡는 투쟁을 지지하게 된다. 어떤 사람은 그것이 덕스러운 사람의 행동이라고 설득되어 행동에 나선다. 어떤 사람은 구약의 예언서들을 읽음으로써 자극을 받는다. '보다 정의로운 사회를 위한 온두라스 조직연합회'^{Honduran}

organization Association for a More Just Society 의 대표는 최근에 그 연합회 소속 변호사의 암살 배후 인물 중 한 사람과 탁자를 마주하고 앉았을 때, 어느 때보다 강한 자극을 받았다고 내게 말했다. 이 사람이 그렇게 악한 짓을 마음대로 저지를 수 있다는 사실에, 그는 몹시 화가 났다. 하지만 나는 내 경우가 전형적이라고 생각한다. 나는 자신들의 억압 경험을 이야기하고 정의를 간절히 요청했던 사람들과 정서적 일치를 이룸으로써 큰 자극을 받았다.

하지만 학대받는 자들의 얼굴과 목소리가 그것을 보고 들은 모든 사람에게 감정이입을 불러일으키는 것은 아니라는 사실이 안타깝다. 포체프스트룸의 학술대회에서 내 안에 감정이입을 불러일으켰던 그 얼굴과 목소리가 아파르트헤이트를 옹호했던 아프리카너들 안에서는 감정이입을 불러일으키지 못했다. 내 안에서 감정이입을 일으킨 팔레스타인인들의 얼굴과 목소리가 대부분의 이스라엘인들과 미국인들 안에서는 감정이입을 불러오지 못했으며 지금도 그렇다. 성경적 표현을 빌린다면, 그들의 마음이 강퍅하다. 왜 그럴까?

희생자의 얼굴과 목소리 때문에 감정이입이 생기도록 허용하면, 자신이 희생자의 곤경에 연루되었다는 사실을 인정하고 자신의 삶도 변해야 한다는 압력을 받는데, 결코 그럴 생각이 없으므로 오히려 마음이 강퍅해지고 감정이입이 방해를 받을 때가 종종 있다. 그는 친구들에게 왕따를 당하거나 돈을 잘 벌지 못하게 될 수도 있고, 혹은 특권과 권력의 자리를 포기할 수도 있다. 마음을 강퍅하게 하고 자신의 사회적 지위를 고수하면서, 가끔 자선기관에 기부하는 편이 더 낫다.

그런 식으로 하면, 아무것도 바뀔 필요가 없다.

　마음이 자주 강퍅해지고 감정이입이 가로막히는 또 다른 이유는, 마음이 강퍅해진 사람이 희생자들을 비인간화하는 방법을 배웠기 때문이다. 혹은 정확하게 그들을 비인간화하는 것은 아니지만, 때때로 그들을 감성이 덜 발달한 열등한 인간으로, 때로는 그들에 대해 역겹게 생각하는 방법을 배웠기 때문이다. 그들은 해충, 쓰레기, 쪽발이, 이탈리아 떨거지, 유대인 꼬마다. 그들은 테러범이며, 누구도 테러범에게 감정이입을 느끼지 않는다. 어떤 이스라엘 장군은 팔레스타인인들을 "병 속에서 돌아다니는 약 먹은 바퀴벌레들"이라고 불렀다. 아랍인들은 오직 폭력에만 의존한다고 생각한다. 미국에서 노예주인들은 "흑인들이 정서적으로 부족하다는 허구를 받아들였다." 19세기 노예무역업자들은 갑판 밑에 있는 사람들을 '짐짝'으로 취급했다.[2] 한 맨해튼 주민은 자신의 타운하우스에서 나가다가 어떤 노숙자가 현관 앞에서 자는 모습을 발견하고 혐오감을 느꼈다. 그녀는 그 사람을 건드리지 않으려고 조심스럽게 그 위로 넘어가면서 경찰에게 전화를 건다.

　마음이 자주 강퍅해지고 감정이입이 가로막히는 제3의 이유는, 희생자들의 고난이 그들 자신의 잘못 때문이라고 말하는, 마음이 강퍅해진 사람들의 이야기를 받아들이기 때문이다. 팔레스타인인들이 이스라엘과의 타협을 거부했다는 소리가 들린다. 그들의 비극은 스스로 자초한 것이다. 감정이입은 고장이 났다. 가난한 사람들은 게을러서 가난한 것이다. 그들의 빈곤은 그들이 자초한 것이다. 감정이입은 부적절하다.

　마음이 자주 강퍅해지고 감정이입이 가로막히는 이유가 한 가지 더 있다. 마음이 강퍅한 사람들은 현재의 정책들에 의해 몇 가지 위대한 선이 성취될 것이라는 이념을 받아들인다. 이런 위대한 선을 성취하는 것은 어떤 이들의 고통을 수반할 것이며 그것은 불행한 일이다. 하지만 그 위대한 선이 그런 고통을 능가한다. 위대한 선을 이루기 위해, 우리는 마음을 강퍅하게 만들어야 하며 감정이입에 대한 자연적 충동을 억제해야 하고, 대의가 요구하는 바를 행해야 한다.[3]

　책을 읽으면서, 나는 아프리카너들과 이스라엘인들의 입장에서 감정이입을 가로막은 것(물론 내가 이미 언급한 다른 요인들과 결합해서)은 그들이 이런 종류의 이념을 받아들였기 때문임을 발견했다. 아프리카너들은 각 민족이 자신들의 고유한 문화적·정치적 정체성을 확립하고 자신들만의 국가를 건설해야 한다는 비전을 고수했던 19세기의 낭만적 이념, 즉 민족주의에 자극을 받았으며, 이스라엘인들은 지금도 그런 이념의 영향을 받고 있다. 아프리카너들은 자신들의 문화적 정체성과 자신들만의 국가, 즉 아프리카너 국가를 위해 투쟁하고 있었다. 반면 이스라엘인들은 자신들만의 문화적 정체성과 자신들만의 국가, 즉 유대인 국가를 위해 투쟁하고 있었다. 이것은 일종의 환상정치 visionary politics 다.[4]

　근대세계에서 환상 민족주의의 문제는 자신들만의 국가를 원하는 사람들이 국적이 다른 사람들과 함께 살아야 한다는 것이다. 아프리카너들이 유색인종들과, 유대인들이 팔레스타인인들과 함께 사는 것처럼 말이다. 이런 경우, 국적이 다른 사람들은 추방되거나 2급 시민으로 강등되어야 한다. 그렇게 하려면 권력을 가진 사람들이 마음을 모질게 먹어야 한다. 그렇지 않을 경우, 그들의 결심은 약해지고 그들의 이상은 실현될 수 없다.

 나 자신의 경험에 근거해서, 나는 우리가 불의를 바로잡는 투쟁에 협력하도록 자극하는 것은 바로 불의의 희생자들이 겪는 고통에 특별히 감정이입을 하는 것이라고 제안했다. 그리고 다시 한 번 나 자신의 경험에 근거해서, 나는 감정이입을 자극하는 것은 특별히 불의의 희생자들의 얼굴을 쳐다보고, 그들의 음성을 듣는 것이라고 제안했다.

 하지만 고통받는 자들과의 감정이입은 불의를 바로잡으려는 열정과 상관없이도 가능할 것이다. 모든 고통이 불의의 결과는 아니다. 어떤 것은 자연적 원인의 결과다. 하지만 고통이 불의의 결과인 경우에도, 감정이입이 때때로 자애로운 행동을 자극하여 불의를 교정하려는 투쟁을 지원하기보다, 희생자들의 곤경을 완화시킨다. 우리는 온두라스에서 고아들의 고통스러운 표정을 담은 사진들을 본다. 우리는 정서적으로 공감하며 반응한다. 하지만 우리는 이런 고아들이 불의의 희생자들인지 묻지 않는다. 우리의 선한 마음에서, 우리는 그들의 곤경을 조금이라도 완화하기 위해 약간의 기부금을 그 사진 아래에 이름이 적혀 있는 자선단체들에 보낸다.

 여기에 설명이 필요한 복잡한 부분들이 있다. 하나는 이것이다. 즉, 특정한 개인의 고통이 불의의 결과인가, 아닌가? 내가 그녀를 돕도록 정의가 요구할 때도 있고, 그렇지 않을 때도 있다. 때로는 정의가 요구하지 않을 때가 있다. 그럴 경우에는 도움이 필요한 사람을 아무도 도우려 하지 않을 수 있다. 하지만 정의가 우리에게 행동을 요구할 때가 있다. 그럴 경우, 내가 그 사람을 돕지 않으면 불의를 저지르는 것이 될 것이다. 내가 그를 도와야 한다고 정의가 내게 요구하지 않지만, 그럼에도 내가 그를 돕는다면 그것은 내 입장에서 자애로운 자선의 실천이다. 정의를 초월한 자선의 행위다.

둘째, 불의의 희생자인 어떤 사람을 돕는 것은 두 가지 형태 중 하나이지만 둘 모두를 취할 수 있다. 즉, 그것은 그의 고통을 완화하는 형태를 취할 수 있다. 혹은 불의를 바로잡기 위한 투쟁을 후원하는 형태를 취할 수도 있다.

셋째, 철학자들이 **완전한** 의무perfect duties 와 **불완전한** 의무imperfect duties 라고 부르는 것을 구별하는 것이 도움이 된다. **완전한** 권리perfect rights 와 **불완전한** 권리imperfect rights 를 구별하는 것과 함께 말이다. 완전한 의무는 특정한 사람을 특정한 방식으로 대우하는 의무다. 은행 앞에 앉아서 구걸하는 장애인에게 내가 5달러를 주어야 하는 의무가 그 한 가지 예가 될 것이다. 불완전한 의무는 어떤 특정한 사람이 아니라 이런저런 사람들을 특정한 방식으로 대우하거나, 어떤 특정한 사람을 어떤 특정한 방식이 아니라 일반적인 방식으로 대우하는 것이다. 백화점에서 내가 어떤 특정한 걸인이 아니라 이런저런 걸인들에게 5달러를 주는 것은 불완전한 의무가 될 것이다. 은행 앞에서 구걸하며 앉아 있는 장애인에게 이런저런 종류의 도움을 주는 것도 그런 경우가 될 것이다.

그런 구별의 또 다른 예가 있다. 한편으로 내가 국제정의선교회International Justice Mission나 '보다 정의로운 사회를 위한 온두라스 조직연합회' 같은 이런저런 사회정의단체의 활동을 후원해야 할 의무가 있지만, 어떤 특정한 사회정의단체를 반드시 후원해야 할 의무는 없다. 그것이 바로 불완전한 의무일 것이다. 다른 한편, '보다 정의로운 사회'와의 특별한 관계 때문에, 내게는 **그 단체의** 활동을 후원해야 할 의무가 있다. 그것은 완전한 의무일 것이다. 그것은 구호단체와 개발단체의 활동을 후원하는 것에도 해당된다. 사람들은 그런 단체들 중 어떤 특정한 곳이 아니라 어떤 것이든 한두 곳의 활동을 후원해야 하는 불완전한 의무를 갖는다. 혹은 한 개인과 그런 단체들 중 어떤 곳과의 특별한 관계 때문에, 그 사람은 그 단체의 활동을 후원해야 하는 완전한 의무를 가질 수 있다.

완전한 의무와 불완전한 의무에 대한 이런 설명들 덕택에, 완전한 권리와 불완전한 권리가 무엇인지를 이해하는 것이 쉬워졌다. **완전한** 권리는 어떤 특정한 사람에 의해 어떤 특정한 방식으로 대우받을 권리를 말한다. 예를 들어 은행 앞에 앉아서 구걸하는 장애인이 내게서 5달러를 받을 권리 같은 것 말이다. 역으로 **불완전한** 권리는 불특정한 사람들에 의해 불특정한 방식으로, 혹은 어떤 특정한 사람에 의해 불특정한 방식으로 대우받을 권리를 말한다. 은행 앞에 앉아서 구걸하는 장애인이 어떤 특정한 사람이 아니라 불특정한 사람으로부터 5달러를 받을 권리는 불완전한 권리의 한 예가 될 것이다. 그 사람이 나로부터 불특정한 종류의 도움을 받을 권리처럼 말이다.

넷째, 내가 **주관적** 자선 subjective benevolence이라고 부르는 것과 **객관적 자선** objective benevolence이라고 부르는 것을 구분하는 것도 도움이 된다. 주관적 자선은 정의에 의해 요청된다고 생각하지 않으면서 누군가의 복지 증진을 바라는 것으로 구성된다. 단지 사람이 정의의 관점에서 생각하지 않기 때문이거나, 그런 입장에서 생각하지만 자기 스스로 정의의 요구를 초월한다고 생각하기 때문에 말이다. 반면 객관적 자선은 누군가의 복지를 증진시키고자 할 때, 정의가 실제로 요구하는 것을 초월하는 것으로 구성된다. 주관적 자선에 근거해서 행동하는 사람은 객관적 자선을 행하거나 그렇지 않을 수 있다.

내가 앞에서 언급했듯이, 포체프스트룸에서 열린 학술대회에 참석했던 아프리카너들은 그들이 알고 있던 흑인과 유색인들에게 확대했던 자선에 대해 이야기했다. 나는 그런 이야기들에 대해 회의적이지 않았다. 나는 그들이 다 큰 자식들의 옷을 그들 뒷마당에 살고 있던 흑인가족의 아이들에게 주었다고 말한 이야기들을 믿었다. 그리고 나는 많은 경우, 이런 자선이 감정이입, 혹은 정확하게 감정이입이 아니라면 동정에 의해 촉발되었다는 사실도 의심하지 않았다. 그 학술대회에 참석한 아프리카너들은 강퍅한 사람들이 아니었다. 이후에 나는 정말 그렇게 행동한 사람들을 만나게 된다.

그 학술대회에 참석한 아프리카너들의 감정이입이 방해받지는 않았지만, 그것이 그들 안에서 불의를 교정하기 위한 투쟁을 후원하게 하지는 않았다. 또한 그것은 그들이 뒷마당에 사는 가족을 돕지 않는다면, 자신들이 그 가족에게 해를 끼칠 수 있다는 사실도 깨닫게 하지 못했다. 대신 그것은 주관적 자선만 촉발했다. 왜 그랬을까? 왜 일반적으로 감정이입이 그토록 자주 정의의 실천에 대한 인식과 불의의 교정을 위한 투쟁을 후원하기보다 주관적 자선만 자극할까?

    때때로 감정이입은 불의의 교정을 위한 투쟁을 지원하도록 자극하지 않는다. 그러한 감정이입의 사람은 자신이 감정이입 하는 대상들의 곤경이 사실상 불의의 결과라고 믿지 않기 때문이다. 아마도 그런 생각이 그의 마음속에는 결코 떠오르지 않을 것이다. 어쩌면 그런 생각이 마음속에 스쳐 지나갈 수도 있겠지만, 그 상황의 불의에 빛을 비춰주는 사회적 분석에 대해서는 무지하다. 혹은 그런 분석에 대해서는 알고 있지만, 그것이 잘못이라고 생각하지 않는다. 원인이 무엇이든, 그는 불의에 대해 아무것도 모른다. 단지 그는 고통받는 사람들만 보고, 고통의 원인인 불의는 감지하지 못한다. 그래서 그는 불의를 바로잡는 투쟁을 지원하도록 감동을 받지는 않는다. 그 학술대회에서 아파르트헤이트를 변호하며 목소리를 높인 아프리카너들은 흑인과 유색인들이 부당하게 대접받고 있다는 사실을 받아들이지 않았다. 정말 그들은 흑인과 유색인들의 곤경이 단지 아파르트헤이트의 위대한 사회적 선을 성취하려는 노력의 불행한 부산물일 뿐이라고 믿는 것 같았다.

    하지만 그 이유가 망각이 아닌 **저항**인 경우도 종종 있다. 즉, 고통받는 사람의 곤경이 불의의 결과라는 사실을 인정하는 것에 저항하는 것, 혹은 그들의 고통의 원인이 무엇이든, 정의는 사람들이 그들을 돕도록 요구한다는 사실을 인정하는 것에 저항하는 것.

왜 이런 저항들이 있을까? 왜 고통당하는 사람들의 곤경이 불의의 결과라는 사실을 인정하는 것에 저항하는가? 그리고 불의를 바로잡기 위한 투쟁을 후원하는 것에 저항하는가? 그 이유는 불의를 바로잡으려는 투쟁이 항상 그 불의에 대해 책임 있는 사람들과 갈등을 야기하기 때문이다. 그래서 그것은 적지 않게 갈등을 초래할 뿐 아니라 위험하다. 만약 사람들이 그런 상황의 불의함을 무시한 채 고통받는 사람들의 곤경을 완화시키는 일에만 몰두한다면, 그들은 어떤 고발이나 갈등도 일으키지 않는다. 악을 행하는 자들은 어떤 비난도 받지 않고 자신들의 일을 지속할 수 있다. 그래서 그들은 희생자들의 곤경이 완화되고 그들의 울부짖음이 덜 처절하기 때문에, 이전보다 훨씬 더 자유롭게 자신들이 하던 일을 계속할 수 있다.

그리고 그들의 고통의 원인이 무엇이든, 왜 사람들은 자신들이 중요시하는 사람들을 도우라고 정의가 요구한다는 사실을 인정하는 것에 저항할까? 그것은 자선이 도덕적으로 선택사항이기 때문이다. 나의 아이들이 성장해서 그들의 옷을 우리 뒷집에 사는 흑인가족에게 주어야 한다고 정의가 요구하지 않는다면, 혹은 내가 그들에게 옷을 주지 않더라도 그것이 그들에게 해를 끼치는 것이 아니라면, 내가 옷을 줄지 말지를 결정하는 것은 오로지 내게 달린 문제다. 그 문제는 내가 결정할 수 있다. 내가 통제할 수 있다. 그리고 그것을 받는 사람들이 감사를 표현해야 한다는 것을 포함해서, 나의 자선에 대해 조건을 달 수 있다. 하지만 내가 그 가족에게 옷을 주어야 한다고 정의가 요구한다면, 그래서 내가 그들에게 주지 않을 경우, 그것이 그들에게 해가 된다면 그것은 내게 도덕적으로 선택사항이 아니다. 나는 도덕적으로 그 옷을 줄 의무가 있다. 그러므로 내가 그렇게 하지 않는 것은 도덕적으로 용납할 수 없다. 그것은 내가 결정할 문제가 아니다. 말하자면 그것은 내 손을 벗어난 문제다.

감정이입이 정의의 실천으로 이어지지 못하는 (지금까지 내가 언급한) 두 가지 이유는 모든 인간에게 해당되는 것이다. 우리 모두는 갈등과 위험을 피하고 싶어 한다. 우리 모두는 통제하는 위치에 있고 싶어 한다. 만약 우리가 사랑과 정의의 관계에 대해 앞에서 토론한 것을 기억한다면, 우리는 기독교인에게 고유한 제3의 저항 이유가 있음을 알게 된다. 만약 우리가 신약성경에서는 사랑이 정의를 대체한다고 해석한다면, 우리는 우리 앞에 놓인 상황을 정의의 행동에 대한 부름이나, 불의를 바로잡기 위한 투쟁을 후원하라는 부름으로 해석하길 거부할 것이다. 대신 우리는 모든 상황을 정의가 요구하는 것에는 아무런 관심도 보이지 않는, 단지 자애로운 사랑에 대한 부름으로 해석할 것이다.

나는 이 장에서 조직적 불의의 희생자들의 얼굴을 보고 목소리를 듣는 것이 왜 때로는 그 희생자들에 대해 아무런 감정이입도 야기하지 않는지, 혹은 감정이입은 불러일으키지만 정의를 행하고 불의를 바로잡으려는 투쟁을 후원하라는 부름은 인지하지 못하는가와 관련해 고찰했다.

이제 내가 앞에서 간략히 검토했던 기본적 정의 이론에 대한 기억을 떠올려보자. 나는 정의가 권리에 기초한다고 제안했다. 사회는 구성원들이 대접받을 권리대로 대접받는 만큼 정의롭다고 제안했다. 그리고 나는 권리가 그 권리를 보유한 사람들의 가치, 탁월함, 품위, 존경에 근거한다고 주장했다. 권리가 나의 가치에 상응하는 대로 대접받기 위해 요구되는 것이라면, 나는 특정한 방식으로 대접받는 바로 그런 선에 대해 권리가 있다. 권리는 가치에 대한 적절한 존경이 요구하는 방식으로 대접받는 것과 관계가 있다.

특정한 경우, 불의의 희생자들의 얼굴을 보고 목소리를 듣는 것이 아무런 감정이입도 일으키지 못하거나, 오히려 정의를 실천하고 불의를 바로잡으려는 투쟁에 대한 지원요청을 무시하거나 저항하게 하는 감정이입을 불러일으키는 이유가 무엇이든, 놓친 것은 희생자들의 품위에 대한 적절한 인식이다. 그런 자애로운 아프리카너들 속에는 그들 뒷마당에 사는 흑인들의 품위에 대한 인식이 없으며, 그래서 그들 뒷마당에서 흑인들이 의존적 삶을 살게 하는 경제적·정치적 제도들이 그들의 품위를 해친다는 사실도 인식하지 못한다. 그들은 어떤 소박한 방식으로 흑인들의 삶을 개선함으로써 그들에게 선을 행한다는 측면에서만 생각했다. 그들은 흑인들의 품위가 손상되고 있다는 사실은 인식하지 못했다.

나의 책, 『정의: 권리와 학대』가 출판된 직후, 나는 벨파스트에 소재한 퀸스 대학교^{Queens University}의 한 사회학자와 대화를 나누었다. 그는 책을 대단히 재미있게 읽었다고 말했다. 그는 내가 권리를 품위에 근거시킨 것을 특히 좋아한다고 했다. 그는 그것이 자율성 속에 권리의 토대를 놓은 것보다 훨씬 더 전망이 좋은 방법이라고 생각했다.

그런 칭찬을 한 후에, 그는 동료 인간들의 품위를 인정하고 언제 그런 품위가 손상되는지를 인식하며 그에 맞게 행동하도록 사람들에게 영향을 끼치기 위해서는 무슨 일을 할 수 있는지에 대해 탐구하는 후속편을 써보라고 제안했다.

나는 아직까지 그런 책을 쓰지 못했다. 철학자로 훈련받은 나 같은 사람은 그런 책을 쓸 준비가 되어 있지 않다. 그런 주제에 대해 훌륭한 토대를 지닌 책은 사회학적·심리학적 이론들을 포함하며, 과거 2세기 동안 위대한 사회정의운동들, 즉 19세기 잉글랜드에서 노예무역 폐지를 위한 운동, 20세기 초반 미국과 다른 나라들에서 일어난 노동운동, 20세기 중반의 미국 시민권 운동, 남아공에서 일어난 반(反)아파르트헤이트 운동에 대해 철저하게 정통해야 할 것이다. 그것은 또한 제프리 스타우트Jeffrey Stout가 그의 훌륭한 책 『조직된 자들은 복이 있도다: 미국에서 풀뿌리 민주주의』*Blessed Are the Organized: Grassroots Democracy in America*에서 묘사한 것처럼, 보다 협소하게 집중된 사회정의운동들에도 정통해야 할 것이다.

이런 자료들을 활용하여, 그 책의 저자는 내게 제기된 질문들을 염두에 두면서 사회정의운동들에 대한 구조적 분석을 발전시킬 것이다. 즉, 동료 인간들의 품위를 인정하고 언제 그런 품위가 손상되는지를 인식하며, 그에 맞게 행동하도록 사람들에게 영향을 끼치기 위해서는 어떤 일을 할 수 있을까?

24장

사회정의운동의 구조

23장 끝부분에서, 나는 심리학적·사회학적 이론을 철저히 활용하면서 지난 2세기 동안 사회정의운동들에 대한 세심한 연구에 근거하여 수행된 사회정의운동의 구조적 분석을 언급했다. 그러나 나 같은 철학자는 그런 분석을 구성할 준비가 되어 있지 않다고 덧붙였다. 심리학적·사회학적 이론에 대한 나의 지식은 대단히 불충분하며, 나의 역사적 지식도 대단히 제한적이다.

하지만 앞으로 전개될 페이지들을 통해 분명히 드러나겠지만, 내가 사회정의운동들에 대해 완전히 무식한 것은 아니다. 나는 미국에서 시민권 운동의 후원자요 세심한 관찰자였다. 나는 남아공에서 반(反)아파르트헤이트 운동의 후원자요 세심한 관찰자였다. 한번은 내가 그 운동에서 작은 역할을 감당하기로 했다. 최근에 나는 19세기 초 잉글랜드의 노예무역 철폐운동을 다룬 아담 호크쉴드 Adam Hochschild 의 훌륭한 책 『사슬을 끊어라』 Bury the Chains 를 읽었다. 나는 제프리 스타우트가 『조직된 자들은 복이 있도다: 미국에서 풀뿌리 민주주의』에서 "넓게 기반을 두고 조직하기"broad-based organizing 라고 부르는 것에 대한 서술도 읽었다.¹ 스타우트가 제시한 대부분의 예들은 1940년에 솔 알린스키Saul Alinsky에 의해 설립된 미국의 마을조직 연합체인 '산업사회재단'Industrial Areas Foundation 소속단체들이 수행한 행동들에 관한 것이다. 나는 인신매매와 노예무역의 종식을 목적으로 삼은 '국제정의선교회'의 사역도 세계 도처를 통해 지켜보았다. 나는 온두라스에서 행해지는 '보다 정의로운 사회를 위한 연합회'의 사역도 관찰해왔다. 간단히 말해 사회정의운동에 관한 나의 지식이 단순한 인상을 넘어서는 그 이상이라는 것이다. 하지만 그것이 그렇게 심오한 것은 아니다. 따라서 내가 이제 제시하려는 구조적 분석은 잠정적이며, 아마도 아마추어다울 것이다. 그리고 그것은 벨파스트평화협정(일명, 재의 금요일 협정) 전의 북아일랜드 상황과 같은 경우들에는 적용되지 않는다. 그때는 모든 사람이 희생자였거나 희생자가 될 위협에 놓여 있었기 때문이다.

　사회정의운동과 조직에 대한 나의 생각을 설명하겠다. 학대는 다양한 모습으로 나타난다. 만약 누군가 성적인 이유로 당신의 사생활을 침해한다면, 당신은 학대받은 것이다. 병원에서 안내원이 당신을 모욕한다면, 당신은 학대받은 것이다. 그러한 학대는 학대를 당하는 사람에게는 중요하지만, 사회정의운동과 조직의 관심사는 아니다. 사회정의운동과 조직은 공적인 사회적 관행, 법, 혹은 그런 법이 집행되거나 집행되지 않는 방식의 결과로써 발생한 학대에 관심을 갖는다. 그것의 목적은 그런 종류의 학대를 교정하는 것이다.

사회정의운동과 조직 안에서, 그 회원들이 주로 어떤 사회적 불의의 **희생자들**victims인 경우와 그 회원들이 주로 그 희생자들의 **후원자들**supporters인 경우의 차이점을 주목하고 유념하는 것이 도움이 될 것이다. 나는 이들을 각각 **희생자 운동과 조직**, 그리고 **후원자 운동과 조직**이라고 부를 것이다. 남아공의 반反아파르트헤이트 운동은 전자의 예이고, 19세기 잉글랜드의 노예무역 폐지를 위한 운동은 후자의 예다. 보다 정의로운 사회를 위한 온두라스 연합회와 국제정의운동의 경우처럼 말이다. 미국에서 20세기 중반에 일어난 시민권 운동의 경우, 그 회원들은 거의 동일하게 인종차별의 희생자들이자 후원자들이었다.

사회정의운동과 조직이 공적인 사회적 관행, 법, 혹은 그 법이 집행되거나 집행되지 않는 방식의 결과로 발생한 불의를 교정하는 일에 관심을 갖는다는 사실은, 왜 그것들이 대단히 많은 이름들을 명명하지 않는지를 설명해준다. 서양전통에서 최초의 위대한 사회정의 비평가들은 구약성경의 예언자들이었다. 여기 이사야의 전형적인 구절이 있다. 그 예언자는 이런 사람들을 맹렬히 비난한다.

> 불의한 법령을 만들며
> 불의한 말을 기록하며
> 가난한 자를 불공평하게 판결하여
> 가난한 내 백성의 권리를 박탈하며
> 과부에게 토색하고
> 고아의 것을 약탈하는 자는 화 있을진저(사 10:1-2).

예언자는 누구의 이름도 언급하지 않으며, 어떤 예들도 인용하지 않는다. 그와 다른 예언자들은 그런 상황이 발생했을 때 주저 없이 문제를 지적했다. 예를 들어 나단 선지자는, 다윗 왕이 밧세바와 불륜을 저질렀을 때 "당신이 그 사람이라"는 비난의 말로 다윗 왕과 맞섰다(삼하 12:7). 하지만 이와 다른 비슷한 구절들에서, 이사야의 공격 대상은 불의의 특별한 사건과 특별한 범법자가 아니라 사회적 관행, 법, 혹은 그 법이 집행되거나 집행되지 않는 방식(그 결과, 과부, 고아, 빈민이 정의에서 벗어나고 권리도 빼앗긴다)이다. 이사야의 관심은 사회적 불의의 교정이다.

사회적 불의를 인식하기 위해 우리는 희생을 야기하는 특정한 사건들과 특정한 희생자들을 초월하여, 여러 사건 안에서 특정한 유사점을 인식할 수 있어야 한다. 그것이 이루어진 후, 우리는 그런 유사점을 설명하는 것이 무엇인지 분별하기 위해 그 배후를 바라볼 수 있어야 한다. 즉, 특정한 공적인 사회적 관행, 특정한 법, 혹은 그런 법을 집행하거나 집행하지 않는 특정한 방식 말이다. 이런 후자의 능력, 즉 희생을 야기하는 원인을 분별하기 위해서는 특정한 종류의 추상화^{abstraction} 능력이 필요하다. 어떤 사람이 광범위하게 희생을 야기하는 어떤 공적인 사회적 관행에 참여하는지, 혹은 그런 희생을 야기하는 법을 집행하는 어떤 법이나 방식에 대해 책임이 있는지를 결정하기 위해, 우리는 그 사람의 의도들로부터 무언가를 끄집어낼 수 있어야 한다.

어떤 사람들은 자신들의 경우와 다른 사람들의 경우 모두에 있어서, 이런 종류의 추상화를 수행하는 것이 어렵다고 생각한다. 이것은 그들이 일반적으로 어떻게 생각하느냐 하는 것이 아니다. 어떤 이들은 이런 식으로 생각하는 것이 어렵다기보다, 자신들과 친구들이 고통에 대해 책임이 있다는 소리를 듣는 것이 불쾌하다. 그들은 최상의 의도를 가진 좋은 사람들이다. 그들은 교회의 자선기금으로 관대하게 기부한다. 어떻게 그들이 어떤 사람을 고통스럽게 만드는 죄를 범할 수 있단 말인가? 하지만 다른 이들은 이런 종류의 추상화를 부적절한 오락으로 거부한다. 한 개인의 행동은 그 사람의 마음이 있는 곳에 의해 형성된다. 따라서 사회적 관행에 대해 말하는 것은 일종의 오락이다.

사회정의운동은 자신의 목적을 성취하기 위해 대개 상당한 분량의 시간과 지도자들이 필요하다. 내가 감히 말하겠다. 사회정의운동의 역사 전체를 살펴보면 거의 즉각적인 성공을 거두었던 자발적인 분노의 폭발이 있었다. 하지만 그것은 예외였다.

이제 나는 내가 사회정의운동의 **단계들** stages 이라고 부르는 것을 확인하고 서술하겠다. '단계들'이란 말은 시간적 연속을 의미한다. 하지만 내가 단계들로 인정하는 것은 연속적으로 발생할 수도 있고 그렇지 않을 수도 있다. 흔히 몇 가지는 동시에 발생하기도 한다.

모든 사회정의운동은 공적인 사회적 관행, 법, 혹은 그런 법을 집행하거나 그렇지 않은 방식의 희생자들을 확인하는 것으로 시작한다. 그 운동의 최종 목적은 그런 공적인 사회적 관행에 관여하는 사람들, 혹은 그런 법에 대해, 혹은 그런 법이 집행되거나 집행되지 않는 방식에 대해 책임 있는 사람들이 자신들이 하는 일을 멈추고 단념하도록 만드는 것이다. 그리고 한 가지 보완적 목적은 그들의 보호자들이 그들을 보호하는 일을 멈추고 단념하게 하는 것이다.

이런 목적이 성취되기 위해서는, 즉 가해자들과 그들의 보호자들이 자신들의 일을 멈추고 단념하게 만들려면, 가해자들과 그들의 보호자들이 희생자들의 곤경과 자신들이 그들의 곤경에 기여하는 방식들에 대해 알아야 한다. 때로는 가해자들과 그들의 보호자들이 이런 것들에 대해 이미 충분히 알고 있다. 하지만 일반적으로는, 그런 곤경이 전적 혹은 부분적으로 그들에게 숨겨져 있다. 그들 자신의 행동 속에 곤경의 원인이 숨겨진 것처럼 말이다. 그들은 출입이 통제된 마을에 살면서 빈민촌에는 결코 걸음을 하지 않는다. 그들은 진정한 이스라엘에 살면서 웨스트뱅크의 팔레스타인 마을에는 결코 출입하지 않는다. 가해자들과 그들의 보호자들이 이런 종류의 망각에 사로잡혀 있을 때, 사회정의운동 지도자들의 목적은 그들을 깨워서 희생자들의 곤경과 그 원인들을 인식시키는 것이다.

만약 그 운동이 전적 혹은 부분적으로 희생자 운동이라면, 그 운동의 지도자들은 희생자들 안에서도 각성을 유도하는 것이 필요하다고 생각할 것이다. 개별 희생자들은 일반적으로 자신들의 곤경에 대해 잘 알고 있다. 하지만 그들은 흔히 자신들의 곤경이 어느 정도나 공유되는지는 잘 모른다. 그리고 대개는 자신들의 곤경과 타인들의 곤경의 원인에 대해서도 아는 것이 거의 없다. 사회적 분석을 동반한 정보가 필요하다. 제프리 스타우트가 그의 책에서 묘사하듯이, 모든 운동에서 중요한 초기 단계는 희생자들이 그 곤경의 원인에 대해, 그리고 무슨 일이 벌어지고 있는지를 깨닫게 하는 것이다.

만약 그 운동이 후원자 운동이라면, 혹은 희생자와 후원자 모두의 운동이라면, 지도자들은 대중 안에서 각성을 유도하는 것이 필요할 것이다. 왜냐하면 대중은 문제가 되는 사회적 불의와 그 정도에 대해 대체로 잘 모를 것이기 때문이다. 여기에서도 사회적 분석을 동반한 정보가 필요할 것이다. 내가 의미하는 '대중' the public 은 문제가 되는 사회적 불의의 직접적 희생자들도 아니고, 가해자들과 그들의 보호자들도 아닌 사람들이다. 지도자들이 후원자들로 모집하려고 염두에 두는 대중은, 사회적 불의가 벌어지는 곳과 동일한 사회에 속할 수도 있고 그렇지 않을 수도 있다. 아프리카와 아메리카 사이에서 노예무역 폐지운동의 지도자들은 잉글랜드 대중을 후원자로 모집하는 것을 목적으로 삼았다. 그 운동이 시작되었을 때, 잉글랜드 대중 가운데 극소수만이 노예무역에 대해, 혹은 노예들의 상황에 대해 알고 있었다. 그 운동이 성공할 수 있었던 핵심적 요인은 그 운동이 마침내 성취했던 예외적으로 광범위한 각성이었다. 남아공과 중동의 상황에 대해 내가 발언하고 글을 쓴 것은, 다른 이들과 힘을 모아서 당시에 벌어지던 사회적 불의에 대해 미국 대중이 깨닫도록 돕고 싶었기 때문이다.

하지만 희생자들의 곤경과 그 원인들에 대한 단순한 지식만으로는 충분하지 않다. 각성만으로는 충분하지 않은 것이다. 지식에는 반드시 정서적 반응이 수반되어야 한다. 이상적인 경우에 가해자들과 그들의 옹호자들은 희생자들에 공감하며 자신들의 각성에 반응하고,

희생자들의 곤경에 자신들이 연루된 것을 유감스럽게 생각한다. 하지만 그런 일은 거의 일어나지 않는다. 그렇지 않은 상황에서, 그 운동이 희생자 운동일 경우, 희생자들에게 행해진 일에 대해 희생자 입장에서 정서적 불만과 그 일을 저지른 자들에 대한 분노가 필요하다. 반면에 그것이 후원자 운동이라면, 정서적 불만 및 분노와 함께, 희생자들에 대한 감정이입도 필요하다. 감정이입과 분노가 그들을 움직여서 "이런 일이 있어서는 안 된다"라고 울부짖게 하지 않으면 아무런 변화도 없을 것이다. 정보와 사회적 분석은 아직 사회적 행동이 아니다. 행동은 정서적 연대emotional engagement를 요구한다. 나의 행동을 자극한 것은, 바로 내가 가해자들에게 느꼈던 분노와 함께 팔레스타인인들과 남아공 흑인 및 유색인들에 대한 나의 감정이입이었다.

나의 경우가 전형적이라면, 현재 벌어지는 일들에 대한 뉴스 보도는 필요한 정서적 연대를 대중 안에서 작동시키기에는 불충분하다. 희생자들과 그들의 곤경은 얼굴과 얼굴을 마주한 만남, 개인적 이야기, 영화와 소설을 통해 사람들에게 생생히 전달되어야 한다.

앞 장에서, 나는 감정이입을 가로막고 마음을 강퍅하게 만드는 몇 가지 요인들에 주목했다. 이 요인들 중 한 가지 이상이 가해자들과 그들의 옹호자들 안에서 일반적으로 작용할 것이다. 그래서 그것들은 흔히 상당수의 일반 대중 안에서도 작동할 것이다. 가해자들과 그들의 옹호자들뿐 아니라 일반 대중도 희생자들에 대한 공감적 반응이 (그들 자신만의 이익을 생각할 때는 불가능한) 그들의 행동에서 변화를 야기하도록 정서적 압력을 받게 된다는 것을 잘 안다. 가해자들과 그들의 옹호자들뿐 아니라 대중도 희생자들을 비인간화하거나, 그들을 열등한 인간으로 취급하는 법을 배웠다. 그래서 가해자들과 그들의 옹호자들뿐 아니라 대중도 희생자들의 곤경은 희생자들 자신이 초래한 것이라고 말하는 서사narrative를 수용해왔다. 가해자들과 그들의 옹호자들뿐 아니라 대중도 희생자들의 곤경은 그들이 추구하는 위대한 선의 유감스러운 부작용이라고 말하는 공상적 이념을 수용해왔다.

사회정의운동과 조직은 감정이입을 가로막는 이런 장애물을 다루어야 한다. 각 운동과 조직은 자신의 독특한 상황에 맞게 그것들을 다룰 수 있어야 한다. 노예무역 옹호자들은 노예무역 폐지가 잉글랜드에 심각한 경제적 결과를 초래할 것이라고 큰소리쳤다. 호크쉴드에 따르면, 노예제도 폐지운동이 이런 주장에 맞서 열심히 싸웠다. 이스라엘의 건국을 둘러싼 사건과 이스라엘의 외교적 조치에 관한 수많은 이야기들은, 팔레스타인인들의 곤경을 그들 스스로 자초한 것이라고 주장한다. 최근에 많은 이스라엘 역사가들은 이런 서사들이 얼마나 잘못되고 왜곡된 것인가를 상세히 보여주었다.[2]

내가 보기에 제일 제거하기 어려운 장애물은 희생자의 품위를 손상하거나, 현실을 정당화하는 공상적 이념을 수용함으로써 형성된 것이다. 모든 사람들이 지도자들을 따르고 심약한 사람들은 무시함으로써 미래에 성취될 위대한 날에 대한 영감 어린 환상을 우리는 어떻게 포기하게 만들 수 있을까? 품위를 손상시키는 편견이 일군의 사람들의 영혼 속에 스며들었을 때, 우리는 어떻게 이 사람들이 다른 사람들의 인간적 존엄성을 인정하도록 만들 수 있을까? 진보적 사상가들은 만약 우리가 적대 집단의 구성원들이 평등하게 더불어 살고 일하도록 만들 수 있다면, 품위를 손상시키는 차별이 사라질 것이라고 자주 제안해왔다. 하지만 나는 미국 군대에서 인종 분리를 제거하려는 노력의 결과로 흑인에 대한 백인의 편견이 사라진 것이 아니라, 오히려 그런 편견이 승인된 것으로 간주했다고 종종 들었다.

각성과 정서적 연대 후, 제3의 단계가 활성화^{activation}다. 만약 그것이 희생자 운동이라면, 희생자들은 가해자들과 그들의 옹호자들이 행동을 멈출 수 있게끔 무언가를 하도록 활성화되어야 한다. 지도자들이 한 번 더 절대적으로 필요하다. 그들은 본질적으로 다섯 가지를 행한다. 즉, 그들은 상황이 달라진 미래를 상상함으로써, 자신들을 따르는 사람들에게 영감을 불어넣는다. 그들은 추종자들에게 그런 미래를 성취할 수 있다고 설득한다. 그들은 그런 미래를 이루고자 필요한 행동을 위해 구체적 방안을 제시한다. 그들은 추종자들을 조직하고 동원해서 그런 행동에 참여시킨다. 그리고 그들이 조직하고 동원한 사람들 안에서 친밀감이 별로 없을 때, 그들은 구성원들 사이에서 정서적 유대감을 육성한다. 마틴 루터 킹 2세는 이런 다섯 가지 모두에 있어서 천재였다. 비록 히브리 예언자들이 사회개혁자들에게 실질적인 조언을 제공하지는 않았지만, 그들은 모든 사회정의운동에 꼭 필요한 것을 제공했다. 즉, 그들은 현실을 그대로 인정해서는 안 된다고 주장했고, 변화된 사회를 꿈꾸었다. 현재의 법과 관습은 하나님이 정하신 자연의 법이 아니다. 그것들이 시장의 불가피한 법칙이나 사회질서의 불변하는 필수조건을 표현한 것도 아니다. 과부, 고아,

이방인, 그리고 빈민은 그들의 상황을 위해서는 어떤 조치도 소용이 없는, 사회적으로 불우한 사람들이 아니다. 그들은 얼마든지 변화될 수 있는 법과 공적인 사회적 관행의 희생자들이다. 예언자들은 그들을 짓밟힌 자들로 묘사한다. 근대 초기에 이르러서야, 사람들은 사회구조와 관행이 변화될 수 있는 인간적 창작물이라고 믿게 되었다. 내가 보기에, 히브리 예언자들은 이미 그것을 믿고 있었다.

서양문학에서 가장 서정적이고 환상적인 본문은 히브리 예언자들의 사회적 상상력의 표현들이다. 예언자는 사악한 자들의 연대가 느슨해지고 올무의 끈이 풀리는 날에는 억압받는 자들이 자유롭게 되고, 모든 멍에가 끊어지는 날에는 사람들이 굶주린 자들과 음식을 나누어 먹고 가난한 노숙자들을 자기들 집으로 데려오며 헐벗은 자들에게 옷을 입히고 동족들의 눈길을 피하지 않는 날을 상상한다(사 58:6-7). 마틴 루터 킹 2세의 위대한 연설 "나에게는 꿈이 있습니다"$^{I\ Have\ a\ Dream}$는 예언자적·사회적 상상력의 전통을 고귀하게 계승한 경우다.

사회정의운동 지도자들은 자신들의 추종자들이 사회적 불의를 바로잡겠다고 약속하도록 조직하고 동원하기 위한 제안들이 "쇠귀에 경 읽기"가 되는 경우를 자주 본다. 소극성의 문화가 희생자들과 대중의 상당 부분을 사로잡았기 때문이다. 희생자들은 자신들의 상황을 이해하고 자신들의 억압자들에게 분노한다. 하지만 그들은 체념적 소극성으로 침몰한다. 대중은 그 사실을 알고, 희생자들에게 감정이입을 느끼며 가해자들에게 분노한다. 하지만 그들은 고통스럽게 손을 떨 뿐이다. 이따금 이런 소극성 문화의 원인은 편만한 부패다.

즉, 권력을 장악한 사람들 사이에서 부패가 너무 만연하여 불의를 바로잡으려는 일체의 노력이 소용없다고 희생자들과 일반 대중이 믿는 것이다. 이처럼 불의를 바로잡으려는 이전의 모든 노력들이 실패했기 때문에 소극적인 문화가 출현했다는 견해도 있다.

우리가 다음 장에서 보겠지만, 온두라스에서 사회정의운동도 희생자와 일반 대중 안에서 소극성 문화를 접한다. 주된 이유는 두 가지로 보인다. 온두라스 사회에는 불신과 공포가 만연해 있다. 즉, 범죄의 희생자들은 경찰을 불신하고 두려워하며, 경찰은 범죄자들을 두려워하고 검사들을 불신한다. 그리고 검사들은 범죄자들을 두려워하고 경찰을 불신하며, 희생자들은 이웃을 불신하고 두려워한다. 이런 상황 속에는 (물론 우리가 쉽게 예측하듯이) 부패가 존재한다. 하지만 온두라스에서 사회정의운동에 종사하는 사람들은 소극성의 원인이 부패보다 훨씬 더 깊은 곳에 있다고 믿는다. 그것은 바로 만연한 불신과 공포다. 게다가 상당한 대중이 소극성을 명하는 신학을 수용했다. 그래서 만연한 불신과 공포가 그런 신학에 사회적 타당성을 부여한다.

희생자와 대중이 사회적 소극성 속으로 침잠했을 때, 그런 소극성 문화가 분명하게 다루어지지 않으면, 그것을 활성화하려는 지도자들의 노력은 아무 소용이 없을 것이다. 희생자 운동이든 후원자 운동이든, 사람들은 무언가가 이루어질 수 있고 상황이 달라질 수 있다고 믿어야 한다.

희생자들의 곤경과 원인에 대해 각성하게 만들고, 희생자들과 가해자들에 대한 정서적 유대를 자극하며, 가해자들과 그들의 옹호자들이 그런 행동을 멈추게 하는 행동에 희생자들이나 일부 대중이 참여하도록 영향을 끼치는 것은 도덕적 개념을 활용하지 않고도 지도자들에 의해 설득되고 추종자들에 의해 수행될 수 있다. (제프리 스타우트가 그의 책에서 묘사하는 운동의 초기 단계들은 자주 도덕적 개념들을 활용하지 않았다.) 나는 매우 세심하게 내가 확인했던 사회정의운동의 이런 단계들(각성, 정서적 연대, 그리고 활성화)을 도덕적 개념을 사용하지 않고 서술했다. 나의 분석에서 핵심 개념은 억압받는 자들이 아니라 **희생자**다. 희생자는 도덕적 개념이 아니다. 불만, 분노, 유감의 개념도 그렇지 않다.

대신 내가 확인했던 세 가지 단계들은 권리, 부정, 정의가 아닌 다른 도덕적 개념들로 지도자들에 의해 권고되고 추종자들에 의해 수행될 수 있다. 즉, 그것들은 자선과 자애 같은 개념들을 사용하며 권고되고 활용될 수 있다.

모든 사회정의운동과 조직은 어떤 지점에서 그 상황에 대한 **사회정의분석과 비평**을 제공해야 한다. 희생자들의 고통은 토네이도가 강타하거나 화산이 폭발하는 경우와는 다르다. 그들은 사회적 불우 이웃이 아니다. 그들의 상황은 그들이 불의의 대상이 되는 특별한 형태를 취한다. 그들은 가해자들에게 학대당한다. 그들은 억압받고 짓밟힌다. 히브리 예언자들의 사회분석은 항상 사회정의분석과 비평의 형태를 취했다.

사회정의분석과 비평을 제공하기 위해, 사회정의운동은 정의가 무엇인지, 권리가 무엇인지, 그리고 언제 권리가 침해되는지를 분별할 수 있는 능력에 대해 분명 어떤 생각이 필요하다. 이것이 바로 정의에 대한 나의 글들 대부분이 기여하는 부분이다.

이따금 불의는 모든 사람에게 닥친다. 온두라스에서 경찰들이 보복을 두려워해서 범죄 세력의 범행을 조사하려 하지 않을 경우, 그것은 이미 학대받은 사람들을 두 번 학대하는 것이라고 모든 사람이 생각한다. 국제정의선교회가 인신매매와 노예무역의 사례들을 밝힐 때, 젊은 여성들과 아동들에게 악이 행해지고 있다는 사실이 만인에게 드러난다.

하지만 항상 불의가 드러나는 것은 아니다. 보통 그것은 희생자들에게 드러나지만, 억압자들과 그들의 옹호자들, 그리고 대중에게는 종종 드러나지 않는다. 이따금 억압자들과 그들의 옹호자들, 그리고 대중이 그것은 불의의 경우가 아니라고 결론 내리는 상황분석을 수용했기 때문에, 그런 사실이 제대로 드러나지 않는다. 이따금 상황이 복잡하고 불의가 연루되었다는 사실도 분명하지 않기 때문에, 그것은 드러나지 않는다. 그래서 불의를 밝히기 위해 요구되는 사회정의분석과 비평이 행해지지 않거나 그것을 널리 이용할 수 없다. 사회정의분석과 비평은 학자들이 사회정의운동과 조직의 사역에 기여할 수 있는 주된 공헌 중 하나다.

내가 지금까지 말한 것은, 사회정의운동이 매우 고상하고 여유로운 작업이란 인상을 줄 수 있다. 그것은 희생자들의 곤경과 원인에 대한 각성을 끌어내는 데 목적이 있다. 그것은 희생자들과 가해자들에 대한 정서적 유대를 촉발하는 데 목적을 둔다. 그것은 가해자들과 그들의 후원자들이 행동을 중단하도록 희생자들과 후원자들이 조치를 취하게 만드는 데 목적이 있다. 그리고 그것은 그 상황에 대한 사회정의분석과 비평을 제공한다. 모든 것은 대단히 고상하다.

하지만 사회정의운동이 늘 고상한 것은 아니다. 그것은 대개 갈등, 적대감, 저항과 뒤섞인다. 그것은 대개 참여자들의 엄청난 용기를 요구한다. 누구도 구호기구에 반대하지 않는다. 논의 중인 개발이 국민복지에 정말 기여한다면, 누구도 개발조직들을 반대하지 않는다. 하지만 사회정의운동과 조직은 사람들을 성가시게 한다. 그것은 사람들을 화나게 한다. 의를 추구하기 때문에 박해받는 사람들은 복이 있다고 예수께서 말씀하셨다.

갈등, 적대감, 저항이 분출되는 것은 바로 활성화 단계다. 특정한 공적인 사회적 관행들, 특정한 법들, 혹은 이런 법들을 집행하거나 집행하지 않는 특정한 방식들이 불의하다고 주장하는 것은 이에 대해 책임 있는 사람들에게 도덕적 비판을 가하는 것이다. 그 비판은 대개 그런 도덕적 비판이 가해진 사람들 안에서 불의가 아니라 분노를 촉발시킨다. 하지만 이제 지도자들이 사회정의비평을 넘어 그들의 추종자들을 활성화시킨다. 그들은 불일치 그 이상과 직면하게 된다. 즉, 그들은 적대감과 저항에 직면한다. 그 운동 지도자들의 설득 시도는 대개 실패한다. 억압자들은 멈추고 중단하길 거부한다. 그들은 자신들의 입장을 단호하게 고수한다. 이제 그 운동은 설득을 넘어 그들에게 압력을 가하는 것 외에 다른 선택이 없다. 입장을 바꾸는 것이 억압자들과 그들의 옹호자들에게 이익이 된다는 사실을 깨닫도록 압력을 가하는 것이다. 지도자들의 전략적 상상력이 이 시점에서 요구된다. 적지 않게, 압력에 대한 저항이 폭력의 형태를 취한다. 이따금 압력 자체가 폭력의 형태를 취한다.

먼저, 억압자들과 그들의 옹호자들은 치명적인 무기를 들고 압력에 저항한다. 하지만 그 지도자들의 운동이 성공적이라면, 억압하는 무리도 자신들이 양보할 수밖에 없다고 깨닫는다. 이전에는 상황을 현 그대로 유지하는 것이 그들에게 유리했다. 하지만 이제는 저항자들의 요구에 굴복하는 것이 유리하다. 그들은 이전만큼 희생자들에게 감정이입을 하지 않을지도 모른다. 그들은 어떤 불의도 행해지지 않는다고 계속 주장할지도 모른다. 하지만 그들에게 이익이 되는 것이 변했다.

남아공에서 사업을 했던 기업들 안에서 투자를 막는 운동이 한 가지 좋은 예다. 그 운동은 아파르트헤이트를 영속화하려는 남아공 정부에 더 이상 이익이 되지 못하게 만들었다. 제프리 스타우트가 『조직된 자들은 복이 있도다: 미국에서 풀뿌리 민주주의』에서 말하는 사회정의운동에 대한 이야기들은, 억압자들이 지금까지 하던 일을 계속하는 것이 더 이상 그들에게 이익이 되지 못하게 하려고 억압자들에게 주어진 압력에 관한 이야기들이다.

사회정의운동은 일반적으로 그 운동과 억압자들 사이뿐 아니라 대중 내에서도 갈등과 적대감을 양산한다. 그 운동의 지도자들이 제기하는 사회정의비평에 동의하지 않는 대중이 항상 존재한다. 하지만 보통 그 비평에는 동의하지만, 사회정의운동 지도자들이 상황을 변화시키기 위해 하는 일에는 반대하는 사람들이 있을 것이다. 그들은 다른 전략들을 선호한다. 혹은 그들은 바라는 변화가 점진적인 방식으로 이루어져야 한다고 주장한다.

그 운동 자체 내에서 갈등이 전형적으로 분출되는 것은 바로 활성화 단계에서다. 그 운동의 회원들은 그 운동이 목표로 삼는 새로운 질서의 세부사항들에 대해 서로 의견이 다르다. 어떤 이들이 바람직한 것으로 간주하는 것이 다른 이들의 눈에는 별로 바람직하지 않다. 어떤 이들이 가능하다고 여기는 것을 다른 사람들은 불가능하다고 주장한다. 어떤 이들이 타협할 수 없다고 반대하는 것을 다른 사람들은 기꺼이 수용한다. 그리고 그들은 그 운동이 새로운 질서를 초래하기 위해 활용해야 하는 전술에 대해서도 의견이 다르다. 어떤 이들은 폭력을 요구하지만, 다른 이들은 폭력에 반대한다.

나는 앞에서 대개의 경우, 사회정의운동이 지도자들을 요구하며, 바라는 결과를 성취하기 위해 오랜 시간을 소비한다고 언급했다. 거의 모든 사회정의운동 이야기가 용기의 이야기일 뿐 아니라 지도자들과 추종자들 모두에게서 놀라운 성실함의 이야기이기도 하다. 모든 방향으로 갈등, 적대감, 저항이 한창일 때, 지도자들은 "이것이 본질은 아니야"라는 외침을 생생하게 만들어야 하며, 자신을 따르는 자들에게 새로운 질서에 대한 비전을 심어주어야 하고, 연대를 형성하며, 그들 자신과 추종자들 안에서 희망을 유지해야 한다. 그들이 어떻게 이런 일을 행하는가에 대해서는 또 다른 논문이 필요하다. 여기서는 면밀히 검토한 세 가지 사항만 간략히 언급하겠다.

일부 지독한 악행에 대해 생생히 기억하는 것은, "이것이 본질은 아니다"라는 외침을 생생히 유지하는 데 중요하다. 남아공의 저항운동은 샤프빌 대학살$^{\text{the massacre in Sharpeville}}$에 대한 기억을 생생히 살아 있게 만들었다. 예로부터 살아온 고향 마을에서 강제 추방당하고 UN이 이스라엘 국가를 인정한 후, 팔레스타인인들은 자신들에게 닥친 비극적 재난을 계속 생생하게 기억하고 있다.

둘째, 대단히 많은 사회정의운동에서, 노래와 구호가 연대를 형성하는 데 중요한 역할을 수행한다. 그것은 남아공 저항운동에서 "디 우마스, 디 우파스……"라는 구호가 수행했던 역할이다. 그리고 그것은 미국 시민권 운동에서 「우리는 승리하리라」라는 노래가 담당했던 역할이다.

셋째, 대단히 많은 사회정의운동에서, 예배가 연대를 형성하고 희망을 살아 있게 만드는 데 절대적인 역할을 수행한다. 미국 시민권 운동이 그런 경우였고, 남아공의 저항운동도 마찬가지였다.

5부

정당한 처벌

25장

온두라스 방문

나는 4장에서 근본적으로 다른 두 유형의 권리들을 구분했다. 반응적 권리 reactive rights 와 기본적 권리 primary rights. 이런 두 종류의 권리에 상응하는 것이 두 종류의 정의다. 반응적 정의 reactive justice 와 기본적 정의 primary rights.

남아공에서 유색인들과 팔레스타인인들의 정의에 대한 외침에서, 나는 기본적 정의의 실천 및 외침과 기본적 불의의 교정에 대한 외침을 들었다. 나는 형사사법 criminal justice 이나 다른 종류의 반응적 정의에 대한 외침은 듣지 못했다. 미국 정치인들의 말을 들을 때 한 가지 신뢰할 만한 경험 법칙 rule of thumb 은, 만약 그 정치인이 정의에 대해 말한다면, 그것은 형사사법에 관한 것이라고 가정하면 된다. 즉, 그는 처벌, 감옥 등에 대해 말한다고 가정하면 되는 것이다. 하지만 남아공의 유색인들과 팔레스타인인들은 형사사법을 위해 울부짖지 않았다. 정의에 대한 나의 글들이 거의 전적으로 기본적 정의에 집중된 것은 정의에 대한 나의 고찰이 이런 사람들과의 직접적 만남에 의해 촉발되고 형성되었기 때문이라고 생각한다.

일반적으로는 반응적 정의가, 특별히 형사사법이 부재한 상태에서는, 기본적 정의가 불가피하게 손상된다는 생각이 든 것은 최근에 제3세계로 떠난 여행 때문이었다. 다음의 글은 내가 여행에 대해 쓴 글을 약간 수정한 것이다.[1]

나는 2010년 3월 20일 토요일 정오에 온두라스의 수도 테구시갈파 Tegucigalpa 에 착륙했다. 수년 동안, 커트 버 비크 Kurt Ver Beek 가 내게 와서 '보다 정의로운 사회를 위한 연합회' la Asociación para una Sociedad más Justa, ASJ 의 활동을 직접 보라고 요청했고, 이제야 그렇게 할 수 있는 기회가 열렸다. 나는 미국에서 온 소수의 다른 방문객들에 합류했다.

ASJ는 기독교 단체다. 대부분의 독자들은 소위 제3세계라 불리는 다양한 지역에서 구호나 개발사업을 벌이는 북미기독교단체들을 알고 있을 것이다. 그들 중에서 월드비전 World Vision 이 가장 규모가 크고 널리 알려져 있다. 어떤 이들은 제3세계에서 이런저런 형태의 사회적 불의에 대항해 싸우는 북미기독교단체들도 알고 있을 것이다. 국제정의선교회 International Justice Mission, IJM 가 이들 중에서 제일 크다. ASJ와 IJM은 구호나 개발단체라기보다 정의기구로서 서로 비슷하다. 하지만 IJM이 미국 단체인 반면, ASJ는 온두라스 단체다. ASJ는 2000년에 버 비크와 다른 다섯 명의 사람들에 의해 설립되었는데, 그들 중 네 명이 온두라스 원주민들이다. 이 단체 직원들은 거의 대부분 온두라스 사람들이었고, 지금도 온두라스인들이 주도권을 쥐고 있다. 그 단체에는 현재 55명의 직원들이 있으며, 그들 중 3/4이 여성들이다.

닷새의 방문 일정 중, ASJ의 지도자와 직원들이 보여준 헌신, 단호함, 상상력, 용기에 깊은 감동과 자극을 받았다. 또한 나는 그 연합회가 온두라스 사회의 특정한 불의에 대항하여 투쟁을 조직해온 방식에도 완전히 매료되었다. 그 독특한 사항들은 미국의 것과 매우 달랐다. 그리고 나는 그 연합회의 활동 속에 내재해 있는 국가업무에 대한 독특한 이해와 국가가 자신의 업무, 특히 가난한 사람들에 관한 업무를 수행하도록 만들기 위해 수행하던 일에도 큰 흥미를 느꼈다.

그 연합회는 세 가지 핵심 프로젝트를 수행한다. 평화와 정의 프로젝트(이것은 희생자 권리 프로그램이다), 노동권 프로젝트, 그리고 토지권 프로젝트. (ASJ가 권리란 단어를 사용하는 데 주저하지 않는다는 사실에 주목하라.) 매일 아침, 그 프로젝트 중 하나의 책임을 맡은 개인이나 사람들이 자신들의 프로젝트를 우리에게 설명해주었다. 그리고 오후에는 우리가 사역현장으로 나갔다.

평화와 정의 프로젝트는 폭력범죄의 불쌍한 희생자들의 사례를 면밀히 살피고, 그들에게 법률적·심리적 도움을 제공하며, 자질이 다소 부족하거나 재정이 부족하거나 과로에 시달리는 정부 관리들은 이런 희생자들에게 그들의 책임을 수행하도록 돕는다. 필요할 때면, 이 단체는 관리들이 자신들의 책임을 다하도록 압력을 가한다. 우리가 방문했던 첫째 주 아침에 평화와 정의 프로젝트의 수장이 이 단체의 사역을 설명해주었다. 그가 말한 것은 다른 프로젝트들에 대한 설명의 토대가 되었다.

그는 온두라스 관리들이 빈민들을 대상으로 한 범죄를 제대로 다루지 못하는 것이 부패 때문이라고 말했다. 뇌물과 부정이득. 그와 커트^{Kurt} 모두가 주장했다. 빈민들은 경찰, 사법제도, 혹은 관료체제를 신뢰하지 않는다. 경찰은 검사들을 믿지 않고, 검사들은 경찰을 믿지 않는다. 그 결과, 빈민들이 범죄나 학대에 희생되었을 때, 무서워서 아무런 조치도 취하지 않았다. 그들이 경찰이나 정부 관리에게 신고하면, 그들은 자신들을 학대했던 사람이나 조직이 보복할까 봐 두려워한다. 비슷하게, 경찰과 검찰도 자신들이 조치를 취하면, 보복의 희생자들이 될까 봐 두려워한다. 이런 두려움이 근거 없지 않음을 보여주는 증거들이 무수히 많았다. 그 어느 때보다 분명하게 내가 목격한 것은, 편만한 공포와 불신 속에서는 어떤 형태의 정의도 불가능하다는 것이다.

내가 대화를 나눈 한 선교사는, 그가 만난 이들 중에서 온두라스인들을 가장 소극적인 사람들로 묘사했다. 그는 전에 도미니카 공화국과 아이티에서 사역했었다. 방문을 마칠 무렵, 나는 온두라스 사람들을 소극적이라고 묘사하는 것이 정확하지 않다고 결론 내렸다. 또한 그들이 자신들에게 벌어진 학대를 순순히 받아들인다고 묘사하는 것도 옳지 않다. 비록 그들이 그런 것들을 참기는 하지만, "이러면 안 된다"라고 말할 줄도 안다. 정부를 신뢰할 수 없기 때문에, 그들은 자신들을 학대해온 사람들에게 법의 심판을 받게 만들 방법이 없다고 믿을 뿐이다.

어떻게 이런 불신의 기운이 발달했는가를 설명하는 일은 역사가들의 몫이다. 하지만 그 주 후반에 있던 토론들은 (개신교와 가톨릭) 교회들의 지배적 신학이, 희생자가 발생했을 때 아무것도 하지 않는 오래된 습관과 깊이 연루되어 있음을 명확히 해주었다. 로마서 12:19에서 바울의 명령, "내 사랑하는 자들아, 너희가 친히 원수를 갚지 말고 하나님의 진노하심에 맡기라. 기록되었으되 원수 갚는 것이 내게 있으니 내가 갚으리라고 주께서 말씀하시니라"는, 범죄를 저지르고 법을 어긴 사람들을 지상의 정의 법정에 세우는 것이 기독교인들의 몫이 아니라는 뜻으로 널리 해석되고 있다. 상벌을 주는 것은 하나님의 일이다. 최후 심판에서, 하나님은 범죄를 저지르고 법을 어긴 사람들을 처벌하고, 자신들에게 행해진 학대를 인내하며 견딘 사람들에게는 상을 주실 것이다. 우리가 하나님의 일을 대신해서는 안 된다. 정부를 믿을 수 없기 때문에, 이런 내세 신학otherworldly theology이 자신에게 행해진 학대를 참고 견디는 습관을 지지한다. 역으로 그런 사회적 습관이 그런 신학에 적합성을 부여한다.

평화와 정의 프로젝트는 테구시갈파에 소재한 두 개의 가난한 지역을 대상으로 진행되어왔다. 한 곳에는 주민 3천 명이 살고 있고, 다른 곳에는 주민 7천 명이 살고 있다. 이곳에는 폭력범죄의 희생자들도 함께 살고 있다. 이 지역의 경찰이 자원의 부족이든 범죄자들의 보복에 대한 두려움 때문이든 범죄조사를 거부하거나 거절할 때, 그리고 증인들이 무서워서 증언하기를 거부할 때, ASJ가 개입해서 조사를 수행한다(경찰은 정보를 확인하고 체포해야 한다). 이 단체는 검사들의 형사소송 준비를 도왔다. 그리고 증인들이 법정에서 증언하기를 두려워할 때, ASJ가 온두라스 법으로 허용된 한 가지 방법인 '보호받는 증인들' 제도를 활용했다. 어떤 범죄와 관련된 증인들이 머리부터 발까지 덮개로 가린 채 법정에 출두한다. 그들이 증언하는 동안 그들의 목소리는 기술적으로 변조된다.

평화와 정의 프로젝트가 활동해온 지난 6년 동안, 그것은 1백 명 이상의 범죄자들이 유죄판결을 받는 데 중요한 (흔히는 결정적인) 역할을 해왔다. 두 지역의 살인사건 수가 2005년의 42건에서, 2009년에는 9건으로 줄었다. 같은 기간, 온두라스 전체에서 살인사건 수가 2,155건에서 5,012건으로 두 배 이상 증가했다.

그날 오후, 우리는 두 지역 중 한 곳인 빌라 누에바^{Villa Nueva}로 차를 타고 가서, 깨끗하고 정돈된 작은 거실로 안내되었다. 두 여인은 자신의 딸들이 당한 강간을 이야기했고, ASJ가 개입하기 전까지 어떻게 경찰들이 아무런 조치도 취하지 않았는지를 말했다. 결국 범죄자들이 발각되었고, 체포되어 유죄판결을 받았다. 한 젊은 남자가 총에 맞아 상처를 입었으며, 그의 경우에도 ASJ가 간섭하기 전까지 어떻게 경찰이 아무 일도 하지 않았는지를 이야기했다. 역시 범죄자들이 발각되고 체포되고 유죄판결을 받았다. 사람들로 가득 찬 그 방에서 눈물을 흘리지 않은 사람이 없었다.

다음 날, 노동권 프로젝트의 대표가 우리 앞에서 자신의 프로젝트에 대해 설명했다. 1954년에 온두라스는 진보적인 노동법을 채택했다. 이것은 두 개의 미국 바나나 회사들을 상대로 한 대규모 노동쟁의의 산물이었다. 하지만 가난한 노동자들의 경우, 그 법은 거의 집행되지 않는다. 부분적으로는 정부조사관들을 위한 자료들이 비참할 정도로 부적절하기 때문이고, 부분적으로는 노동자들이 불만을 제기할 경우, 보복의 희생자들이 되거나 일방적으로 해고될 것이라고 그들이 두려워하기 때문이다. (높은 실업률은 해고된 사람들을 대체할 다른 사람들이 항상 존재한다는 뜻이다.) ASJ는 가장 학대가 심한 그룹인 청소노동자들과 경비원들에게 집중해왔다. 그 단체는 지금까지 7천 명 이상의 노동자들에게 그들의 권리에 대해 교육했고, 135개의 소송에서 승리하도록 도움을 주었다.

온두라스에서는 많은 회사들이 단체와 개인에게 계약직 경비원들을 공급한다. 이 회사들 가운데 피고용자들에 대한 처우에서 가장 악명 높은 것 중 하나가 세테크Setech다. 세테크의 피고용자들은 때때로 여러 달씩 임금이 체불되고, 24시간 휴식 없는 노동을 강요당하고, 야근수당도 받지 못하며, 일방적으로 해고된다.

디오니시오 디아즈 가르시아Dionisio Diaz Garcia는 세테크와 다른 경비 및 청소업체들의 관행에 대해 조사를 담당한 ASJ 변호사들 중 한 명이었다. 그의 활동으로, 조직적으로 노동법을 위반한 수많은 사례들이 관련 기관의 이목을 끌게 되었다. 2006년 12월 4일, 디오니시오는 경비원들과 관련된 청문회에 참석하기 위해 법원으로 이동하던 중 살해되었다. 오토바이를 탄 두 명의 남성이 테구시갈파의 한 번화한 거리에서 그의 차를 세우더니, 그들 중 하나가 디오니시오에게 총을 발사하고 그대로 도주했다. 커트는 그 뉴스를 들었을 때 ASJ의 모든 직원들이 그만둘 것이라 예상했다고 한다. 그 일이 너무나 위험했기 때문이다. 하지만 오직 한 사람만 떠났다. 이것은 내가 ASJ 직원들과 지도자들의 용기에 대해 이야기할 때, 염두에 둔 부분이다.

디오니시오의 암살이 대낮에 발생했고 수많은 목격자들이 있었지만(어떤 이들은 차에서, 어떤 이들은 물건을 팔며 길가에 있었지만), ASJ가 증언해줄 목격자를 찾는 일이 너무나 어려웠다. 마침내 소수의 사람들이 증언해주었기 때문에, 범인들이 확인되고 체포되었다. 두 사람 모두 세테크를 위해 일한 경력이 있었다. 오토바이 운전자는 살인을 저지른 당시에 현직 경찰관이었다. 두 명의 증인들이 재판에서 '보호받는 증인들'로 증언했다. 법정은 그들의 증언을 신뢰할 만한 것으로 받아들였고, 두 사람은 살인죄로 유죄판결을 받고 수감되었다. ASJ는 현재 그 암살 배후의 실세들을 찾아내어 정의의 심판을 받게 하려고 온두라스 사법부를 도우면서 압력도 행사하고 있다.

노동법 프로젝트 대표가 발표를 마친 후, 우리는 사역현장으로 나갔다. 먼저 우리는 110개의 침상을 갖춘 공중 병원을 방문했다. 환자들 대부분은 매우 가난한 이들이었다. 치료비는 받지 않았다. 우리는 여성청소부 몇 사람과 대화를 시도했다. 그들은 아무 말도 하려 하지 않았다. ASJ는 노동자들이 어떤 사람과 그들의 처우에 대해 이야기를 나눌 경우, 즉시 해고될 것이라는 말을 최근 들어 회사로부터 들은 사실을 알게 되었다. 곧 그 병원의 최고 경영자 중 한 사람이 나타났다. 그는 우리에게 병원을 보여준 후, 가장 골치 아픈 문제 중 하나가 일부 노동자들의 '태도'라고 설명했다.

병원은 높은 담장으로 둘러싸여 있다. 입구마다 세테크 제복을 입은 경비원들이 지키고 있었다. 승합차를 기다리는 동안 우리는 기꺼이 대화를 나누고 싶어 하는 두 명의 경비원을 발견했다. 두 사람 모두 24시간 교대근무를 하도록 정기적으로 압력을 받고 있다고 우리에게 말했다. 한 사람은 한 달 이상 임금을 못 받은 적이 있으며, 또 다른 이는 자신이 석 달 동안 임금을 못 받은 적이 있다고 말했다. 우리가 그들에게 이런 일이 자주 있느냐고 묻자, 그렇다고 대답했다. 우리가 그들에게 결국 회사가 밀린 임금을 지불했느냐고 묻자, 그런 적도 있고 그렇지 않은 적도 있다고 말했다. 두 사람 모두 가족을 거느린 중년 남성이었는데, 자신이 석 달 동안 임금을 못 받은 적이 있다고 말한 사람은 자식들이 일곱 명이라고 말했다. 왜 그들은 두려움을 잊고 낯선 이들에게 말을 한 것일까? 그 이유는 확실히 모르겠다.

    우리는 그 병원을 떠나 법무부 장관 사무실로 갔다. 그곳에서 우리는 인권침해 사례들을 다루는 부서의 장을 만났고, 아동범죄를 다루는 부서의 장과 디오니시오 사건을 담당하는 검사들의 책임자도 만났다. 그들은 ASJ가 자신들에게 도움이 된 여러 방식에 감사를 표했다. 즉, 조사를 수행하고 증인들을 찾아내고 증인들이 증언할 수 있도록 용기를 주고 검사들에게 운송수단이 없을 때는 차를 대여해주는 등등. 하지만 대화를 나누는 과정에서 ASJ가 결코 정부를 위한 애완용 개가 아니라는 사실도 명백해졌다. ASJ 대표도 자신들 역시 직원들과 법무부 장관 사무실 직원들 사이의 협력 수준에 대해 고맙게 생각한다고 말했다. 하지만 그들은 공무원들이 책임을 제대로 수행하지 않는다고 생각될 때마다, 구두나 서면으로 계속해서 불만을 제기할 것임도 분명히 했다. 법무부 장관 사무실 사람들은 고개를 끄덕이면서, 자신들도 이 사실을 잘 알고 있다고 표시했다! 나는 법무부 장관 사무실의 고위 직원들 중에 여성들이 매우 많다는 사실에 충격을 받았다. 일반적으로 여성들이 남성들보다 더 용기 있다고 누군가 말했다.

정부에 대한 ASJ의 독특한 입장이 내게 뚜렷이 보인 것은 법무부 장관 사무실에서 우리가 이런 대화를 나누던 중이었다. ASJ가 하는 모든 일에 내재된 전제는, 정의로운 법 체제를 확립하고 그런 법들을 효과적이고 정당하게 집행하며, 그 법을 위반한 사람들을 처벌하여 사회에서 정의를 확보하는 일은 일차적으로 정부의 몫이라는 것이다. 이런 전제를 고려하여, ASJ는 세 가지 일을 한다. 즉, ASJ는 희생자들 편에 서서 그들의 입장을 변호하고, 공무원들이 법을 집행하고 범죄자들을 찾아 처벌하는 과제를 책임 있게 수행하도록 돕는다. 마지막 두 가지에 대해 그 단체는 정부 주변에서 우회 작전을 실시하거나, 희생자들에게 도움을 주거나 자선을 베푸는 것에 만족하지 않는다. 대신 공무원들이 책임을 지게 만든다. 비난을 퍼붓는 것에 만족하지 않고, 공무원들이 자신들의 업무를 수행하도록 돕는다.

조금만 더 앞으로 나아가보자. 내가 방문하는 마지막 날 밤, 우리는 ASJ 대표들이 한 대형식품 체인 대표, 그리고 그 체인과 계약을 맺고 청소업무를 대행하는 회사의 대표가 참여한 회의에 참석했다. ASJ는 직원들에 대한 그 청소회사의 '갑질' 행태를 폭로하고 저항해왔다. 임신 테스트를 요구받은 후, 거부하면 해고될 것이라고 위협받은 60세의 한 여성 청소부가 ASJ 팀과 함께 왔다.

청소회사의 대표는 몹시 화가 났다. 나는 다른 언급 없이, 그가 말한 것을 번역하여 여기에 옮겨본다.

온두라스 사람들은 항상 희생자 놀이를 합니다. 여러분은 우리 직원들과 이야기하기 전에 내게 허락을 받았어야만 합니다. 언제나 불평하는 사람들이 있지요. 내게도 권리가 있습니다. 왜 여러분은 나의 권리에 대해서는 말하지 않나요? 왜 당신들은 그들의 권리만 이야기합니까? 성경은 우리에게 이웃을 사랑하라고 말합니다. 나는 이 사람들에게 일자리를 제공함으로써 이들을 사랑하는 겁니다. 기독교 원리에 대해 이야기해봅시다. 나는 나의 달란트를 사용하고 있습니다. 성경은 많은 달란트를 가진 사람들이 그것을 사용해야 한다고 말합니다. 내게는 많은 달란트가 주어졌습니다. 우리 모두는 우리가 가진 것보다 더 많이 가질 권리가 있습니다. 국가는 내가 하는 일을 규제합니다. 그래서 당신은 내가 가진 것에서 떨어져 있습니다. 나는 누구도 내가 회사를 어떻게 운영해야 하는지에 대해 간섭하지 못하게 할 겁니다. 나를 가만히 내버려두세요. 당신들이 비방을 하면, 내가 고소할 수도 있어요. 나는 내가 원하는 대로 할 수 있는 자유를 요구합니다. 나는 누구에게도 설명할 필요가 없습니다.

셋째 날 아침에, 노동권 프로젝트 지도자들 세 명이 우리에게 그들의 사역에 대해 설명해주었다. 테구시갈파는 일련의 가파른 산등성이에 건설되었다. 지난 30여 년간, 엄청난 수의 빈민들이 유입되었다. 그들은 외진 산등성이에 집을 지었다. 그들이 집을 지은 땅의 소유권은 흔히 모호하거나 논란의 여지를 많이 안고 있었다. 비록 그들이 누군가에게 항상 땅값을 지불했지만, 그들이 마땅히 주어야 할 사람에게 준 것인지는 명확하지 않았다. 이따금 그들은 요구하는 값을 지불했지만 소유권은 얻지 못했다.

5년 전, 정부는 토지개혁법을 통과시켰다. 실제로 그 법이 어떻게 작동했는지에 대한 세부사항은 우리의 관심사가 아니다. 대신 소유권을 확보할 수 있는 지주들은 땅값을 제대로 받게 되었고, 자신들의 몫에 대해 정당한 비용을 지불한 후, 혹은 자신들이 이미 정당한 비용을 지불했다는 사실을 확인받은 주민들에게는 그들의 몫에 대한 정당한 자격이 주어졌다. ASJ는 테구시갈파와 산페드로술라 San Pedro Sula 에서 약 6만 명의 가난한 사람들이 자신들의 몫에 대해 분명한 소유권을 확보하는 데 도움을 주었다.

그날 오후에 우리의 현장방문 일정은 그런 지역 중 한 곳인 로스 센테노스 Los Centenos 를 방문하는 것으로 구성되어 있었다. 그 지역은 주민들이 토지소유권을 획득하도록 ASJ가 도움을 준 곳이다. 그곳 주민들은 이런 토지소유권에 대해 엄청난 자부심을 갖고 있었다. 그들은 땅문서를 보여주면서, 그것을 붙들고 있는 자신들의 모습을 사진으로 찍어달라고 부탁했다. 하지만 내게 감동적이고 인상적이었던 것은, 토지권 프로젝트의 세 지도자들이 인정했지만 우리에게는 말하지 않은 것이었다. 우리가 방문한 지역은 네 개의 다른 마을들로 구성되었는데, 그 도시는 중산층 지역에만 상하수도와 전기시설을 설

치해주었다. 하지만 이들 가난한 마을들이 스스로 이런 시설을 마련했음을 우리가 알게 되었다. 그렇게 하기 위해, 그리고 다른 문제들을 처리하기 위해, 각 마을은 회장, 부회장, 서기, 그리고 회계를 둔 조직을 구성했다. 각 직분을 위해 후보자들이 나서고 마을마다 선거를 치렀다. 뽑힌 사람들 중에는 여성들이 압도적으로 많았다. 이는 소규모로 작동하는 민주주의였다. 이것은 소극성이 아니라 적극성이었다. 나는 우리에게 마을 구경을 시켜준 두 명의 남성 부회장들에게 생계를 위해 무슨 일을 하느냐고 물어보았다. 한 사람은 자신이 경비원이라고 말했고, 다른 사람은 경비원으로 일하다가 은퇴했다고 말했다. 나는 그들이 어떤 회사에 다녔는지 묻지 않았다. 나는 그때 그것을 물어봤어야만 했다.

 방문은 너무 짧았다. 나는 목요일에 온두라스를 떠났다. 하지만 내가 받은 인상은 너무 생생했고, 결코 기억을 지울 수 없었다. 나는 온두라스에서 학대받은 연약한 사람들의 얼굴을 직접 보았으며 목소리를 들었다. 나는 그들과 정서적으로 일치감을 느끼게 되었다. 나는 불굴의 의지, 용기, 상상력으로 정부가 범법자들을 처벌해야 한다고 주장하며, 정부가 그렇게 할 수 있도록 돕는 한 자생기관의 활동을 직접 목격했다. 그리고 나는 이제 명백해 보이는 것, 즉 정의롭고 효과적인 사법체계 없이는 기본적 정의를 위한 투쟁과 기본적 불의를 바로잡기 위한 노력이 결코 성공할 수 없음을 깨달았다.

26장

보복적 처벌에 대한 바울의 거절

ASJ는 구제나 개발조직이 아니라 사회정의조직이다. 그것의 작동방식 속에 내재한 것은 사회에서 정의 확립의 일차적 책임이 국가에 있다는 것이다. ASJ는 불의에 희생당한 사람들의 상처를 싸매주는 일에 자신의 역할을 한정하지 않는다. 물론 그런 일도 부분적으로 수행하지만 말이다. ASJ는 정부가 그런 일을 제대로 수행하지 못할 때, 정부를 무시하고 학교 같은 제도를 직접 설립하려 하지 않는다. ASJ는 정부를 비난하는 일로 만족하지도 않는다. 그 조직은 정부가 마땅히 해야 할 일, 즉 사회에서 정의를 유지하는 일을 제대로 수행할 수 있도록 곁에서 정부를 자극하고 돕는다.

그런 식으로 ASJ는 하나님이 부여하신 국가업무에 대한 바울의 이해를 심오하게 반영하고 있다. 로마서 12장 마지막 다섯 절과 13장 첫 일곱 절에서 바울이 말하는 것을 살펴봄으로써, 나는 이런 주장을 입증할 것이다. 지난 수백 년간 바울의 로마서에서 이 구절들이 기독교인들 안에서 심각한 정치적 소극성을 야기해왔으며 오늘날에도 상황은 다르지 않다. 나는 그런 관행이 바울의 말을 오해해서 생긴 일이라고 생각한다.

전통적 해석에는 두 가지 주된 요소들이 있다. 하나는, 하나님이 부여하신 정부의 과업이 악을 행하는 사람들에게 보복적 처벌을 내리는 것이라는 주장이다. 다른 하나는, 세 가지 주장들의 결합으로 구성된다. 즉, 특정한 백성의 정부가 어떻든지, 그것을 그들의 정부로 만드신 분이 바로 하나님이라는 사실이다. 특정한 백성의 정부가 된다는 것은 그들에 대해 권위의 자리에 있다는 것이다. 그리고 그들은 권위의 자리에 있는 사람들이 자신들에게 명하는 것에 무조건 복종해야 한다는 것이다. 그들이 하나님의 신성한 계명을 어기도록 악랄한 명령을 내리지 않는다면 말이다.

이런 주장들 중 첫 번째 것부터 시작해보자. 즉, 악을 행하는 자들에게 보복적 처벌을 내리는 것이 하나님이 정부에게 부여한 과업이라는 것 말이다. 어떻게 이런 해석에 이르게 되었을까? 로마서 12:17-21은 다음과 같다. "아무에게도 악을 악으로 갚지 말고 모든 사람 앞에서 선한 일을 도모하라.……너희가 친히 원수를 갚지 말고 하나님의 진노하심에 맡기라. 기록되었으되 원수 갚는 것이 내게 있으니 내가 갚으리라고 주께서 말씀하시니라. 네 원수가 주리거든 먹이고 목마르거든 마시게 하라. 악에게 지지 말고 선으로 악을 이기라." 그리고 로마서 13:4은 이렇게 이어진다. 정부는 "하나님의 사역자가 되어 악을 행하는 자에게 진노하심을 따라 보응하는 자니라."

이 구절들에 대한 전통적 해석은 다음과 같다. 즉, 우리 개인들은 악을 악으로 갚지 말아야 한다. 우리는 스스로 복수해서는 안 된다. 복수는 하나님의 일이다. 하지만 정부 관리들은 사적인 시민처럼 행동하지 않는다. 그들은 하나님 편에서 행동한다. 그들이 공직을 수행할 때, 하나님 편에서 보복하는 것이 그들의 과제다. 이런 해석이 옳은가?

우리가 악을 악으로 갚지 말고 선으로 이겨야 한다고 바울이 말할 때, 그는 자신의 말을 통해 예수가 산상수훈에서 말씀하신 것의 핵심을 반복하는 것이다. 마태는 예수가 다음과 같이 말씀하셨다고 보고한다. "또 네 이웃을 사랑하고 네 원수를 미워하라 하였다는 것을 너희가 들었으나 나는 너희에게 이르노니 너희 원수를 사랑하며 너희를 박해하는 자를 위하여 기도하라"(마 5:43-44). 누가는 예수가 다음과 같이 말씀하셨다고 보고한다. "너희 원수를 사랑하며 너희를 미워하는 자를 선대하며 너희를 저주하는 자를 위하여 축복하며 너희를 모욕하는 자를 위하여 기도하라"(눅 6:27-28).

예수는 이 설교에서 한 가지 예외를 염두에 두셨을까? 비록 개인들이 악을 악으로 갚지 않고, 오히려 선으로 대하면서 사랑의 윤리에 따라 살아야 하지만, 국가는 다른 규칙에 따라 살아도 된다고 예수가 생각하셨을까? 예수는 국가가 악을 악으로 갚아도 된다고 허락하신 것일까?

예수가 그런 예외를 허락했다는 힌트를 어디에서도 찾을 수 없다. 바울이 그런 예외를 염두에 두었다고 생각하는 사람과 마찬가지로, 예수가 그런 예외를 염두에 두었다고 생각하는 사람도 자신의 주장을 입증해야 할 책임이 있다.

에크디케시스^{ekdikēsis}는 바울이 12장에서 사용하는 그리스어 단어로서, 영어성경에서 '보복'^{vengeance}으로 번역된다. 에크디케시스가 필요한 경우, 그것은 우리의 일이 아니라 하나님의 일이라고 바울은 말한다. 그것은 하나님께 맡겨두라. 바울은 에크디케시스를 '갚기'^{repaying}와 연결한다.

에크디케시스란 단어가 13장에는 나오지 않는다. 로마서 13:4에서 바울은 통치자가 "하나님의 사역자가 되어 악을 행하는 자에게 진노하심을 따라 보응하는 자^{ekdikos}"라고 말한다. 내가 갖고 있는 『그리스어-영어 신약사전』$^{Greek\text{-}English\ Lexicon\ of\ the\ New\ Testament}$은 에크디코스^{ekdikos}의 의미를 "보복자나 처벌하는 사람"이라고 설명한다.[1] 바울이 에크디코스를 갚기와 연결하면, 이 두 가지 가능성 중 전자는 번역으로서 설득력이 없다. 하지만 13장 어디에서도 바울은 '갚기'란 단어를 사용하지 않는다. 그는 악을 악으로 갚는 것이 정부의 일은 아니라고 말한다. 그가 말하는 것은 다스리는 자가 악한 일에 대해 "두려움"이 되고(3절), "악을 행하는 자에게……보응"한다(4절)는 것이다. 그는 어디에서도 다스리는 자가 하나님을 **위해** 행동한다고 말하지 않는다. 그는 그들을 하나님의 대리인이 아니라 하나님의 종이나 하인으로 묘사한다. 하지만 나는 전통적 해석이 틀렸다고 생각한다.[2] 다스리는 자는 보복자가 아니라 단지 처벌하는 자다.

나는 다음의 방식으로 한 가지 반대를 상상해본다. 보복자와 처벌하는 사람을 구분하는 것은 무의미하다. 처벌은 단지 보복일 뿐이다. 그것은 악을 악으로 갚는 것이다. 그것은 복수다. 처벌하는 사람은 보복자다. 보복자는 처벌하는 사람이다. 그렇지 않다. 그렇지 않은 이유를 살펴보기 위해, 처벌의 본질에 대해 잠시 살펴보자.

처벌이란 무엇인가? 가장 일반적인 설명으로 시작해보자. 처벌은 어떤 사람이 뭔가 잘못을 저질렀기 때문에 그를 심하게 대하는 것hard treatment이다. 나는 어떤 사람이 이런 설명에 동의하지 않을 것이라고 생각하지 않는다. 하지만 이 경우, 처벌이 그렇게 이해되면 다른 것들과 자주 혼동된다.

그렇게 이해되면, 처벌은 본질적으로 '뒤돌아보기'란 사실에 주목하라. 어떤 사람이 잘못을 저질렀고, 이제 그 때문에 처벌을 받는다. 하지만 심하게 대하는 이유는 그들이 잘못을 저질렀다는 '과거를 돌아보기' 때문이기보다, 장래를 생각하기 때문이다. 심하게 대하는 것은 장래에 어떤 선을 가져올 것이란 희망과 기대 속에 이루어진다. 심하게 대하는 것은 그가 한 짓을 다른 사람들이 하지 못하도록 막는다는 희망과 예상 속에 어떤 사람에게 이루어지는 것이다. 그것은 어떤 사람이 자기가 한 짓을 반복하지 못하도록 그를 변화시킬 희망과 기대 속에 그에게 이루어진다. 그 사람이 한 짓을 반복하지 못하도록 사회를 보호하기 위해 누군가에게 특정한 종류의 심한 대우(수감이나 망명)가 가끔씩 행해진다.

이런 이유 중 어떤 것 때문에 행해진 심한 대우(제지, 개혁 혹은 보안)는 장래를 고려하는 것이다. 그가 과거에 했던 것 때문에 어떤 사람에게 행해지기보다, 그것은 장래에 어떤 선을 확보하기 위해 행해진 것이다. 이렇게 장래를 생각하는 이유 중 어떤 것 때문에 심하게 대하는 것은 엄격히 말해 처벌이 아니다. 다시 말하지만, 처벌은 **어떤 사람이 과거에 했던 잘못 때문에** 그를 심하게 대하는 것이다. 물론 우리는 처벌에 대한 과거 회상적 이유와 미래 전망적 이유를 결합시킬 수 있다.

내가 제시한 '처벌'의 정의는 논쟁의 여지가 없다. 처벌을 둘러싼 논쟁은 그것의 본질에 대한 것이 아니라 그것의 근거에 대한 것이다. 왜 어떤 사람이 잘못한 것 때문에, 그를 심하게 대하는가? 그렇게 하는 이유는 무엇인가?

단연코 이 질문에 대한 가장 일반적 대답은 처벌의 **보복적**[retributive] 이론이다. 그것의 기본사상은 다음과 같다. 내가 당신에게 잘못을 저지른 것이 우리의 상호관계 속에 선과 악의 불균형을 초래했다. 선은 전부 내 편에 속한다. 혹은 나는 그렇게 생각한다. 해나 악은 전부 당신에게 속한다. 보복은 이런 불균형을 바로잡는 것으로 구성된다. 보다 일상적인 용어로 말한다면, 그것은 빚을 갚는 것, 되갚아주는 것으로 구성된다. 보복주의자들의 말에 의하면, 처벌의 요점은 그 악행이 초래한 선과 악의 불균형을 바로잡는 것이다.

나는 예수가 산상수훈에서 하신 말씀을 인용했다. "네 원수를 사랑하고 너를 핍박하는 자를 위해 기도하라." "네 원수를 사랑하고, 너를 미워하는 자에게 선을 베풀라." 바울도 같은 말을 한다. "아무에게도 악을 악으로 갚지 말라." 나는 예수와 바울이 말한 것을 보복적 처벌의 거절을 제외하고 달리 해석하는 법을 모른다. 보복은 악을 악으로 갚는 것, 해^harm 를 해^harm 로 바로잡는 것으로 구성된다. 예수와 바울은 보복을 거부한다.

만약 보복이 거부된다면, 처벌도 거부되는가? 그렇지 않다. 보복은 처벌을 이해하고 실천하는 한 가지 방법이다. 하지만 그것이 유일한 방법은 아니다. 자신의 자녀에 대한 부모의 처벌을 생각해보라. 부모와 자녀의 관계가 심각하게 망가지지 않는다면, 부모는 이런 행위를 빚 갚기로 생각하지 않고, 이런 행위를 해로 해를 교정하는 것이라고 생각하지도 않으며, 이것을 보복으로 간주하지도 않는다. 부모는 자신의 행동을 아이의 행동을 꾸짖는 것으로, 그 아이가 한 행동에 대한 강력한 비판의 표현으로 이해한다. 보통은 이것이 아이의 장래 행동에 개혁적 결과를 가져오리라 기대하면서 말이다. 나는 '책망하다'^reprove 란 단어에서 착안하여 '책망적'^reprobative 이란 단어를 만들어, 이것을 처벌에 대한 **책망적** 설명이라고 부르겠다.

정의와 사랑의 관계에 대한 논의에서, 우리는 두 번째 사랑 명령이 레위기 19:18에서 나타날 때의 맥락 일부를 살펴보았다. 그 사랑 명령 직전에 나오는 구절이 이렇다. "네 이웃을 반드시 견책하라. 그러면 네가 그에 대하여 죄를 담당하지 아니하리라." 그 사상은 만약 우리 이웃이 잘못을 범하면, 우리가 그를 책망하는 것이 그와 다른 이들을 위해 당연하다는 것이다. 그러므로 우리가 그렇게 하지 않으면, 우리 자신이 잘못을 범하는 것이다.

이제 한 번 더 국가의 임무에 대한 바울의 설명을 살펴보자. 이번에는 본문 전체를 인용한다.

다스리는 자들은 선한 일에 대하여 두려움이 되지 않고 악한 일에 대하여 되나니 네가 권세를 두려워하지 아니하려느냐. 선을 행하라. 그리하면 그에게 칭찬을 받으리라. 그는 하나님의 사역자가 되어 네게 선을 베푸는 자니라. 그러나 네가 악을 행하거든 두려워하라. 그가 공연히 칼을 가지지 아니하였으니 곧 하나님의 사역자가 되어 악을 행하는 자에게 진노하심을 따라 보응하는 자니라(롬 13:3-4).

나는 여기서 바울이 말하는 모든 것이 책망적 처벌론에 부합한다고 생각한다. 국가는 보복을 수행하도록 권위를 위임받은 것이 아니다. 국가는 당신과 나처럼 책망적 처벌을 수행하도록 권위를 부여받은 것이다.

국가에 의해 수행되는 처벌이 본질상 보복적이라기보다 책망적이라고 생각한다면 어떤 차이가 발생할까? 나는 모르겠다. 나는 아직까지 이에 대해 생각해볼 시간이 없었다.

내 생각에는 하나님께서 부여하신 업무를 수행하는 정부에 대해 말하면서 바울이 인용하는 사회적 유익들로부터 바울이 염두에 둔 것이 단지 처벌뿐이었다고 우리가 생각한다면, 그것은 그를 지나칠 정도로 빈약하고 문자적으로 해석하는 것이다. 바울이 인용하는 두 가지 주된 유익은 악행을 저지르는 사람에게 두려움이 되고, 선행에 대해서는 지지를 표명하는 것이다. 그래서 내가 보기에는, 바울의 생각은 일단 악행이 발생하면 하나님은 그것을 **처벌하는** 것이 아니라, 그것의 발생을 **저지하고** 그것의 발생으로부터 대중을 **보호하는** 임무를 정부에 맡기셨다는 것이다.

정부는 법전, 즉 그것이 금지하는 행위들과 그것을 어길 경우, 그 법이 부여하는 강제적 제재들을 구체적으로 명시하는 법전을 발간함으로써, 어떤 사람이 법을 위반했는지 여부를 결정하고, 만약 그가 위반했다는 결정이 나면 처벌을 명하기 위해 사법부를 세움으로써, 그리고 위법 행위를 방지하거나 억제하기 위해 경찰력을 확보함으로써 이 업무를 수행한다. 악을 행하는 자에게 진노하심을 따라 보응하는 것, 즉 악을 행하려는 사람들이 그렇게 하는 것에 대해 두려워하도록 만들고, 선을 행하는 사람들에게 지지를 표명하는 것의 사회적 유익을 가져오는 것은 바로 이런 삼중적 제도다. "악을 행하는 자에게 진노하심을 따라 보응한다"는 바울의 표현은 훨씬 포괄적인 임무에 대한 일종의 제유(synecdoche: 사물의 한 부분으로 전체를, 혹은 한 단어로 그와 관련된 모든 것을 나타내는 수사적 표현 방법. 빵이 식량을, 감투가 벼슬을 나타내는 것이 대표적인 예다.-옮긴이)로 이해되어야 한다. 하나님이 부여하신 정부의 임무는 **불의를 제어하고 정의를 북돋우기** 위해 대중을 통치하는 것이다. 물론 정부는 모든 악행을 제어할 수 없다. 그러기에는 자원이 부족하다. 어떤 사람을 모욕하는 것은 그 사람에게 악을 행하는 것이다. 어떤 정부에도 모든 모욕을 제어할 수 있는 자원이 없다. 정부는 우선순위를 결정해야 한다. 소소한 악행은 눈감아주고, 심각한 악에 집중하면서 말이다.

하나님이 세우신 정부는 어떤 종류의 불의를 제어해야 하는가? 바울은 말하지 않는다. 바울은 경제적 불의와 정치적 불의, 경제적 권리와 정치적 권리를 우리가 구분하는 것에 대해서도 아는 것이 없다. 만약 그가 이런 구분에 대해 알았다면, 그는 그것이 별로 상관없다고 생각했을 것이다. 그가 '율법과 예언자들'에 대한 자신의 연구를 통해 배운 것은 왕이 자신의 나라에서 정의를 확립하기 위해 과제를 수행할 때, 연약하고 짓밟힌 자들(고아, 과부, 나그네, 가난한 사람들)에게 우선순위를 두어야 한다는 것이었다. 이들에게 불의는 어쩌다 생기는 사건이 아니라 일상적 상황이다. 그래서 그들에게 우선순위가 주어져야 한다. 만약 의료 혜택이나 적절한 생계수단에 대한 공정한 접근이 허용되지 않는 사람들이 사회에 있다면, 이런 불의를 바로잡는 것이 하나님이 정부에게 부여하신 임무다. 정확하게, 정부가 어떻게 어떤 불의들을 가장 잘 교정할 수 있을까 하는 것은 상황에 따라 다르다. 다른 상황에는 다른 수단들이 필요하다. 하지만 정부는 사회 권력의 사다리에서 밑바닥에 위치한 사람들의 불의한 상황을 무시할 수 없다. 그것은 정부에게 선택의 여지가 없는 임무다.

27장

국가의 임무와 권위에 대한 바울의 생각

로마서 12장 마지막 다섯 절과 로마서 13장 첫 일곱 절에 대한 전통적 해석에는 두 가지 주된 요소가 있다고 나는 말했다. 우리는 하나님이 부여하신 정부의 임무가 악을 행하는 자들에게 보복적 처벌을 부과하는 것이라는 첫 번째 주장에 대해 논의했다. 남은 일은 다른 요소를 살펴보는 것이다.

로마서 13장 첫 두 절은 전통적 해석의 이런 요소를 위한 토대다. 이 본문은 다음과 같다. "각 사람은 위에 있는 권세들에게 복종하라. 권세는 하나님으로부터 나지 않음이 없나니 모든 권세는 다 하나님께서 정하신 바라. 그러므로 권세를 거스르는 자는 하나님의 명을 거스름이니 거스르는 자들은 심판을 자취하리라." 이것은 다음의 세 가지 주장을 제시하거나 의미하는 것으로 해석되어왔다. (1) 백성 중 특정 그룹으로 구성된 정부가 어떠하든, 그것이 그들의 정부가 되게 한 분은 하나님이시다. (2) 백성 중 특정 그룹으로 구성된 정부가 된다는 것은 그들에 대해 권위의 자리에 있다는 것이다. (3) 백성은 그들에 대해 권위의 자리에 있는 사람들이 그들에게 명령하는 것은 무엇이든 실천해야 한다는 것이다. 이 마지막 주장은 항상 암묵적인 자격을 가진 것으로 해석되었다. 즉, 권위의 자리에 있는 사람들이 신적 명령에 불복종하도록 극악무도하게 명령하지 않는다면 말이다.

사람들은 이것이 정부의 권위에 대해, 그리고 그런 권위를 향한 우리의 적절한 반응에 대해 바울이 가르친 것이라고 믿고 있으며, 그 결과 수많은 그리스도인들이 정부의 불의에 직면해서 지난 수백 년 동안 소극적인 태도를 보였다. 저항자들에 대항하여 아파르트헤이트를 옹호했던 아프리카너들이 제기하는 한 가지 공통된 주장은 저항자들이 정부에 복종하라는 하나님의 명령에 불복종했다는 것이다.

정부의 권위에 대한 바울의 가르침을 이해하기 위해, 우리는 단지 첫 두 절만이 아니라 첫 일곱 절을 한 묶음으로 읽어야 한다. 다음은 그 첫 일곱 절이다.

각 사람은 위에 있는 권세들에게 복종하라. 권세는 하나님으로부터 나지 않음이 없나니 모든 권세는 다 하나님께서 정하신 바라. 그러므로 권세를 거스르는 자는 하나님의 명을 거스름이니 거스르는 자들은 심판을 자취하리라. 다스리는 자들은 선한 일에 대하여 두려움이 되지 않고 악한 일에 대하여 되나니 네가 권세를 두려워하지 아니하려느냐. 선을 행하라. 그리하면 그에게 칭찬을 받으리라. 그는 하나님의 사역자가 되어 네게 선을 베푸는 자니라. 그러나 네가 악을 행하거든 두려워하라.

그가 공연히 칼을 가지지 아니하였으니 곧 하나님의 사역자가 되어 악을 행하는 자에게 진노하심을 따라 보응하는 자니라. 그러므로 복종하지 아니할 수 없으니 진노 때문에 할 것이 아니라 양심을 따라 할 것이라. 너희가 조세를 바치는 것도 이로 말미암음이라. 그들이 하나님의 일꾼이 되어 바로 이 일에 항상 힘쓰느니라. 모든 자에게 줄 것을 주되 조세를 받을 자에게 조세를 바치고 관세를 받을 자에게 관세를 바치고 두려워할 자를 두려워하며 존경할 자를 존경하라(롬 13:1-7).

내 생각에, 여기서 해석의 주된 논점이 무엇인지를 설명하기 위해서는 권위의 두 개념을 구분하는 것이 좋겠다. 나는 이들 중 하나를 **수행 권위** performance authority 라고 부른다. 이것은 무언가를 행하는 도덕적 권위로 구성된다. 즉, 명령을 내리고, 어떤 한 쌍을 남편과 아내로 선언하고, 백악관으로 들어가는 것 등. 어떤 사람이 무언가를 행하는 도덕적 권위를 갖는다고 말하는 것은 그 사람이 도덕적으로 그 일을 행하도록 허용된다는 뜻이다. 도덕적으로 허용되지 않는 어떤 일을 할 수 있는 도덕적 권위를 가질 수는 없는 것이다.

다른 개념은 **지위적 혹은 제도적 권위** positional or institutional authority 라고 적절하게 불릴 수 있다. 지위적 혹은 제도적 권위를 소유한다는 것은 **권위의 자리에 있다**는 것이다. 즉, 어떤 사람이 특정한 일을 할 수 있도록(다른 사람들에게 지시를 내리는 것을 포함하여) 권위를 부여하는 제도적 지위를 차지한다는 것이다. 지위적 혹은 제도적 권위를 소유하는 것에 동반하는 것은 항상 특정한 관할권이다. 그런 권위의 자리에 있기 때문에, 그는 특정한 문제에 대해 (다른 사람들이 아니라) 특정한 사람들에게 지시를 내릴 수 있는 권위가 부여된다. 어떤 사람이 권위의 제도적 지위에 있고 그가 내리는 지시가 그의 관할권 내에 있다면, 그 사람은 그런 지시를 내릴 수 있는 지위적 권위를 갖고 있는 것이다. (도덕적으로 말해서) 그 사람이 그런 지시를 내리지 않았다고 하더라도 말이다. 하지만 (도덕적으로 말해서) 그 사람이 그런 지시를 내리지 않았다고 해서 그 지시가 그 사람의 권위의 관할권 밖에 있다는 뜻은 아니다.

로마서 13장의 첫 두 절에 대한 전통적 해석은 권위의 제도적 혹은 지위적 개념을 사용한다. 다시 한 번 그런 해석을 소개해보자. 즉, 백성들 중 특정한 그룹으로 구성된 정부가 어떤 모양이든, 그것이 그들의 정부가 되게 한 분은 바로 하나님이시다. 그러므로 특정한 그룹으로 구성된 정부가 된다는 것은 백성들에 대한 권위의 지위에 있다는 것이다. 그래서 그 백성들은 권위의 자리에 있는 사람들이 그들에게 명령하는 것은 무엇이든 행해야 한다. 권위의 자리에 있는 사람들이 극악무도하게 신적 명령에 불복종하도록 명령하지 않는다면 말이다.

첫 두 절을 이런 식으로 해석하면서, 전통적 해석은 3-5절이 권위의 주제가 아니라 정부적 권위의 자리에 있는 사람들이 무슨 일을 **해야 하는가**라는, 비록 관계는 있지만 다른 주제를 다루는 것으로 해석한다.

나는 해석의 중심이 1-2절이 아니라 3-5절이어야 하며, 바울은 이 절들에서 정부적 권위의 주제를 뒤에 남긴 것이 아니라, 정부적 권위를 구성하는 것이 무엇인지에 대해 이야기하는 것으로 해석되어야 한다고 생각한다. 하나님의 종으로서, 정부는 수행해야 할 하나님이 부여하신 임무를 갖고 있다. 하나님이 부여하신 임무는 악을 행하는 자들에게 진노나 분노로 보응하고, 그럼으로써 선행에 대한 자신의 승인을 보여줄 목적으로 대중을 통치하는 것이다. 만약 하나님이 정부에게 그런 권위를 부여하신다면, 하나님은 정부에게 그런 임무를 수행하도록 권위를 부여하고 명령하시는 것이다. 그리고 만약 하나님이 정부에게 그런 임무를 수행할 권위를 부여하신다면, 정부는 그렇게 할 권위, 즉 악을 행하는 자에게 진노로 보응하고 그럼으로써 선행에 대한 자신의 승인을 보여줄 목적으로 대중을 통치할 하나님이 주신 권위를 갖는 것이다. 바울이 사용하는 권위의 개념은 제도적 권위가 아니라 수행 권위의 개념이다.

하나님이 불의를 제어하고 정의를 북돋울 목적으로 대중을 통치하도록 정부에게 권위를 부여하고 명령하셨기 때문에 백성은 복종해야 한다. 바울의 말이다. 그러므로 백성은 복종하고 순응해야 한다. 여기서 바울은 정부 관리들이 "권위의 지위에 있"기 때문에, 혹은 그들이 "권위를 갖고 있"기 때문에 복종해야 한다고 말하지 않는다. 그들이 복종하지 않으면, 불의를 제어하고 정의를 북돋우기 위해 하나님이 정부를 임명하신 목적이 제대로 성취되지 않을 것이므로, 그들은 복종해야 한다. 일반적으로 백성들은 정부적 권위에 대해 적합한 것을 드려야 한다. 즉, 그에게 적합한 세금과 존경과 명예를 드려야 한다.

바울은 그들이 "복종하지 아니할 수 없으니 진노 때문에 할 것이 아니라 양심을 따라 할 것이라"고 말한다. 여기서 "진노 때문에"는 "제재에 대한 두려움으로"란 뜻이다. 바울은 사람이 복종하지 않으면 처벌받을 것이라고 생각하기 때문에 복종하는 것을 비난하지 않는다. 하지만 그가 강조하는 것은 백성이 양심에 따라 복종해야 한다는 것이다. 대부분의 주석가들과 함께, 나도 이것을 그들이 **도덕적으로 복종해야 한다**는 뜻으로 해석한다. 불의를 제어할 목적으로 정부가 대중에게 내리는 지시들은 법적 구속력이 있다.

하지만 정부 자체가 악을 행하는 경우를 가정해보라. 이것은 최소한 네 가지 형태를 취할 수 있다. 정부가 시민들, 그리고 자신의 영토 내에 살거나 여행하는 사람들 사이에서 벌어지는 심각한 악행에 대해 눈감을 수 있다. 정부는 시민들과 다른 사람들에게 그들이 잘못을 범하도록 명령하는 지시를 내릴 수도 있다. 정부는 자신이 직접 시민들과 다른 이들에게 내린 지시 때문에 악을 행할 수도 있다. 종교적 자유에 대한 권리, 집회에 대한 권리를 부정하면서 말이다. 혹은 정부는 자신이 직접 특정 종류의 강제와 폭력을 행사함으로써, 시민들과 다른 사람들에게 악을 행할 수도 있다.

악을 행하는 자들에게 진노로 보응할 목적으로 대중을 통치하라고 하나님이 정부에게 명령하신다고 해서, 정부가 어떤 방식으로든 악을 행하는 자가 될 수 있는 권리를 하나님이 주신 것은 아니다. 그런 모든 행동은 하나님이 주신 권위 밖에 놓여 있다. 우리는 더 강력한 어떤 것을 말할 수 있다. 하나님의 권위 부여는 국가 자체가 악을 행하는 자가 되도록 확장되지 않을뿐더러 하나님은 정부가 자기 입장에서 악한 의도로 강제력을 사용하거나 명령하도록 허락하지 않으신다. 정부 자신이 악의 주체가 되도록 허용하면서, 악을 행하는 개인들에게 분노로 보응하라고 하나님이 정부에게 명령하신다면 도대체 말이 되겠는가?

바울은 관리들이 대중에게 어떤 일을 명령한다면, 그리고 그 명령이 그들의 제도적 권위의 관할권 내에서 이루어진다면, 그 명령은 대중에게 복종할 의무를 야기한다고 말하거나 제안하지 않는다. 바울은 자신이 '제도적 권위' 개념으로 작업하지 않기 때문에 이렇게 말하거나 제안하지 않는다. 그는 수행 권위 개념, 보다 분명하게, 다스리는 권위 개념으로 작업한다. 하나님은 정부에게 어떤 일을 하라고, 즉 불의를 억제할 목적으로 대중을 다스리라고 명령하신다. 만약 대중에게 특정한 지시를 내리는 것이 도덕적으로 국가에 허용되지 않는다면, 그럼에도 불구하고 정부가 그렇게 한다면, 정부는 그렇게 함으로써 대중 안에 복종할 어떤 의무도 발생시키지 못한다. 그 지시가 권위 있는 자리의 관리에 의해 내려졌다는 사실은 아무런 차이도 만들지 못한다. 복종해야 하는 선하고 신중한 이유들이 있을 수 있지만, 그 지시가 사람들 안에 복종할 의무를 발생시키는 것은 아니다.

이제 로마서 13장의 첫 두 절로 돌아가자. 나는 바울이 3-5절에서 보다 상세하게 서술한 것과 대체로 같은 것을 이 첫 두 절에서 말한다고 생각한다. 우리가 3-5절을 우리 해석의 중심으로 삼고, 1-2절을 그런 관점에서 해석하는 것은 바로 그 상세한 설명 때문이다. "각 사람은 위에 있는 권세들에게 복종하라"고 바울이 말한다. 여기서

'복종하다'로 번역된 동사는 5절에서 '복종하다'로 번역된 것과 같다. 즉, 휘포타소^{hypotassō}다. 왜 각 사람은 위에 있는 권세에 복종해야 하는가? 그 이유는 "모든 권세는 다 하나님께서 정하신 바"이기 때문이다. 4절을 고려할 때, 우리의 즉각적 생각은 권세들이 그냥 정해진 것이 아니라는 것이다. 더 이상 말할 것도 없다. 그것이 바로 전통적으로 그 본문이 읽혀온 방식이다. 바울이 하나님께서 위에 있는 권세자들을 '정하신다'고 말할 때 의미한 것에 대해, 해석자들이 단순한 제안을 남발하면서 말이다. 하지만 우리는 4절을 통해 그들이 어떤 일을 하도록 정해지고 임명된다는 사실을 안다. 그리고 우리는 그것이 무엇인지 안다. 즉, 불의를 제어하는 것 말이다.

그 문장이 생략된 것으로 이해된다면, '정해지다'^{instituted}는 동사 휘포타소의 번역으로 상당히 부족하다. 그래서 나의 『그리스어-영어사전』이 제공하는 그 단어의 첫 번째 의미, 즉 '임명되다'^{appointed}가 더 좋다. 그들은 **임명된다**. 어떤 일을 **하라고** 임명된다. '임명되다'는 NRSV 2절에서 디아타게^{diatagē}란 단어의 번역이다. 위에 있는 권세들은 악을 행하는 자들에게 진노로 보응할 목적으로 대중을 다스리고, 그런 식으로 하나님을 섬기기 위해 하나님에 의해 임명된다. 그들은 하나님에 의해 이 일을 하도록 임명된 것이다. 그럼으로써 이 일을 하도록 권위를 부여받고 명령을 받은 것이다. 그래서 그들이 임명된 일을 할 때, 우리는 그들에게 저항하지 말고 복종해야 한다. 그들에게 저항하는 것은 하나님께서 그들에게 맡기신 일, 그들에게 권위를 부여하고 명령하신 일에 저항하는 것이 될 것이다. 이것이 바로 3-5절에서 그 주장이 더 구체적으로 설명된 방식이다. 1-2절에서, 그 주장은 충분히 암시되었으나 아직 충분히 설명된 것은 아니다.

"모든 권세는 다 하나님께서 정하신 바라"라는 바울 선언의 전통적 해석은, 권위의 자리에 있는 사람은 누구나 하나님에 의해 그 자리에 있게 되었다는 것이다. 하지만 1-2절에서 제시된 바울의 생각이 3-5절에서 보다 구체적으로 설명되는 것이라면, 위의 해석은 전혀 적절하지 않다. 완벽하게 즉흥적이며, 주된 주장과 상관이 없다. 바울은 정부의 권위 있는 자리에 앉은 사람은 누구나 하나님이 그를 그 자리에 앉혔기 때문에 그 자리에 앉아 있는 것이라고 말하지 않는다. 바울의 말은, 그런 자리에 있는 사람은 어떻게 그 자리에 앉게 되었든, 악을 행하는 자에게 진노로 보응하며 대중을 다스림으로써 하나님을 섬기라는 명령과 임명을 하나님께 받았다는 것이다.

끝으로 1절에서 다른 구절, 즉 "권세는 하나님으로부터 나지 않음이 없나니"는 어떤가? 나는 여기서 바울이 자신의 주장 속에 권세 일반에 대한 추상적 설명을 삽입한다고 생각하지 않는다. 가능하기는 하지만 그럴 것 같지는 않다. 그는 자신이 "다스리는 권세/위에 있는 권세"라고 부르는 것의 권세에 대해 말하고 있다. 바울이 말하는 것은 정부가 하나님이 자신에게 부여하신 임무를 잘 수행하고 있을 때 정부에게 저항하는 것은 단지 정부에게 저항하는 것일 뿐 아니라 다른 어떤 것에도 저항하는 것이란 뜻이다. 여기서 다른 어떤 것이란 바로 하나님이다. 어떤 로마의 신이나 바울이 다른 곳에서 이야기하는 초월권 권세나 권력이 아니다. 정부의 권세는 악행을 억제하고 방지하며 처벌하도록 하나님에 의해 임명되었다. 하나님 외에 다른 어떤 천상적 존재도 그들에게 이 일을 부여하지 않았다.

요약하면, 사회에서 불의를 제어함으로써 정의를 확보하는 것은 하나님이 정부에게 부여하신 임무다. 정부는 정당한 법 체계, 정당하고 효과적인 경찰력, 그리고 정당한 사법제도를 확립함으로써 이 임무를 수행한다.

바울이 로마 시민에게 제시한 정치권력과 복종의 그림은 그의 입장에서 그렇게 혁신적인 것은 아니었다. 그것은 구약성경을 지배했던 것과 동일한 것이다. 지배자의 핵심과제는 정의를 확립하는 것이다. 시편 72편에서, 우리는 하나의 고전적 표현을 발견한다. 성경에서 인용해보자.

> 하나님이여, 주의 판단력을 왕에게 주시고
> 주의 공의를 왕의 아들에게 주소서.
> 그가 주의 백성을 공의로 재판하며
> 주의 가난한 자를 정의로 재판하리니
> 의로 말미암아 산들이 백성에게 평강을 주며
> 작은 산들도 그리하리로다.
> 그가 가난한 백성의 억울함을 풀어주며
> 궁핍한 자의 자손을 구원하며
> 압박하는 자를 꺾으리로다(1-4절).

이제 내가 앞에서 온두라스 조직 ASJ(보다 정의로운 사회를 위한 모임)가 정부의 임무와 권위에 대해 대단히 바울적인 이해 속에서 암묵적으로 활동한다고 말한 이유가 분명해질 것이다. 그 모임은 온두라스에서 관리들이 불의를 억제하고 정의를 확보하지 못할 때, 사람들에게 가만히 있으라고 가르치지 않는다. ASJ는 불의의 희생자들에게 도움을 주는 것으로 만족하지 않으며, 교묘하게 정부를 피해 가지도 않는다. ASJ는 하나님이 정부에게 행하도록 권위를 부여하신 것, 즉 불의를 제어함으로써 정의를 확보하는 일을 정부가 해야 한다고 주장한다. 그리고 정부가 그 임무를 수행할 때 돕고 지원한다.

남아공이 저항운동의 특정한 시점에 있을 때, 그 운동의 지도자들이 국가의 전복을 위해 하나님께 기도할 목적으로 기도회를 조직했다. (이에 대해서는 내가 마지막 장에서 좀 더 말할 것이다). 이것은 엄청나게 거대한 부정적 반응을 불러왔다. 하나님이 세우신 정부의 전복을 위해 기도하는 것은 신학적으로 이단적이라는 주장까지 있었다.

역으로 나는 그 지도자들이 정부의 권위에 대해 대단히 바울적인 이해를 갖고 있었다고 생각한다. 남아공 정부는 하나님에 의해 불의를 억제함으로써 정의를 확립하도록 권세를 부여받았다. 하지만 이 정부는 하나님이 자신에게 행하도록 맡기신 일을 제대로 수행하지 못했다. 그런 상황에서, 신자들은 하나님께 그 정부가 자신에게 주어진 권세를 제대로 사용하도록 기도한다. 하지만 정부가 단호히 거절할 경우, 그들은 정부의 전복을 위해 기도할 뿐이다.

28장

정의, 용서, 그리고 처벌

우리 기독교인들은 예수께서 우리에게 명령하신 이웃 사랑과 정의의 관계를 논하지 않은 채, 기본적 정의에 대해 논의할 수 없다. 그리고 우리는 어떻게 용서가 반응적 정의 및 처벌과 관계가 있는지를 고려하지 않은 채, 반응적 정의 일반, 특히 처벌에 대해 논할 수 없다.

물론 정의와 사랑, 그리고 정의와 용서라는 두 주제는 서로 연결되어 있다. 용서는 사랑의 한 표현으로서, 성경에 의하면 하나님에게서 기원한 것이고 예수가 우리에게 명령하는 것이다. 안데르스 니그렌은 좀 더 나아가서, 죄인에 대한 하나님의 용서라는 모델에 근거해서 모든 사랑에 대해 생각해야 한다고 주장했다. 그것은 너무 멀리 나간 것이다. 하지만 용서 속에 드러난 사랑이 기독교적 비전의 근본적 요소라는 점은 의심의 여지가 없다.

20세기의 철학적·신학적 저서들에서 용서에 대해 읽은 적이 있는 사람들은 용서의 본질에 대해 일치된 의견이 존재하지 않는다는 사실을 발견했을 것이다. 그래서 나는 다른 견해들에 반대하면서, 이 경우, 내가 생각하는 용서가 무엇인지 간략히 설명해보겠다.

모든 사람은 용서가 무차별적으로 적용될 수 없다는 사실에 동의할 것이다. 용서는, 누군가가 어떤 사람에게 잘못을 범했다, 어떤 사람에게 권리가 있는 어떤 것을 그에게서 빼앗았다는 것, 그래서 불의가 발생했다는 것을 전제한다. 더 나아가, 그것의 전제는 용서하는 사람이 누군가가 해를 입었다는 사실, 불의가 발생했다는 사실을 인지하는 것이다.

이제 나는 용서의 본질에 대한 나의 이해를 두 단계로 제시하겠다. 첫째, 용서가 발생하기 위해 필요한 상황을 서술할 것이다. 그 후에, 나는 그런 맥락에서 용서가 무엇인지 말할 것이다. 나는 후버트 Hubert라는 가상의 인물을 설정하겠다.

후버트에 대한 나의 용서가 발생할 수 있는 맥락은 다섯 가지 핵심적 요소들로 구성된다. (1) 후버트가 내게 잘못을 저질렀다. (2) 나는 그가 그렇게 한 것에 대해 비난받아 마땅하다고 올바르게 믿는다. (3) 나는 그런 행동이 행해진 것에 대해 분노나 어떤 유사한 부정적 감정을 느낀다. (4) 나는 그런 짓을 한 것 때문에 후버트에게 분노나 어떤 유사한 부정적 감정을 느낀다. (5) 나는 그런 행동과 누가 그런 짓을 했는지를 계속 기억하고 비난한다. 오직 이런 조건들이 충족될 때, 후버트가 내게 행한 잘못에 대해 내가 그를 용서하는 것이 가능하다.

이들 중 첫 번째 것이 내가 후버트를 용서하기 위해 필요한 필수 조건이라고 모든 사람이 동의할 것이다. 나는 왜 다른 것들도 그러한

지에 대해 간략히 설명하겠다.

후버트가 비난받을 만하다, 과실이 있다고 내가 믿는다면, 그가 내게 잘못한 것에 대해 나는 그를 용서할 수 있다. 만약 그가 협박 속에, 비난받을 수 없는 무지에 의해, 혹은 어쩔 수 없는 연약한 의지 때문에 그렇게 행동했으므로, 그에게 과실이 없다고 내가 믿는다면, 나는 그를 비난도 용서도 하지 않는다. 나는 그냥 그를 봐준다. 봐주는 것은 용서와 비슷하다. 하지만 그것은 용서와 구별될 뿐 아니라 용서를 미연에 방지한다. 내가 당신을 봐준다면 용서는 존재하지 않는다.

둘째, 행위나 행위자에 의해 어떤 부정적 감정을 경험하지 않고도, 누군가는 어떤 사람에게 해를 입었다고 믿을 수 있다. 우리는 행동과 행위자를 대수롭지 않게 생각할 수 있다. "나는 너 같은 쓰레기의 비난에 신경 쓰지 않아." 그런 무감각한 무시는 용서가 아니다. 그것도 역시 용서를 미리 막는다. 그것은 행위와 행위자를 도덕적으로 진지하게 취급하는 것이 아니다. 용서는 오직 행위와 행위자가 도덕적으로 진지하게 취급될 때만 발생할 수 있다.

셋째, 후버트가 내게 저지른 일을 용서하려면, 나는 그가 내게 저지른 일을 계속 기억해야 한다. 나는 그 짓을 한 사람이 바로 후버트라는 사실을 계속 기억해야 한다. 나는 그가 한 짓을 계속 비난해야 한다. 내가 의도적으로 그 기억을 지우려 했기 때문이든, 혹은 그것이 단지 서서히 사라졌기 때문이든, 내게 저질러진 일을 잊거나 후버트가 그 일을 했다는 사실을 잊는 것은 용서와 비슷하다. 하지만 잊는 것은 용서하는 것이 아니다. 그것 역시 용서를 미리 차단해버린다.

사람이 자신에게 저질러진 일이나 그 일을 저지른 사람을 잊었다면, 그 사람이 한 짓에 대해 그 사람을 용서하는 것은 무의미하다. 용서는 "과거를 묻지 마세요"가 아니다.

그렇다면 후버트가 내게 저지른 잘못을 용서한다는 것은 무슨 뜻일까? 내 생각에, 그것은 그가 내게 한 짓에 대해 후버트를 더 이상 나쁘게 생각하지 않기로 결심하는 것이다. 내가 온전한 결심을 할 때까지, 시간이 많이 걸릴 수 있다. 사실 그것은 결코 완전하게 이루어질 수 없을 것이다. 용서는 대체로 매우 힘든 일이다. 그래서 결심 자체는 부분적일 수 있다. 즉, 나는 어떤 방식으로 그를 나쁘게 생각하지 않기로 결심할 수 있지만, 동시에 다른 방식으로 그를 계속 나쁘게 생각할 수 있는 것이다.

그리고 후버트가 내게 한 짓 때문에 그를 더 이상 나쁘게 생각하지 않는다는 것은 무슨 뜻일까? 아무튼 그는 그 짓을 저질렀고, 나는 그가 한 짓을 기억하고 있으며, 그래서 그 짓에 대해 계속 비난한다. 그러므로 나는 그가 한 짓을 잊지 않았고 용서도 하지 않았다.

나는 개인의 개인적^{personal} 역사와 도덕적^{moral} 역사를 구별하여, 내 생각을 설명하겠다. 어떤 사람의 개인적 역사는 그가 한 모든 일의 총체다. 그의 도덕적 역사는 그의 개인적 역사의 한 부분이다. 그것은 그가 한 일 중에서 그가 어떤 면에서 어느 정도나 도덕적으로 선한 사람인지, 그리고 어떤 면에서 어느 정도나 도덕적으로 나쁜 사람인지를 결정하는 데 기여한 것으로 구성된다.

'한 개인의 도덕적 역사' 사상을 소개하는 이유는, 한 개인이 행하는 모든 것을 그의 도덕적 역사의 일부로 간주할 필요도 없고 간주하지도 않는다는 것이다. 후버트가 내게 잘못을 범했지만 욕할 수 없는 무지 때문에 그랬으므로 그가 도덕적으로 비난받을 수 없다고 판명된다면, 나는 그가 저지른 짓에 대해 그를 나쁘게 생각하지 않고 용서한다. 그를 용서하는 것은 그 행위가 그의 도덕적 역사의 일부가 아니라고 선언하는 것이다. 그것은 그의 개인적 역사의 일부다. 그는 정말 그런 행동을 했다. 하지만 그것이 그의 **도덕적** 역사의 일부가 아니다. 그것은 그의 도덕적 상황에 오점을 남기지 않는다.

후버트가 내게 잘못한 것에 대해 그를 나쁘게 생각하지 않는 것은, 나와 그의 개인적 관계에서 그 행위가 그의 도덕적 역사에 속하지 않는 것처럼 내가 그를 대우하는 것이다. 사실 그것은 그의 도덕적 역사의 일부다. 그리고 나는 그렇다는 사실을 잊지 않는다. 나는 그가 한 일을 계속 기억하고 비난한다. 하지만 이제 나는 그것이 그의 도덕적 역사의 일부라고 믿지 않는 것처럼 그를 대우하겠다고 결심하고 실천한다. 마치 내가 그를 용서한 것처럼 내가 그를 대우한다. 하지만 나는 그가 비난받을 만하다고 계속 믿는다.

만약 이것이 용서가 무엇인지에 대한 설명이라고 가정한다면, 도대체 왜 용서하는가? 왜 후버트가 내게 행한 잘못에 대해, 그를 계속 나쁘게 생각하지 않는가? 왜 그가 저지른 비열한 짓이 내가 그와 상호작용하는 방식을 영원히 결정짓도록 결심하지 못하는가?

후버트가 내게 한 짓에 대해 회개했다고 가정해보자. 그는 여전히 자신이 저지른 일에 대해 비난받아야 한다. 어떤 것도 그 사실을 변경할 수 없다. 하지만 그는 자신이 저지른 일과 자신의 관계를 도덕적으로 중요한 방식으로 이미 변경시켰다. 그는 자신이 내게 저지른 일 뒤에 숨는 대신, 이제는 그것과 자신의 도덕적 거리를 유지한다. 이제 그는 자신이 내게 저지른 일을 나와 함께 비난한다. 그의 전반적인 도덕적 상황이 그 이전과는 완전히 다르다. 단지 다른 것만이 아니다. 한 가지 중요한 점에서 더 낫다. 후버트의 회개는 (내가 그것에 대해 알고 있다고 가정한다면) 내가 그를 용서하라는 **초청**이다.

하지만 그의 후회는 단순한 초청 그 이상이다. 내가 쉽게 용서하지 않을 수도 있다. 우리 모두가 알고 있듯이, 어떤 사람들은 회개가 제공하는 그런 초청을 거절한다. 그들은 악을 행한 자에게 용서를 거부한다. 비록 그가 자신이 저지른 일에 대해 후회했고, 그들도 그 사실을 알고 있었지만 말이다.

하지만 후버트의 회개가 내게 제공하는 초청을 내가 수락한다고 생각해보자. 나는 그를 용서한다. 아마도 나는 그렇게 함으로써 어떤 선한 결과가 초래되길 기대하거나 소망하기 때문에 그렇게 할 것이다. 그 선한 것이란 무엇일까?

흔히 화해가 뒤따를 것이라는 소망이나 기대 속에서, 나는 잘못을 범한 사람이 회개하면 용서한다. 회개에 대한 반응으로서 용서가 가져올 것이라고 우리가 기대하거나 소망하는 선이 바로 화해다.

아마도 우리가 소망하거나 소망해야 하는 것이 더 있을 수 있다. 나는 철학자 장 햄프턴^{Jean Hampton}이 한 말을 기억한다. "[용서]는 갱신된 관계로부터 도래하는 유익을 가능하게 한다"고 주장한 후, 그녀는 계속 다음과 같이 말한다.

> 또한 그것은 비도덕적 행동 자체의 영향에서 [희생자와 악행자를] 해방한다. 용서하는 자는 더 이상 자신을 방어해야 하는 자리에 갇혀 있지 않고, 악을 행한 자도 더 이상 죄인의 자리에 있지 않다. 죄로 얼룩지고 자신의 희생자에게 빚지지 않으면서 말이다. 하지만 아마도 용서가 가져오는 가장 위대한 선은 희생자의 도덕적 증오의 영향으로부터 악을 행한 자의 해방이다. 만약 악을 행한 자가 악에 싸여 있거나 도덕적 죄에 감염되어 있다고 생각할 권리가 희생자에게 있다고 두려워한다면, 이런 두려움이 [악을 행한 자] 자신에 대해 도덕적 증오를 유발할 수 있다.[1]

내가 보기에, 이 말은 현명하고 사려 깊다.

용서에 대한 나의 설명은 신학적·철학적 전통들이 용서라고 부르는 것에 대한 설명이다. 하지만 근대의 치료적 전통에서는 매우 다른 어떤 것이 용서라고 불린다.

내가 서술했듯이, 용서는 악을 행한 자와의 관계engagement다. 그 사람이 한 짓이 그의 도덕적 역사에 속하지 않은 것처럼 그와 관계하는 것 말이다. 용서와 회개는 쌍방관계다. 그런데 근대의 치료적 전통에서 용서라고 불리는 것은 악을 행한 자와의 관계가 아니다. 그것은 악을 행한 자에 대한 분노, 그리고 범해진 행동에 대한 분노의 감정을 극복하는 과정이다. 그런 것이 자신을 괴롭히지 못하도록(자신의 행복을 파괴하지 못하도록) 말이다. 이런 감정을 극복하는 것은 그렇게 하는 것이 우리를 잘 살게 한다는 근거에서 추천된다. 또한 그것은 흔히 사람이 자신의 분노와 화를 극복하지 못하면, 악을 행한 자가 계속해서 그를 감정적으로 지배한다는 근거에서 추천된다. 개인의 행복과 자율은 개인의 분노를 극복함으로써 향상된다. 그렇게 이해될 경우, 용서는 순전하게 내적인 작업이다. 그것은 악을 행한 자와 희생자 사이의 화해를 목표로 삼지 않는다. 때때로, 이것이 사람이 할 수 있는 최선이다. 하지만 차선도 있다.

신학적·철학적 전통에서 용서라고 불리는 것으로 돌아가보자. 나는 회개를 용서에 대한 초청으로 서술했다. 기독교인들이 흔히 제기하는 문제는 심지어 회개하지 않을 때에도 자신들(그리고 다른 사람들도)이 용서해야 하느냐 하는 것이다. 예수께서 십자가에서 말씀하신 것이 보통 우리가 그렇게 해야 한다는 주장을 지지하는 것으로 인용된다. 자기를 십자가에 못 박는 사람들을 향해, 예수께서 말씀하셨다. "아버지, 저들을 사하여주옵소서. 자기들이 하는 것을 알지 못함이니이다"(눅 23:34).

내가 앞에서 주장했듯이, 어떤 사람이 다른 사람에게 잘못을 범하지만 자신이 한 일을 모른다면(그리고 알았을 것이라고 기대가 될 수 없다면), 우리는 그가 한 짓에 대해 그를 비난하지 않고 용서한다. 그리고 우리가 그를 비난하기보다 참아준다면, 용서는 문제가 되지 않는다. 오직 그가 비난받을 만한 짓을 했다고 우리가 생각할 때, 우리는 그를 용서할 수 있다.

누가복음 23:34에서 영어 '용서하다'^{forgive}로 번역된 그리스어 단어는 동사 아피에미$^{aphi\bar{e}mi}$의 명령형이다. 나의 『그리스어-영어사전』은 그 단어의 근본적 의미가 **석방하다, 떠나보내다**라고 알려준다. 어떤 맥락에서, 그 단어는 의심의 여지없이 용서를 의미한다. 하지만 예수가 자신을 십자가에 못 박는 자들에 대해 스스로가 하는 짓을 모른다고 말한 것을 고려하면, 그가 아버지에게 부탁하는 것은 그가 그들을 용서하는 것^{forgive}이 아니라 참아주는 것^{excuse}, 그들을 나쁘게 생각하지 않는 것이다.

누가는 예수께서 이렇게 말씀하신 적이 있다고 보고한다. "너희는 스스로 조심하라. 만일 네 형제가 죄를 범하거든 경고하고 회개하거든 용서하라. 만일 하루에 일곱 번이라도 네게 죄를 짓고 일곱 번 네게 돌아와 내가 회개하노라 하거든 너는 용서하라 하시더라"(눅 17:3-4). 마태의 이야기에서는, 베드로가 이것을 믿지 못했던 것 같다. 확인하기 위해 베드로가 말한다. "주여, 형제가 내게 죄를 범하면 몇 번이나 용서하여주리이까. 일곱 번까지 하오리이까." 예수의 대답에 과장법이 사용된다. "네게 이르노니 일곱 번뿐 아니라 일곱 번을 일흔 번까지라도 할지니라"(마 18:21-22).[2]

신약성경 어디에도, 예수께서 청중에게 회개하지 않는 악행자들을 용서하라고 말씀하신 적이 없다. 우리는 우리에게 죄를 지었지만 회개하지 않는 사람들도 포함해서 원수들을 사랑하라는 가르침을 받는다. 원수들을 용서하라는 가르침이 아니다. 나는 하나님께서 악을 행하고도 회개하지 않는 자를 용서하신다고(의롭게 여기신다고) 말하는 본문에 대해서는 들어본 적이 없다. 1986년에 남아공에서 아파르

트헤이트에 반대하는 신학자들이 발행한 『카이로스 문서』$^{Kairos\ Document}$
는 그 문제에 대해 이렇게 말한다.

> 화해와 용서에 대한 성경적 가르침은 그들이 자신들의 죄를 회개하지 않으면 누구도 하나님께 용서받거나 하나님과 화해할 수 없음을 분명히 한다. 우리가 회개하지 않는 죄인들을 용서하리라고 아무도 기대하지 않는다. 그들이 회개하면, 우리는 기꺼이 일곱 번을 일흔 번까지라도 용서해야 한다. 하지만 그렇게 하기 전, 우리는 우리와 누구에게라도 죄를 지은 사람들에게 회개를 설교해야 한다. 화해, 용서, 협상은 남아공에서 우리 기독교인들의 의무가 될 것이다. 오직 아파르트헤이트 정권이 진정한 회개의 증거를 보여준다면 말이다.[3]

더 심각한 질문은 악을 행하고도 회개하지 않는 자를 용서하는 것이 심지어 **가능한가**라는 것이다. 그리고 가능하다면, 그것이 도덕적으로 **허용할 만한가** 하는 것이다. 후버트가 내게 저지른 짓 뒤에 숨어, 자신이 내게 아무런 잘못도 저지르지 않았다고 주장한다고 가정해보자. 그럼에도 불구하고, 내가 그를 용서하겠다고 결심하고 실천할 수 있을까? 장차 나와 그와의 관계에서, 그를 나쁘게 생각하지 않을 수 있을까? 나는 그가 회개할 경우, 틀림없이 그를 **기꺼이 용서하려 할** 것이다. 하지만 내가 정말 용서할 수 있을까?

아마도. 하지만 나는 확신할 수 없다. 대신 내가 꼭 그래야만 하는지에 대해 질문을 던진다. 그가 회개하지 않는 경우, 그를 나쁘게 생각하지 않는 것은 그 악행, 나 자신의 가치, 혹은 도덕적 행위자로서 후버트의 가치를 정말로 도덕적으로 진지하게 다루지 못하는 것이다. 그 상황에 대해 생각해보자. 그가 한 일이 그의 도덕적 역사의 일부로 간주되어야 한다는 나의 생각에 후버트도 동의한다. 하지만 나의 반대에 대해 후버트는 자신이 한 짓이 잘못이 아니라 사실은 선한 것이었다고 주장한다. 이제 내가 그에게 말한다. "당신이 내게 잘못한 것에 대해 당신에게 책임이 있다고 우리가 동의합니다. 하지만 당신은 그 안에서 어떤 잘못도 보지 않고 있소. 당신이 내게 한 짓은 분명히 잘못이었소. 하지만 나는 당신을 나쁘게 생각하지 않기로 결심했소. 나는 당신을 용서하오. 나는 당신을 참아주기로 결심했소." 내 생각에, 이것은 그와 그가 한 일을 도덕적으로 정말 진지하게 다루지 않음으로써 나 자신의 품위를 떨어뜨리고 후버트도 모욕한 것이다. "당신의 용서는 잘 보관해두시오. 나는 잘못한 것이 없소"라고 그가 쌀쌀맞게 말한다. 따라서 후버트와 그의 행동을 그의 도덕적 역사의 일부로 간주하면서, 그의 주장에 반대하여 그것이 잘못이었다고 계속 주장하는 편이 더 낫다.

리처드 스윈번^{Richard Swinburne}이 요점을 잘 말해주었다. 그 악행이 사소한 것이 아니라면, "최소한 사과의 형태로나마 어떤 보상도 없는 상태에서" 희생자가 "[그 행위]가 결코 일어나지 않은 것처럼 취급하는 것은 잘못이다."⁴ 만약 내가 당신의 아내를 살해했고, 당신은 나의 잘못을 눈감아주고, 마치 그런 일이 결코 벌어지지 않은 것처럼 나와 관계를 계속 이어가기로 결심한다면, "당신의 태도는 인간의 생명, 당신 아내에 대한 당신의 사랑, 그리고 올바른 행동의 중요성을 하찮은 것으로 만들어버린다. 그리고 그것은 당신이 나를 진지하게 다루지 않고, 나의 행동 속에 표현된 당신을 향한 나의 태도를 진지하게 따르지 않은 것과 관계가 있다. 그럼으로써, 그것은 인간관계를 하찮은 것으로 만든다. 왜냐하면 그것은 우리가 서로를 진지하게 취급하지 않을 때도 선한 인간관계가 존재할 수 있다고 가정하기 때문이다."[5]

용서와 처벌에 대한 몇 가지 생각을 나누면서 글을 마치고자 한다. 후버트가 내게 저지른 짓에 대해 회개했다고, 그가 회개한 사실을 내가 안다고, 그리고 내가 그를 용서하기 위해 애쓰고 있다고 가정해 보자. 비록 후버트가 이런 특별한 행동에 대해 진정으로 회개했다고 내가 믿지만, 그 안에는 여전히 악마가 있어서 비록 내게는 아니더라도 다른 사람에게 똑같은 짓을 할 수 있다고 내가 믿을 수도 있다. 이런 경우, 나는 그를 변화시키기 위해 그를 심하게 대우하는 것에 대해 지지할 수 있다. 그런 대우가 그 안에서 성품의 변화를 가져올 것이라고 기대하면서 말이다. 또한 나는 이런 변화가 나타날 때까지 대중이 그에게서 보호될 필요가 있다고 생각할 수도 있다. 그리고 그런 행동을 억제하기 위한 우리의 체제가 작동하기 위해서는, 그 체제는 무차별적으로 적용되어야 한다고 내가 생각할 수도 있다. 만약 어떤 사람이 참회하여 우리를 감동시켰다고 해서 그에게 제재를 가하지 않는다면, 그 체제는 효과적으로 공정하게 작동하지 않을 것이다. 간단히 말해 변화, 보호, 혹은 제재를 위해 적절한 종류의 심한 대우가 후버트에게 주어져야 한다고 나는 확신할 것이다.

하지만 내가 앞에서 언급했듯이, 어떤 사람을 가혹하게 대우하는 이유 중 어떤 것도 엄격히 말해 처벌은 아니다. 그것들 모두가 장래에 성취될 어떤 선을 가리킨다. 반면 처벌은 행해진 어떤 잘못을 회상한다. 처벌하는 것은 어떤 사람이 **과거에** 저지른 **잘못**에 대해 그 사람에게 심한 대우를 부여하는 것이다.

그래서 후버트가 철저히 회개하고 내가 그를 용서한다고 가정해 보자. 나는 그가 내게 저지른 잘못에 대해 더 이상 그를 나쁘게 생각하지 않기로 결심한다. 나는 그가 그런 짓을 하지 않은 것처럼 그와 인간관계를 지속한다. 그렇다면 나는 그에게 처벌(비난적 처벌)을 부여하거나, 부여하는 것에 대한 지지를 포기하는 것인가? 비난적 처벌에서 심한 대우의 부여는 행해진 일에 대한 엄중한 비난으로서 **중요하다**.

후버트가 내게 저지른 짓에 대해 내가 더 이상 나쁘게 생각하지 않는다면, 내가 그를 충분하고 완벽하게 용서한다면, 이제 나는 그가 저지른 짓에 대해 그를 엄중하게 비난하는 방식의 하나로서 그에게 심한 대우를 부여하지 않을 것이고, 그렇게 하는 국가나 다른 기관에 대해 지지하지 않을 것이다. 이런 식으로 그를 비난하거나 그가 비난받는 것을 지지하는 것은 그가 한 짓에 대해 비난하는 것이다.

하지만 이것은 심지어 그가 참회할지라도, 악을 행한 사람에 대한 처벌을 포기하는 것이 부적절하고 심지어 잘못인 경우도 있지 않을까(그가 한 짓에 대한 비난을 확고하게 표현하길 포기하는 것이 부적절하거나 잘못일 수도 있지 않을까)라는 질문을 던진다. 그렇다. 그는 이제 나와 함께 자신이 한 짓에 대해 비난한다. 하지만 그가 한 짓이 너무

나빠서 언어적 비난이 부적절할 수도 있지 않을까? 보다 강력한 형태의 비난이 필요할 수도 있지 않을까?

나도 그렇게 생각한다. 여러 방식으로, 우리는 그를 용서할 것이다. 하지만 그에 대한 처벌을 포기하거나 그가 처벌받는 것을 지지하지 않는 것이 옳다고 우리는 생각하지 않을 것이다. 그런 경우, 우리의 용서는 불완전한 것으로 남고, 남을 수밖에 없다.

6부

아름다움, 희망, 그리고 정의

29장

정의와 아름다움

나는 자주 케냐의 그 아름다운 언덕 이미지를 떠올린다. 그 언덕 깊숙한 곳에 자리 잡은 누추한 선교사 주거지역을 토해내려는 것 같았다. 나중에 포체프스트룸 학술대회에서 들었던 추함에 대한 나의 반응과 불의를 바로잡아달라는 울부짖음에 대한 나의 반응 사이에는 어떤 깊은 연관이 있었을까? 추함은 불의와 얼마나 관계가 있을까? 역으로 아름다움, 혹은 미학적 선함은 정의와 얼마나 관계가 있을까?

포체프스트룸에서 돌아오는 비행기 안에서, 내 삶이 돌이킬 수 없을 정도로 부서지는 두려움이 내게 엄습했다고 앞에서 말했다. 나는 철학을 사랑했다. 나는 예배에 대해 깊은 관심을 갖게 되었다. 나는 예술도 사랑했다. 그렇게 학대받은 사람들을 위해 발언하는 것이 이제는 내 의제에 추가되었다. 이런 사람들을 연합시키는 어떤 것이 있었을까? 그것들을 함께 엮어주는 것이 있었을까? 아니면 나는 부서진 삶을 사는 것에 만족해야 했을까? 얼마 후, 이해에 대한 사랑, 예배, 아름다움, 그리고 정의를 연합시키는 것이 바로 샬롬의 모든 차원이란 사실이 내게 떠올랐다. 샬롬에서 이해는 당황스러움을, 하나님에 대한 예배가 증오를, 미학적 기쁨이 두려움을, 그리고 정의가 불의를 대체했다.

더 나아가서, 나는 정의와 아름다움 사이의 한두 가지 더 깊은 관계의 가능성도 탐구하고 싶다. 2007년 봄에 유명한 미국 시인 도널드 홀Donald Hall이 버지니아 대학교를 방문했다. 그는 자신의 시들을 청중에게 읽어주고 학생들을 위해 시 작문에 대한 세미나도 인도했다. 나는 학생도 시인도 아니었지만, 그 세미나에 초대되었다.

홀은 때때로 세미나에서 자기의 시 초안과 완성본 사이에 벌어진 변화를 지적하며 요점을 설명했다. 나는 그가 자신의 변화에 대해 들려준 이야기를 기억한다. 그는 한 시의 초안에서, 꼬리를 흔드는 wagging 개에 대해 말했다. 하지만 완성본에서는 그 개가 자기 꼬리를 빙빙 돌린다swinging고 말했다. 한 학생이 그에게 왜 그렇게 바꾸었냐고 물었다. 홀의 대답은 그렇게 바꿔서 시가 더 좋아졌다는 것이었다. 그는 왜 그런 변화가 시를 더 좋게 만들었는지는 설명하지 않았고, 누구도 그에게 이유를 묻지 않았다. 내 생각에, 우리 모두는 '물론 그렇지'라고 느꼈던 것 같다.

아마도 그 방에서 그의 발언에 충격을 받아 그것을 기억하게 된 유일한 사람이 나인 것 같다. 충격을 받은 이유를 설명하겠다. 오늘날 예술작품의 가치에 대한 예술철학의 표준적 견해는, 예술작품에 귀 기울이고 읽고, 혹은 쳐다보는 사람들에게 제공하는 미학적 쾌락에 그 가치가 놓여 있다는 것이다. 그런 전제는 미학적으로 즐거운 경험이 본질적으로 가치 있으며, 예술작품은 그런 가치 있는 경험을 생산하는 목적의 수단이라는 것이다. 바로 그것이 그 작품을 선하게 만든다. 이처럼 예술작품의 가치는 도구적이다. 그것의 가치는 도구의 가치와 비슷하다. 도구는 사람이 어떤 것을 성취하는 수단으로 사용하는 것이다. 사람이 그 도구로 성취하는 것이 바로 본질적으로 가치 있는 것이다. 도구는 단지 그것의 수단이다. 망치는 본질적인 가치가 아니다. 망치를 선하게 만드는 것은 그것이 못을 박는 데 좋다는 것이다. 예술작품은 이런 점에서 도구와 같다. 그것을 선하게 만드는 것은 그것이 우리가 가치 있게 생각하는 어떤 것, 이 경우에는 즐거운 경험을 생산한다는 것이다. 그것이 바로 지배적인 사상이다.

이제 홀이 말한 것으로 돌아가자. 홀은 개가 꼬리를 흔드는 것으로 묘사되기보다 자신의 꼬리를 빙빙 돌리는 것으로 묘사되는 것에서 독자들이 더 큰 즐거움을 얻게 될 것이라고 생각했기 때문에 자기가 그렇게 바꾸었다고 말하지 않았다. 청중의 즐거움은 일반적으로 대단히 예측하기 어렵다. 그는 자신이 초래하려고 애쓰는 어떤 다른 결과에 대해서도 말하지 않았다. 단지 그는 그렇게 바꾸는 것이 그 시를 더 좋게 만들었기 때문에 그렇게 했다고 말했다. 그는 시들이 본질적인 가치를 갖는다고 가정했다. 그는 어떤 시들이 다른 것들보다 본질적으로 더 좋은 시들이라고 가정했다. 시가 어떤 종류의 경험(쾌락이나 다른 무엇)을 위한 수단인지 어떤지는 관심 밖이었다.

이에 대해서는 홀이 옳다고 나는 생각한다. 예술작품은 본질적 가치를 지닌다. 최소한 그것을 바라보고 경청하고 읽는 것과 관련해서, 가치 있는 것의 일부는 그럼으로써 사람이 이것의 가치와 그것에게 가치를 부여하는 것 속에 있는 가치에 대해 알게 된다는 것이다. 시는 그것을 읽음으로써 즐거운 경험이 생긴다는 사실로부터 자신의 기초적 가치를 터득하는 것이 아니다. 정반대. 그것을 읽을 만한 것으로 만드는 것은 그것을 읽음으로써 사람이 가치에 대해 예민하게 의식하게 된다는 것이다.

홀은 자신의 글에서 아름다움에 대한 전통적 이해를 반영하고 있었다. 아퀴나스에 의하면, 아름다움은 보일 때 즐거운 것이다. 그는 바로 이것을 염두에 두었다. 즉, 실재는 그것이 선하거나 탁월하다는 면에서 하나님을 닮은 것들로 가득하다. 탁월한 철학 논문, 탁월한 일몰, 탁월한 인물, 탁월한 대학과 대학교 등. 가치 있거나 탁월한 것 중 일부는 우리가 그것에 주목할 때 감각적 기쁨을 경험한다. 우리는 그것들을 아름답다고 묘사한다. 그것들은 우리 안에서 어떤 경험, 즉 감각적 기쁨의 경험에 영향을 주기 때문에 탁월한 것이 아니다. 그것들의 탁월함은 그 안에 내재해 있다. 그것과 관련해서 두드러진 것은 사람이 그것에 주목할 때 감각적 즐거움을 경험한다는 것이다.

이제 내가 발전시킨 정의 이론을 상기해보자. 우리가 대접받을 권리가 있는 방식으로 우리가 대접받는 한, 우리의 사회적 관계를 특징짓는 것이 정의라고 나는 말했다. 그리고 사람이 대접받을 권리가 있는 방식으로 대접받는 것은 사람의 가치에 적합한 방식으로 대접받는 것이라고도 나는 말했다.

미학적 기쁨과 정당하게 행동하는 것 사이의 깊은 상관관계가 이제 우리 앞에 놓여 있다. 인간은 가치를 지닌다. 사람을 정당하게 대우하는 것은 그의 가치에 적합하게 그를 대우하는 것이다. 우리가 들을 수 있고 볼 수 있고 읽을 수 있는 것도 가치를 지닌다. 미학적 기쁨이나 즐거움은 사람이 이런 것에 주목하고 그 가치에 주의를 기울일 때 경험하는 즐거움이다. 아파르트헤이트의 불의는 가치의 위반이었다. 선교사 거주지역의 누추함은 가치의 거절이었다.

질문 하나로 마무리하고자 한다. 불의와 누추함 사이에 더 강력한 연결고리가 존재할까? 최소한 이따금, 누추함이 불의의 한 형식일 수 있을까? 최소한 가끔씩, 한 개인이 어떤 감각적 즐거움도 주지 않는 미학적으로 불결한 환경에서 살도록 강요되거나 방치됨으로써 학대받는 것이 가능하지 않을까?

샬롬에 감각적 즐거움도 포함된다는 사실에 동의할 수 있을 것이다. 나의 질문은 우리 동료 인간들의 샬롬을 추구하는 사랑이, 그들이 감각적 즐거움도 누릴 수 있는 환경까지 추구할 것인지에 관한 것이 아니다. 물론 그 사랑은 그런 환경을 추구할 것이다. 나의 질문은 우리가 동료 인간들에게 미학적으로 추한 환경에서 살도록 강요할 때, 혹은 그들이 그런 환경에서 살도록 방치하는 것에 우리가 만족하고 있을 때, 우리는 그들의 존엄성을 훼손하는가 하는 것이다.

도심기독교연맹 The Inner City Christian Federation, ICCF 은 미시간 주 그랜드래피즈에 본부를 두고 그곳의 도심에서 활동한다. 그 단체는 스스로에 대해 일종의 정의단체로 이해한다. 사명선언문에서는 다음과 같이 선언한다. "정의에 대한 하나님의 부르심에 응답하여, 도심기독교연맹은 가족의 책임과 독립을 권장하는 주택 구입과 서비스를 제공하고, 그럼으로써 안정된 공동체의 건설을 돕는다."

ICCF는 도심지역을 철거하고 그 자리에 아파트를 건설하는 너무나 일반적인 관행에 반대한다. 대신 주택을 구입해서 개조한다. 공터와 손볼 수 없을 정도로 망가진 주택들을 구입하고, 설계사들을 고용해서 양식적으로 그 지역에 어울리는 개별 주택과 다가구주택을 설계하도록 한다. ICCF가 설계하고 건축한 집들은 단순할지라도, 될 수 있는 한 저렴하게 집을 짓지 않는다. 대신 영구성이 좋은 양질의 재료를 사용한다. 이 글을 쓰고 있을 무렵, ICCF는 대략 6백 개의 주거지를 건축하거나 개조했다.

ICCF는 멋진 색깔 선택, 매력적인 풍광, 그리고 넓은 창문에 상당히 민감하다. 설계하는 건축가들에게 이 단체가 제공하는 프로그램의 한 가지 중요 요소는 그 집들이 아름다워야 한다는 것이다. 혹은 자주 말했듯이, 건축가들은 훌륭한 설계도를 보여주어야 한다. 다음은 ICCF의 핵심 가치에 대한 선언문이다.

ICCF의 모든 재정, 건설, 그리고 가능화^{enablement} 활동에는 다음의 세 가지 핵심 가치가 존재한다.

존경: 하나님의 형상으로 창조되었으므로, 우리 주민들은 매우 특별한 사람들이다. 우리의 모든 만남에서, 우리는 그들을 존중한다. 그렇게 하는 한 가지 방법은 그들에게 개인적 성장의 책임과 헌신을 **기대하는** 것이다.

기회: 우리 거주민들은 '그들이 있는 곳'에서 만나며, 보다 훌륭한 주택을 소유할 기회를 갖는다.

아름다움: 아름다움은 하나님의 선물이다. 그것은 우리의 삶을 풍요롭게 하고, 자부심과 위엄을 부여하는 데 도움을 준다. ICCF의 모든 집은 아름답게 설계되고 주변 건축물과 조화를 이룬다.

개인 서신에서, ICCF의 대변인은 이 단체의 본부 건물에 대해 다음과 같이 썼다. "ICCF가 아름다움에 부여하는 가치는 체리 스트리트 920번지에 위치한 우리 사무실에서 입증됩니다. 한 유명한 시카고 건축가가 만든 백 년의 역사를 지닌 그리스 복고풍 건물과 그 아름다운 정원은 서비스를 받기 위해 이곳을 찾는 고객들에게 '우리는 당신을 소중하게 생각합니다. 당신은 아름다운 장소에서 수업과 상담을 받으실 자격이 있습니다'라고 말해줍니다."

봉사기관에 종사하는 사람들은, 인간이 된다는 것이 단지 음식을 먹고 옷을 입고 집에 거주하는 사람이 되는 것이라는 편견의 덫에 걸리기 쉽다. 대체로 그런 기관에서 접촉하는 사람들은 먹을 음식이 충분하지 않고, 입을 옷이 별로 없으며, 그들의 집은 지저분하거나 집 자체가 없다. 음식, 옷, 그리고 집 문제가 절박하다. 정의는 그런 문제에 우선순위를 두어야 한다고 주장한다.

하지만 인간이 된다는 것은 이런 것을 훨씬 넘어선다. 인간에게 교육이 박탈되면, 그는 무례하게 취급받는 것이다. 인간에게 다른 사람이 아니라 자기 스스로 삶의 진로를 결정할 기회가 허락되지 않는다면, 그는 무례하게 취급받는 것이다. 인간이 미학적 불결함 속에 살도록 강요된다면, 그는 무례하게 취급되는 것이다. 사회적 상황이 우리 동료 가운데 어떤 사람들을 빈곤 속에 살도록 강요한다면, 그들은 학대받고 부당하게 취급받는 것이다. 하지만 사회적 상황이 우리 동료 가운데 어떤 이들을 미학적 불결함 속에 살도록 강요한다면, 그들도 학대받고 부당하게 취급받는 것이다. 우리 동료 인간들이 어떤 감각적 즐거움도 제공될 수 없는 환경에서 살 때, 혹은 그들이 그런 환경에서 살도록 방치되고 있다면, 우리는 그들을 모욕하는 것이다. 미학적 품위의 환경에서 살 기회는 선택적 사치가 아니다. 정의가 그것을 요구한다.

30장

희망

세상의 불의에 압도되는 감정을 갖기 쉽다. 사람들을 동원하지 못하는 수많은 대의가 관심을 요청한다. 그렇게 동원되지 않는 사람들에게 나는 이렇게 말한다. 당신이 특별한 관계를 맺고 있는 대의를 후원하라. 그것은 정곡을 찌르는 대의일 수도 있고, 너무 동떨어진 대의일 수도 있다. 나 자신은 별로 한 일이 없지만, 나는 남아공에서 아파르트헤이트 철폐라는 대의, 팔레스타인인들의 지속적인 대의, 그리고 온두라스의 정의라는 ASJ의 대의와 특별한 관계를 맺게 되었다. 만약 당신이 이들 중 어떤 것과 특별한 관계를 맺게 된다면, 선하고 중요한 일을 하면서 후원이 필요한 곳 하나를 선택하라.

불의를 바로잡으려는 대의 속에 활동하는 사람들에게 만성적인 위협은 **탈진**이다. 그런 대의가 아무런 성과도 내지 못하는 것처럼 보인다. 사람들은 희망을 잃는다. 나는 이 장에서 불의를 바로잡기 위한 투쟁이 요구하는 희망에 대해 생각해보고 싶다. 즉, 남아공에서 반反

아파르트헤이트 운동이 싸우고 있는 기본적 불의를 바로잡는 것과 온두라스의 기구 ASJ가 싸우고 있는 반응적 불의를 바로잡는 것 말이다.

인간의 모든 자발적 노력은 최소한 자신의 목표가 성취될 것이라는 희망이 필요하다. 낙관주의가 필요한 것은 아니다. 낙관주의는 사람이 자신의 노력으로 성취할 것이란 기대감이다. 물속에서 건져 낸 사람을 소생시키려 애쓰는 구급대원은 자신의 노력이 성공할 것이라고 기대하지 않을 수도 있다. 그는 전혀 낙관적이지 않을 수 있다. 하지만 희망이 있는 한, 그는 계속 시도한다. 희망을 포기한 순간, 그는 더 이상 시도하지 않는다.

모든 노력은 희망을 요구한다는 원칙에도 몇 가지 예외가 있다. 이따금 우리는 희망이 없는지를 확인하기 위해 어떤 일을 시도한다. 응급실에서 일하는 사람이, 팔을 움직일 수 있는지를 확인하기 위해 당신에게 그렇게 할 것을 요구한다. 그리고 때로는 희망이 없다는 사실을 증명하기 위해 어떤 일을 시도한다. 하지만 그런 경우를 제외하면, 노력은 희망을 전제로 한다. 낙관주의가 아니라 희망 말이다. 때때로 성공을 낙관할 수 없을 때, 우리는 더 이상 노력하지 않는다. 노력할 가치가 없기 때문이다.

불의를 바로잡으려는 노력은 낙관주의를 요구하지 않는다. 때때로 사람은 자신이 성공할 수 있을지 결코 기대할 수 없는 상태에서 환자를 살리고자 애쓰는 구급대원처럼, 불의를 바로잡기 위해 수고한다. 불의를 바로잡기 위해 수고할 때 필요한 것은 바로 희망이다. 우리가 살펴보겠지만, 그것은 특별한 종류의 희망이다. 다음에 나오는 것은, 불의를 바로잡으려는 수고에 요구되는 희망에 대한 기독교적 사색이다.

그의 『신학대전』Summa Theologiae 2부 첫 부분에서 토마스 아퀴나스는 희망에 대해 대단히 명쾌한 분석을 제공한다. 근본적으로 희망은 특별한 형태의 욕망desire이라고 아퀴나스는 말한다. 그 목적이 어떤 종류의 선이기 때문에, 최소한 그 행위자가 선이라고 생각한다는 점에서 그것은 공포와 다르다. 그 목적이 현재의 선이라기보다 미래의 선이란 점에서 그것은 기쁨joy과도 다르다. 아퀴나스의 말에 의하면, 그 목적이 "획득하기 매우 어려운 것"이란 점에서 작은 것에 대한 욕망과도 다르다. 우리는 "어떤 사람이 자신의 힘으로 언제든지 가질 수 있는 사소한 것을 바라는 것에 대해" 이야기하는 것이 아니다. "이 어려운 것이 획득할 수 있는 것이란 점에서 절망과도 다르다. 사람은 자신이 결코 얻을 수 없는 것을 희망하지 않기 때문이다."¹ 정말 놀라운 분석이다!

『신학대전』의 같은 부분 뒤쪽에서, 아퀴나스는 믿음과 사랑과 더불어 희망(소망)이 신학적 덕목의 하나로 간주되어야 하는지, 아니면 지적·도덕적 덕목으로 간주되어야 하는지를 묻는다. 먼저 그는 차이를 설명한다. "신학적 덕목의 대상은 하나님 자신이다. 그분은 모든 것의 최후 목적이며 우리 이성의 지식을 능가하신다. 한편, 지적·도덕적 덕목의 대상은 인간 이성이 이해할 수 있는 어떤 것이다."²

아퀴나스는 믿음, 희망, 사랑이 신학적 덕목이라고 주장한다. 그의 주장은 이렇게 전개된다. 인간에게는 "초자연적 행복"의 가능성이 있는데, 그것은 인간인 우리의 일반적인 능력으로 성취될 수 있는 것을 넘어서는 것으로서, 하나님의 기쁜 지식으로 이루어져 있다. 만약 우리 인간이 초자연적 행복을 성취하려면, 우리는 피조물로서 제한된 능력에 어떤 종류의 보충이 필요하다. "초자연적" 추가 같은 것 말이다. 아퀴나스는 믿음, 희망, 사랑을 그런 추가의 결과로 간주한다.

아퀴나스의 『신학대전』이란 심해에 이렇게 잠시 발을 담그면서 살펴보고 싶은 것은, 기독교적 희망은 완성 consummation 에 대한 희망이란 그의 주장이다. 여기서 '완성'은 하나님과의 초자연적 형태의 합일로 이해된다. 아퀴나스가 이해한 것처럼, 기독교적 희망은 역사에서 발생하는 것에 대한 희망이 아니다. 그래서 그것은 우리가 사는 이 세상에서 불의의 교정을 위한 투쟁과 아무런 상관이 없다. 기독교적 희망은 불의의 교정을 위한 우리의 투쟁이 열매를 맺게 되리라는 희망도 아니며, 불의의 교정에 대한 우리의 열망이 만족될 것이란 희망도 아니다. 그것은 역사를 초월하는 행복한 상태에 대한 희망이다. 이런 식으로 기독교적 희망을 이해할 때, 아퀴나스가 기독교 사상의 한 오래되고 탁월한 흐름을 대표한다는 것이 나의 인상이다.

나는 기독교적 희망을 완성에 대한 희망으로 한정하는 것이 신학적 오류라고 생각한다. 출애굽기 3장에 나오는 불타는 떨기나무 이야기를 생각해보자. 어느 날 불꽃에 휩싸였으나 완전히 타버리지 않는 나무 때문에, 도망자인 목동 모세의 호기심이 발동했다. 그는 살펴보려고 가까이 다가갔다. 그가 나무에 다가갔을 때, 그곳에서 자기 이름을 부르는 소리와 떨어져서 신발을 벗으라는 소리를 들었다. 그가 거룩한 땅 위에 서 있기 때문이다. 그런 후에, 그렇게 말하는 이가 자신을 소개했다. 모세가 들은 것은 단지 복잡한 마음속에 떠다니는 음성이 아니라, 말하는 이의 목소리였다. "나는 네 조상의 하나님이니 아브라함의 하나님, 이삭의 하나님, 야곱의 하나님이니라"(6절)라고 그가 말했다. 자신의 신분을 밝힌 후, 하나님은 계속해서 말씀하셨다. "여호와께서 이르시되 내가 애굽에 있는 내 백성의 고통을 분명히 보고 그들이 그들의 감독자로 말미암아 부르짖음을 듣고 그 근심을 알고 내가 내려가서 그들을 애굽인의 손에서 건져내고 그들을 그 땅에서 인도하여 아름답고 광대한 땅, 젖과 꿀이 흐르는 땅 곧 가나안 족속, 헷 족속, 아모리 족속, 브리스 족속, 히위 족속, 여부스 족속의 지방에 데려가려 하노라"(7-8절).

이제 늙은 사가랴가 자신의 아들 요한, 즉 우리에게는 세례 요한으로 알려진 사람의 출생에 감동하여 노래하는 장면(누가복음 1장)을 살펴보자.

> 찬송하리로다 주 이스라엘의 하나님이여.
> 그 백성을 돌보사 속량하시며
> 우리를 위하여 구원의 뿔을
> 그 종 다윗의 집에 일으키셨으니
> 이것은 주께서 예로부터 거룩한 선지자의 입으로 말씀하신 바와 같이
> 우리 원수에게서와
> 우리를 미워하는 모든 자의 손에서 구원하시는 일이라.

> 우리 조상을 긍휼히 여기시며
>
> 그 거룩한 언약을 기억하셨으니
>
> 곧 우리 조상 아브라함에게 하신 맹세라.
>
> 우리가 원수의 손에서 건지심을 받고
>
> 종신토록 주의 앞에서 성결과 의로
>
> 두려움이 없이 섬기게 하리라 하셨도다(눅 1:68-75).

두 본문에서 주제는 완성이 아니라 구원이며, 따라서 완성에 대한 희망이 아니라 구원에 대한 희망이다.

구원과 완성 사이의 이런 차이에 대해 조금 더 상세히 설명해보자. 『별난 존재: 신학적 인간학』*Eccentric Existence: A Theological Anthropology*에서,[3] 한때 나의 동료였던 데이비드 켈시 David Kelsey는 대단한 상상력과 설득력으로, 삼위일체 하나님이 다른 위격들과 관계 맺는 방식에 대해 성경이 들려주는 이야기에는 세 가지 주제가 담겨 있다고 주장한다. 즉, 어떻게 하나님이 창조주와 유지자로서 다른 하나님과 관계를 맺는지에 대한 주제, 어떻게 하나님이 구원자나 구속자로서 다른 하나님과 관계를 맺는지에 대한 주제, 그리고 하나님이 완성자로서 다른 하나님과 관계를 맺는지에 대한 주제.

켈시는 비록 이런 세 주제들이 상호작용을 하지만, 그럼에도 그것들은 서로에 대해 독립적이며, 그래서 어떤 것도 단순한 요소가 아니고, 다른 것에 대한 암시도 아니라고 주장한다. 오직 창조주나 유지자로서의 하나님에 대해서만 들은 사람에게 구속과 완성의 소식은 뉴스, 좋은 소식으로 다가온다. 구속과 완성이 단지 창조의 외부 작업은 아니다. 비슷하게, 완성의 주제가 구속의 주제를 의미하는 것도 아니며 그 역도 아니다. 만약 하나님의 피조물들이 하나님께서 그들에게 바라셨던 대로 행동했다면, 그래서 불타는 떨기나무 속에 계셨던 분에서 말씀하셨거나 사가랴가 기대했던 구원이 필요 없었다고 해도, 하나님은 완성을 약속하고 성취하셨을 것이다. 역으로 하나님은 새 창조인 그 완성을 우리에게 제공하지 않고도 창조를 괴롭히는 악에서 우리를 구속하셨을 것이다. 물론 완성과 구속의 주제는, 구속될 수 있고 '육체'의 한계를 초월한 모습으로 완성될 수 있는 존재들이 있다고 전제한다. 하지만 그런 주제들이 엄밀한 의미에서 하나님을 제외한 모든 존재들이 하나님에 의해 창조되었다고 전제하지는 않는다.

하나님은 우리를 무엇에서 구원하시는가? 하나님이 모세에게 말씀하신다. 고난과 그 고난에 의해 야기된 고통에서라고. 사가랴는 말한다. 우리의 원수들에게서라고. 하나님이 구원하시는 자들은 그들을 학대하는 자들로부터 구원받는다. 하지만 하나님의 구원은 그런 구원에 한정되지 않는다. 또한 하나님은 우리를 학대에 의해 초래되지 않은 고통, 즉 '자연적 악'에서 구원하신다. 하지만 하나님이 불타는 떨기나무에서 말씀하신 구원, 그리고 사가랴가 기대했던 구원은 '학대받는 것에서의 구원'이었다.

보다 일반적으로, 하나님의 구원에 대한 성경 이야기의 중심주제는 백성들을 불의에서 구원하시는 하나님이다. 그래서 성경의 구원 주제에서 하나님이 반복적으로 **정의롭고 정의를 행하시며 정의를**

사랑하시는 것으로 규정되는 이유에는 어떤 모호함도 없다. 구원자와 구속자로서 삼위일체 하나님에 대한 주제는 정의와 불의에 대한 개념 없이 진행될 수 없다.

이제는 희망으로 돌아가자. 기독교적 희망은 두 가지다. 하나는 구속에 대한 희망이고, 다른 하나는 완성에 대한 희망이다. 기독교인은 이 창조된 질서 안에서 구원을, 특히 불의로부터 구원을 희망하고, 창조주요 유지자로서 하나님의 사역을 넘어서는 변형된 존재 방식, 즉 창조사역에 의해 형성된 것이 아닌 새로운 창조, 새로운 시대를 희망한다. 이런 두 개의 희망은 서로에게 동화되지 않고 구별된다. 즉, 현재의 창조세계 내에서 하나님의 정의로운 통치에 대한 희망과 새로운 창조에 대한 희망.

마태복음에서 예수가 이 땅에서 제자들에게 전하신 최후의 말씀은 이렇게 시작된다. "하늘과 땅의 모든 권세를 내게 주셨으니"(28:18). 이제 '그리스도에게 속한 모든 권세'라는 주제가 바울서신의 여러 곳에서 선택된다. 그중 가장 광범위하게 다루어진 곳은 고린도전서 15장이다. 인용해보면 다음과 같다.

> 그러나 이제 그리스도께서 죽은 자 가운데서 다시 살아나사 잠자는 자들의 첫 열매가 되셨도다. 사망이 한 사람으로 말미암았으니 죽은 자의 부활도 한 사람으로 말미암는도다. 아담 안에서 모든 사람이 죽은 것같이 그리스도 안에서 모든 사람이 삶을 얻으리라. 그러나 각각 자기 차례대로 되리니 먼저는 첫 열매인 그리스도요 다음에는 그가 강림하실 때

에 그리스도에게 속한 자요 그 후에는 마지막이니 그가 모든 통치와 모든 권세와 능력을 멸하시고 나라를 아버지 하나님께 바칠 때라. 그가 모든 원수를 그 발아래에 둘 때까지 반드시 왕 노릇 하시리니……만물을 그에게 복종하게 하실 때에는 아들 자신도 그때에 만물을 자기에게 복종하게 하신 이에게 복종하게 되리니 이는 하나님이 만유의 주로서 만유 안에 계시려 하심이라(20-28절).

그의 부활 때에 하늘과 땅의 모든 권세가 그에게 주어졌고, 그가 자신과 경쟁하는 모든 통치, 권세, 권력을 패배시킬 때까지 그 권세를 보유할 것이며, 그런 후에 아버지께 왕권을 넘겨드릴 것이라는 말은 무슨 뜻일까? 그리스도가 지금은 왕이며, 자신의 영토에 완전한 평화를 가져올 때까지 왕으로 남아 있을 것이란 말은 무슨 뜻인가?

이 질문에 대한 충분히 적절한 대답을 위해서는 두 가지를 탐구해야 한다. 신약성경에서 그리스도를 왕으로 선언하는 구절들에 대한 주석적 연구, 그리고 '왕'과 '왕권'의 함의들을 구별하기 위해, 이런 구절들에 대한 구약의 배경 연구. 분명히 여기서는 이들 중 어떤 것도 적절하게 발전시킬 수 없다. 단지 나는 적합한 구약 배경에 대해 간략히 지적하는 것으로 만족하려고 한다.

구약 저자들은 나쁜 왕들에 대해 잘 알고 있었다. 하지만 그들이 나쁜 왕에 대해 말해야 했던 것은 좋은 왕에 대해 말해야 했던 것보다 여기서 우리의 목적에 훨씬 덜 적합하다. 대표적인 구절이 시편 72편의 서두다. 그 구절을 인용해보자.

> 하나님이여, 주의 판단력을 왕에게 주시고
> 주의 공의를 왕의 아들에게 주소서.[4]
> 그가 주의 백성을 공의로 재판하며
> 주의 가난한 자를 정의로 재판하리니
> 의로 말미암아 산들이 백성에게 평강을 주며[5]
> 작은 산들도 그리하리로다.
> 그가 가난한 백성의 억울함을 풀어주며
> 궁핍한 자의 자손을 구원하며
> 압박하는 자를 꺾으리로다.
> 모든 왕이 그의 앞에 부복하며
> 모든 민족이 다 그를 섬기리로다.
> 그는 궁핍한 자가 부르짖을 때에 건지며
> 도움이 없는 가난한 자도 건지며
> 그는 가난한 자와 궁핍한 자를 불쌍히 여기며
> 궁핍한 자의 생명을 구원하며
> 그들의 생명을 압박과 강포에서 구원하리니
> 그들의 피가 그의 눈앞에서 존귀히 여김을 받으리로다(1-4, 11-14절).

이 본문을 강력하게 관통하는 것은 정의가 선한 임금의 사역이란 것이다. 번영^{shalom}도 언급된다. 하지만 공동체의 번영은 왕의 권세로도 어쩔 수 없는 것이다. 그것은 여기서 "산들과 작은 산들"로 상징된 자연 질서의 호의적인 작용에 의존할 수밖에 없다. 그리고 정의에 대한 왕의 관심은 정의의 실천보다 불의의 교정에 더 있다. 선한 임금은 가난한 자들을 보호하고 궁핍한 사람들의 자녀들을 구하며, 빈궁한 사람들을 자유롭게 하고, 궁핍한 사람들의 목숨을 구하며, 그들의 삶을 착취와 악행에서 구속한다.

이제 모든 경쟁하는 권세와 권력이 정복되어 그리스도께서 자신의 왕위를 성부 하나님께 넘겨드릴 때까지 모든 권세가 그리스도에게 속한다고 바울이 말할 때, 그가 의미한 바가 무엇인지 살펴보자. 이런 구약성경의 배경을 고려할 때, 그리스도께서 지금 세상의 불의를 바로잡기 위해 일하신다는 것 외에 다른 뜻이 있겠는가? 바울의 생각 속에 내재되어 있는 것은 두 종류의 왕권이 있다는 것이다. 즉, 어떤 불의도 존재하지 않는 정책 속에 있는 왕위와 불의를 바로잡기 위한 투쟁으로 구성된 왕위. 그리스도의 왕위는 후자에 속한다. 불의를 바로잡는 그리스도의 사역이 완결되면, 그런 종류의 왕위는 더 이상 존재할 필요가 없다. 그 결과, 성부 하나님께서 전자의 것을 행하실 것이다.

대부분의 인류는 순환적 역사관의 관점에서 사유해왔으나, 유대교가 직선적 역사관을 도입했다고 흔히 말한다. 나는 유대교 밖에도 직선적 역사관이 존재하는지, 그리고 그 역사관의 영향이 어느 정도였는지는 말할 수 없다. 의심의 여지가 없는 진실은 비록 이런 주장이 일반적으로 이해되는 방식은 아닐지라도, 유대교가 직선적 역사관을 사용했다는 것이다. 구원과 완성에 대한 주제는 거의 없고 단지 창조 주제만 등장하는 구약성경의 지혜문학에는 직선적 역사관이 거의 나타나지 않는다. 우리는 구원과 완성의 주제에서 직선적 역사관을 발견한다. 이런 주제들을 다루는 성경 저자들이 시간의 존재론을 보유하고 있기 때문이 아니라, 구원과 완성의 주제가 본질적으로 직선적이기 때문이다. 그것은 동일한 옛것이 반복해서 발생하는 것이 아니라, 현재 벌어지는 새로운 일과 장차 벌어질 것에 대한 이야기다.

근대성의 근본은, 사회가 언젠가는 불의에서 해방되고 우리 모두가 수명이 다해 죽을 때까지 계속 번영할 것이라고 기대하기 위해, 자연 질서 안에서 선한 기반이 될 것이라고 생각되는 방식으로 성경 주제를 뒤섞고 세속화하는 것이다. 심지어 소수의 과학자들은 노화를 방지하고, 이로써 더 이상 늙어 죽는 일이 없게 되는 과학기술이 언젠가는 발견될 것이라고 생각해왔다. 성공적으로 치명적 사고를 피한 사람들은 25세의 원기, 민첩함, 호기심, 성욕을 계속해서 유지할 것이다.

이것은 하나님에 근거한 희망이 아니라 창조에 근거한 낙관주의다. 그런 주장이나 가정에 따르면, 자연 질서에 근거해서 이렇게 행복한 상황 변화를 기대할 수 있다는 것이다. 불의를 바로잡는 그리스도의 권능에 대한 희망이 정의와 번영을 확립하려는 자연과 인간의 능력에 근거한 낙관주의로 대체된다.

장 프랑수아 리오타르 Jean-François Lyotard 는 진보에 대한 모든 거대담론의 종말을 선언함으로써 유명해졌다. 내가 보기에, 그 선언은 시기적으로 너무 이른 감이 있었다. 중앙경제계획과 비민주적 정권의 잠재력에 낙관주의의 근거를 두었던 그런 담론들은 이미 사망선고를 받은 것이 사실이다. 그런 희망의 붕괴에 대한 충격적 이야기는 조너선 글로버Jonathan Glover의 『휴머니티: 20세기의 폭력과 새로운 도덕』 Humanity: A Moral History of the Twentieth Century 에서 발견할 수 있다.[6] 하지만 서방의 대부분 지역에서 배운 교훈에 따르면, 우리가 낙관주의를 포기해야 한다는 것이 아니라, 우리의 낙관주의가 (민주정치와 결합된 시장경제에 의해 지탱되는) 정의와 복지를 위한 잠재력에 근거해야 한다는 것이다. 이런 특별한 거대담론은 결코 죽지 않았으며, 오히려 이전보다 번성하고 있다.

근대세계에서 기독교 저자들과 평신도들이 근대성의 이런저런 낙관적 거대담론들에 영합하라는 유혹에 주기적으로 굴복해왔다. 논쟁 중인 담론에 의해 확인된 창조의 특별한 동력이 그리스도께서 자신의 통치를 실현하는 수단이라고 주장하면서, 그런 영합을 정당화했던 것이다. 결국 하나님은 이차적 대의를 사용하시는 것이 아닐까? 어떤 사람들은 마르크스주의가, 어떤 사람들은 나치주의가 그런 창조의 동력을 성공적으로 발견했다고 생각했고, 어떤 이들은 미국의 민족주의가 그렇게 중요한 동력을 소유했다고 생각했다. 이제 많은 사람들이 정치적 민주주의와 결합된 시장자본주의가 그렇게 한다고 생각한다.

기독교적 희망과 세속적 낙관주의의 이런 결합은 전적으로 이단적이다. 비록 그런 결합이 발견하는 그런 이차적 대의의 핵심으로서 하나님을 상정한다고 주장하지만, 그것은 모두 창조의 주제를 구속의 주제와 뒤섞어버린다. 구속이 악행으로 손상된 창조를 위한 하나님의 뜻밖의 복음으로 간주되기보다, 창조의 잠재력의 작동으로 이해된다. 앞에서 언급된 현재의 인기 있는 거대담론은 다른 모든 것만큼 타당성이 없다는 사실이 덧붙여져야 한다. 민주주의와 결합된 시장자본주의가 불의를 종식시킬 것이라고 기대하기보다, 전 세계 경제들이 점차적으로 단일한 자본주의 체제로 통합되는 것이 진실로 세계 경제의 치명적 붕괴를 초래할 것이라고 우리는 기대해야 하지 않을까?

그리스도께서 정의로운 세계를 도래시킬 것이라는 희망이 창조 내에서 이런저런 형태의 잠재력과 관련된 낙관주의를 취하지 않는다면, 어떤 형태를 취해야 할까? 먼저, 일종의 기분전환처럼 보이는 것으로 나의 답을 시작해보자. 앞 장에서, 나는 남아공에서 정부의 붕괴를 위해 반反아파르트헤이트 운동의 지도자들이 인도한 기도회에 대해 언급했다. '불의한 통치의 종식을 위한 기도회'란 제목의 기도회는 1985년 6월 15일에 개최되었고, 많은 기독교인들이 참석했다. 물론 그곳에서 드린 기도는 아프리카민족회의the African National Congress 나 남아공 정부가 아니라 하나님을 향한 것이다. 그날, 사람들이 함께 드린 '청원기도'는 다음과 같다.

오 자비의 하나님, 오늘

우리는

감옥에서 고통당하는 사람들을

억압받는 사람들을

소웨토, 크로스 로즈, 유텐헤이그,
샤프빌, 그리고 우리에게 잘 알려지지 않은 많은 지역에서
자유를 향한 투쟁 속에 죽은 사람들을 위해 통곡하는 사람들을
당신 앞에 데려옵니다.
우리를 아파르트헤이트의 사슬에서 구원하시고, 우리 모두를
하나님의 자녀들의 참된 자유로 인도해주소서.
무자비한 자들을 물리치시고, 우리에게 당신 나라의 권세를 허락해주소서.

2001년 3월 23일, 감옥에서 앨런 부삭이 남아공의 교육부 장관 카데르 아스말Kader Asmal에게 보낸 한 공개편지에는, 저항운동 내에서 기도회가 차지한 위치에 대해 다음과 같이 쓰고 있다.

기도는 교리적 공식이나 주문의 암송이 아닙니다. 그것은 우리의 현실적 책임으로부터의 도피도 아닙니다. 오히려 기도는 우리 자신의 힘이 아니라, 하나님의 은총과 하나님의 권능에 전적으로 의지하며 그런 책임을 감당하자는 요청입니다.

그렇습니다. 바로 이런 이유 때문에 우리 기도는 때때로 정치적입니다. 온 세상이 하나님의 것이며, 예수 그리스도의 주권에 종속되지 않는 삶의 영역은 단 한 뼘도 존재하지 않기 때문에 그럴 수밖에 없습니다. 그래서 정치와 정치인들은 자신들이 복음의 요구와 기도의 범주 밖에 존재한다고 생각할 수 없습니다. 우리는 정치를 위해 기도합니다. 우리가 음모와 타협의 세상에서, 배신과 엄청난 책임의 세상에서 편안함

을 느끼기 때문이 아니라, 심지어 그곳에서조차 신자로서 우리의 지위를 포기할 수 없기 때문입니다. 심지어 그곳에서조차, 정치의 자궁 속에서조차 우리는 감히 하나님의 이름을 부르고 하나님께 고백해야 하며, 하나님의 백성들의 삶에서 하나님의 자리를 차지하려는 모든 우상숭배에 도전해야 합니다. 그래서 우리는 변화, 즉 정치적·사회적·경제적 변화를 위해 기도하려고 함께 모였습니다. 그리고 우리는 그 사람들이 정치적 편의 대신 내적 확신을 추구하도록 개인적 변화와 회심을 위해서도 기도했습니다.

우리는 또한 기도의 권능을 열정적으로 믿기 때문에 기도합니다. 기독교인들은 기도가 상황을 변화시킨다고 말합니다. 그것은 진실입니다. 당신도 기억하시겠지만, 1985년에 아파르트헤이트 정권의 붕괴를 위한 기도의 날을 요청하도록 우리 안에 영감을 주었던 것도 바로 그런 확신입니다. 우리는 그때 폭우 속에서 기도했고, 혹독한 비난도 받았습니다. 사람들이 우리를 비난한 이유는 억압받는 자들의 기도에 귀 기울이시는 하나님이 자기들을 위협하신다고 느꼈기 때문입니다. 우리는 우리가 기도하던 변화와 자신들의 이익이 공존할 수 없었던 사람들에게 비방을 받았습니다. 하지만 하나님이 우리의 기도를 들으셨고 상황은 변했습니다. 그리고 아파르트헤이트는 더 이상 존재하지 않습니다.……

[기독교인들이] 비록 꼭 필요하지만, 단지 사회적·경제적·정치적 변화만으로 충분하지 않다고 확신하기 때문에, 함께 기도하러 모였습니다. 근본적인 변화가 일어나기 위해서는, 그들은 우리 삶에 하나님의 권능이 필요하다고 믿습니다. 장관님, 좀 더 담대하게 말해보겠습니다.

그런 사람들이 없었다면, 남아공은 오늘날 자유를 누리지 못했을 것입니다. 그리고 남아공은 그 어느 때보다 그들이 필요합니다. 당신이 지난 수요일에 그랬듯이 남아공의 역사를 돌이켜볼 때, 제발 이 사실을 잊지 말아주십시오. 다른 어떤 것보다, 우리의 투쟁은 기도와 믿음에 의해 유지되었습니다. 저는 압니다. 저도 그곳에 있었습니다. 이런 역사적 진실을 부인하는 것은 이미 심각한 우리의 상황을 더욱 악화시킬 뿐입니다.

부삭이 이 편지를 쓴 상황은 이렇다. 즉, 이틀 전인 2001년 3월 21일에 4만 5천 명의 기독교인들이 평화, 정의, 그리고 참된 화해를 위해 기도하러 케이프타운의 뉴랜즈 경기장에 집결했으나, 카데르 아스말이 주 강연자로 참석했던 아프리카민족회의에는 3백여 명밖에 참석하지 않았다. 아스말은 화가 나서, 집회에 모인 기독교인들을 배타주의자라고 공격했다.

나는 불의의 교정에 대한 기독교적 희망이 무엇보다 기도(기도와 노래)의 형태를 취하길 바란다. 그것이 청원기도의 형태를 취하면 좋겠다. 즉, 그것은 불의, 단지 일반적인 불의뿐 아니라 특정한 불의의 교정을 위해 희망 속에서 기도하는 것이다. 그것은 불의들을 언급하고, 언급된 불의들의 교정을 위해 기도하는 용기가 필요할 것이다. 그리고 그렇게 명명된 불의들이 교정된다면, 이제는 일반적인 불의가 아니라 그렇게 구체적으로 명명된 불의가 교정된 것에 대해 감사의 기도를 드릴 것이다.

분명히 이것이 전제하는 것은 역사에서 하나님의 손길을 확인하는 용기다. 불의들을 언급하고, 그것들의 교정에 대해 그리스도 안에서 하나님께 감사하는 것은 역사에서 그리스도의 해방사역의 징표들을 확인하는 것이다.

기도의 형태를 취하는 것에 덧붙여서, 불의의 교정에 대한 기독교적 희망은 동일한 교정을 위한 투쟁의 형태도 취한다. "기도하고 일하라"(Ora et labora)는 항상 기독교 교회의 구호였다. 어떤 일을 위해서는 기도하고 다른 일을 위해 일하는 것이 아니라, 우리가 기도하는 바로 그것을 위해서는 일하는 것 말이다. 완화되길 바라며 우리가 기도하는 어떤 불의가 있을 경우, 그 불의를 교정하기 위해 투쟁하려면, 먼저 그것이 무엇인지 구체적으로 명명해야 한다. 남아공의 기독교인들은 자신들이 기도했던 문제를 위해 싸웠다. 기도 제목은 아파르트헤이트 정권의 전복이었다.

우리 중 많은 이들은, 어떤 이들이 너무나 담대하게 역사 안에서 하나님의 손길을 확인하면 극단적으로 예민해진다. 그럴 만한 이유가 있다. 즉, 그 손길의 결과라고 확인된 것의 일부는 소름 끼칠 정도다. 우리는 어떤 경우의 불의를 명명하고 그것의 교정을 위해 투쟁하는 데 별로 문제가 없다. 하지만 우리는 사람들이 기도하면서 바로 불의를 언급하고, 그 불의의 교정을 위한 그들의 투쟁을 그리스도께서 성공으로 보답해주시도록 기도할 때는 매우 흥분한다. 그리고 그들의 노력이 성공하여, 그들이 명명한 불의를 교정한 것에 대해 그리스도께 감사할 때, 우리는 **극단적으로 예민해진다**. 이것이 역사에서 하나님의 손길을 확인하는 것이 아니라면 달리 어떻게 해석될 수 있겠는가? 불의를 교정하는 몇몇 경우들에 대해 하나님께 감사하기 위해서는, 그것을 역사에서 그리스도의 해방사역의 한 징표로 확인하는 것이 먼저 전제되어야 한다. 그런데 그것이 우리를 긴장하게 만든다.

자크 엘륄Jacques Ellul은 그의 책 『하나님의 정치와 인간의 정치』 The Politics of God and the Politics of Man 를 "무익함에 대한 고찰"Meditation on Inutility 이란 제목의 특별한 장으로 마친다. 엘륄이 말한다. "인간에 대한 하나님의 존중과 사랑에도 불구하고,"

> 마침내 인간이 [하나님] 자신의 계획 속으로 들어가게 하려고, 하나님 스스로 극단적인 겸손을 보이시며 인간의 프로젝트 안으로 들어가시지만, 결국 우리는 인간행동의 무익함과 헛됨을 깊이 깨달을 수밖에 없다. 결국 그 목표는 필연적으로 성취되고, 언제든지 궁극적으로 성취되는 것은 하나님의 뜻이며, 모든 것의 가장 근본적인 것이 예수 그리스도 안에서 이미 성취되고 획득된다면, 이 모든 소란은 무슨 소용이 있을까? 이 끝없는 전쟁, 국가, 제국은 무슨 소용이며, 이스라엘 백성들의 위대한 행진은 무슨 소용이란 말인가? 교회의 사소한 일상은 무슨 소용이 있을까? 자신이 행한 일의 무익함을 수용할 수도 없고, 자기 운명의 지배에 순응할 수도 없는 근대인의 고통스러운 거절을 우리는 이해할 수 있다.[7]

엘륄의 요점은 명확하다. 불의의 교정에 대한 기독교적 희망은 창조의 잠재력에 근거한 낙관주의가 아니라, 그리스도께서 자신의 정의롭고 거룩한 왕국을 세우실 것이라는 약속에 근거한 희망이다. 그 희망은 우리 스스로 불의의 교정을 위해 일함으로써 부분적으로 그리스도의 대의에 참여하는 형태를 취할 것이다. 하지만 그런 후에 우리는, 그리스도께서 때로는 우리의 최고 노력들을 무효로 만들고, 때로는 끔찍한 억압으로부터의 해방을 성취하면서 신비로운 방식으로 역사하신다는 사실을 배운다. 따라서 우리는 이런 질문을 던지게 된다. 무엇이든 하나님이 기뻐하시는 방식으로 그런 대의를 하나님이 손수 이루신다면, 꼭 하나님의 대의 안에서 일할 필요가 있을까? 우리 자신의 노력이 무용지물이 되고, 불의를 행하는 자들의 불의가 예기치 않게 교정된다면, 불의를 교정하기 위해 그렇게 고생할 필요가 있을까? 불의의 교정을 위해 분투하는 것이 소용없는 일은 아닐까?

대답 대신에 엘륄의 한 반응은 이렇다. "단지 복종하라. 아무튼, 복종하라."

계명이자, 우리에게 주어진 거룩한 율법이 있다. 그러므로 우리는 문자 그대로 그것을 실천해야 한다. 명령 된 모든 것을 우리는 행해야 한다. 우리가 행하는 사역의 철저한 무익함에 대한 인식 혹은 확신이 우리가 그것을 행하지 못하게 방해해서는 안 된다. 소용없다는 판단이 행동하지 않는 것에 대한 변명이 될 수 없다.……이미 언급했듯이, 소용없다는 것이 하나님의 비난, 말씀, 사역에 정당성을 부여했다. 명령 된 것을 행한 후, 모든 것이 인간 결정과 수단의 영역에서 행해졌을 때, 하나님과의 관계 면에서 하나님의 뜻을 알고 그것에 순종하기 위해 모든 노력이 행해졌을 때, 삶의 경기장에서 모든 책임, 해석, 헌신, 갈등을 전적으로 수용했을 때, 오직 그때서야 그 판단이 의미를 갖는다. 우리가 행해야 하는 이 모든 것은 소용이 없나이다. 우리는 이 모든 것을, 오 주님, 당신의 손에 맡깁니다. 이 모든 것은 더 이상 인간의 질서가 아니라 당신 나라의 질서에 속합니다. 당신이 이런저런 사역을 사용하시어, 당신이 준비하고 계신 나라를 세우소서. 당신은 우리가 당신의 영광을 위해 행한 어떤 일이든 자유롭게 열매 없는 무화과나무로 만들 수 있을 것입니다. 이것은 더 이상 우리의 관심사가 아닙니다. 그것은 더 이상 우리 손에 있지 않습니다. 우리가 할 일을 우리는 다했습니다. 이제, 오 주님, 명령된 모든 것을 행한 후, 우리는 그것을 무시할 것입니다.[8]

이 주장 속에는 대단히 옳은 것이 있다. 불의의 교정에 대한 기독교적 희망은 (우리에게는 신비로운 방식으로) 그리스도께서 자신의 나라에 정의의 통치가 도래하도록 (좋은 것이든 나쁜 것이든) 다른 사람들이 행한 것과 우리가 행한 것을 사용하신다고 확신하며 불의의 교정을 위해 일하는 형태를 취한다. 하지만 내 생각에 엘륄에게서 빠진 것은 그리스도의 구속 사역의 징표들을 기꺼이 확인하려는 노력이다.

우리는 우리의 일을 한 후에 말한다. "오 주님, 당신의 뜻대로 하시옵소서." 그것은 불의를 바로잡는 그리스도의 구속 사역에 대한 우리의 청원과 감사의 기도들이 항상 일반적인 것으로 남아 있어야 한다는 뜻이다. 그래서 우리가 불의를 바로잡아주신 것에 대해 감사 기도를 드릴 때조차, 그것이 구체적으로 무엇인지 말할 수 없다. 이렇게 징표들을 확인하지 않아도 괜찮은지 분별하려면, 우리는 하나님께 구원을 부르짖는 억압받는 기독교인들이 어떤 일을 강요당하고 있는지 살펴봐야 한다. 남아공의 흑인과 유색인 기독교인들은 자신들이 하나님께 교정을 부탁하는 불의를 구체적으로 명명할 뿐 아니라, 하나님이 교정해주셔서 그들이 감사드리는 불의도 구체적으로 명명해야 한다는 사실을 깨달았다. 그렇게 하는 것이 그리스도의 구속 사역의 징표를 확인하는 것이다.

그런 해법은 그리스도의 구속적 통치의 징표를 확인하기를 마다하지 않지만, 우리의 확인이 의심할 바 없이 정확하고 완벽하다고 주장하는 오만에는 저항한다. 우리는 때때로 그런 징표를 놓친다. 때로는 우리가 하나의 징표라고 생각했던 것이 그렇지 않은 것으로 판명된다. 비슷하게, 우리가 성공적으로 추구했던 목적이 그리스도의 구속 사역과 일치한다고 생각할 수 있다. 하지만 우리는 이런 오만에 저항해야 한다. 때로는 우리가 성취한 것이 우리를 대단히 실망시킬 만큼 전혀 해방적이지 않은 것으로 드러난다. 때로는 실패로 보였던 것이 놀랍게도 해방적인 것으로 입증된다. 불의를 바로잡는 일에 대한 기독교적 희망의 경우, 그 희망의 토대가 그리스도 안에 있다는 것은 확실하지만, 그리스도의 정의로운 통치가 실현되도록 우리가 어떻게 도울 수 있는지에 대해서는 함부로 말할 수 없다.

렘브란트의 많은 그림들은 처음에 그의 화실에서 견습생들이 그린 것이었다. 하지만 그 후에 렘브란트가 마무리 작업을 했다. 때때로 재능 있는 견습생이 그 대가에게 전해준 것이 이미 렘브란트의 것과 너무나 비슷해서, 그 대가가 할 일이 별로 남아 있지 않았다. 다른 경우에는, 그 예비 작업이 바로 그 재능 있는 견습생의 손에서 넘어왔고, 렘브란트의 것과 매우 유사했지만, 그럼에도 미흡한 부분이 많아서 렘브란트가 그것을 바로잡기 위해 다시 그리는 수고를 많이 해야 할 때도 있었다. 또 다른 경우에는, 한 견습생의 실력이 너무 부족해서, 렘브란트가 그것을 자신의 것으로 만들기 위해 거의 다시 그려야만 했다. 하지만 모두가 놀라워할 정도로 몇 번의 경우는, 미숙한 견습공이 그림을 그렸을 때, 그것을 표준적 수준까지 끌어올리기 위해 그 대가가 단지 약간만 수정하면 되었다.

자연히 견습공들은 그 대가가 거의 고칠 것이 없는 수준의 그림을 그리고 싶어 했다. 어떤 견습공들은 언젠가 대가로부터 "정말 잘 그렸어"라는 칭찬의 말을 듣고 싶어 했다. 하지만 대가는 정기적으로 견습공들의 작품을 고침으로써 그들에게 큰 충격을 주었기 때문에, 그들은 대가가 무슨 일을 할지를 기대하며 머뭇거리게 되었다. 그들은 자신들의 기대를 완전히 저버린 것은 아니었다. 하지만 대체로 뒤로 물러서서, 다시 한 번 놀랄 준비를 하고 있었다. 당연히 그들은 대가가 작품을 완성했는지, 아니면 작품이 여전히 그의 마무리 손길을 기다리고 있는지를 구별할 수 있게 되었다. 렘브란트의 진품을 알아볼 수 있는 능력은 분명 그들의 작업을 위해 중요했다. 그렇지 않고서, 그들이 그런 그림을 그릴 수 있게 되길 어떻게 꿈꿀 수 있겠는가?

일부 견습공들은 때로 자신들이 크게 수고하지 않았는데도 약간의 수정만 필요했지만, 다른 때에는 대단히 많은 수고를 기울였음에도 대대적인 수정이 필요했던 것을 경험하고, 렘브란트에게 자신들의 작업의 요점을 물어보았다. "우리의 최선의 노력이 때로는 대대적인 재작업을 요구하고, 때로는 아무런 수고도 하지 않았지만 별다른 추가 작업이 필요 없다면, 우리가 이렇게 수고하며 그림을 그리는 것이 무슨 소용이 있습니까?"

렘브란트는 그런 주장을 받아들이지 않을 것이다. 그는 강하게 주장했다. 자기처럼 그리기 위해 최선을 다하라고. "나는 오랫동안 이 일을 해왔다. 나를 믿어라. 나는 너희들이 게으름을 피우도록 내버려두는 대신, 너희들이 최선을 다하도록 할 것이다. 너희가 하는 일은 나의 작업을 위해 중요하다. 나를 믿어라."

31장

재정리

잠시 되돌아보자. 우리는 정의의 바른 질서 개념과 생득권 개념, 권리의 본질, 인권의 본질과 토대, 그리고 사랑과 정의의 관계처럼, 대단히 다양한 추상적 쟁점들을 다루었다. 우리는 성경적 해석의 여러 논점들도 언급했다. 구약과 신약에서 정의의 역할, 신약성경 그리스어 원본에서 디크^{dik}를 어간으로 하는 단어들이 어떻게 영어로 번역되었는지, 바울이 로마서에서 국가의 임무와 권위에 대해 무엇이라고 말하는지를. 그리고 우리는 사회정의운동의 구조에 대해서도 약간 살펴보았다. 하지만 우리의 논의를 전체적으로 아우르는 것은 하나의 이야기^{narrative}였다. 우선, 정의에 대해 내가 생각하고 말하고 글을 쓰도록, 그리고 내가 그렇게 하면서 정의에 대해 생각하도록 자극했던 것에 관한 이야기 말이다. 그렇게 하도록 많은 사람들의 자극을 받지 않았다면, 나는 결코 이 이야기를 쓰지 않았을 것이라고도 말했다.

내가 정의에 대해 생각하고 말하고 글을 쓰도록, 그리고 내가 그렇게 하면서 정의에 대해 생각하도록 자극했던 것은 바로 내가 사회적 불의의 희생자들(처음에는 남아공에서 유색인들, 약간 뒤에는 팔레스타인인들, 한참 뒤에는 온두라스인들)과 직접 대면한 일이었다. 논의의 초반부에서, 나는 학대받는 사람들로부터 시작하는 것이 정의에 대한 나의 사유방식에 어떤 영향을 끼쳤는지 두 가지로 구분하여 설명했다.

첫째, 학대받는 사람들로부터 시작하는 것은, 롤스와 그의 거대한 추종자들을 맹종하면서 이상적인 사회에서 기초적 사회제도들에 의한 권리와 의무, 이익과 부담의 정당한 분배를 구성하는 것에 초점을 맞추지 않았다는 뜻이다. 대신 나는 우리의 실제 사회들 안에서 정의에 대해 생각하게 되었다. 그 사회들은 결코 이상적이지 않으며, 그 안에서 사람들이 조직적으로 학대를 당한다. 그리고 나는 우리의 상호관계에서 정의와 불의, 그리고 우리의 기초적인 사회제도들에 의한 권리와 의무, 이익과 부담의 분배에서 정의에 적용했던 한 가지 설명을 개발했다.

둘째, 학대받는 사람들로부터 시작하는 것은, 처음부터 내가 바른 질서 개념보다는 기본적 권리 개념의 방식으로 정의에 대해 생각하게 되었다는 뜻이다. 내가 정의에 대한 이런 두 가지 사고방식 간의 차이를 명백히 구별하게 된 것은, 남아공과 중동에서 학대받는 사람들을 처음으로 대면한 후 약 20년 가까이 지난 후였다. 하지만 그 첫 만남 덕분에, 나는 우리에게 자연권이 없다는 사실을 직관적으로 감지하게 되었다. 자연권은 어떤 객관적 기준이 아니라, 현재 우리의 상태에 의해 주어지기 때문이다. 자연권은 현재 우리의 상태 속에 내재한다.

논의의 초반에, 나는 **기본적** 정의라고 부른 것과 **반응적** 정의라고 부른 것을 구분했다. 남아공에서 유색인들의 정의에 대한 외침은 기본적 정의를 위한 외침이었고, 그것은 팔레스타인인들의 정의에 대한 외침과 마찬가지였다. 내 생각에, 정의에 대한 나의 사색이 그들의 외침에 자극을 받았기 때문에, 그 이후 나의 사색은 반응적 정의가 아니라 기본적 정의에 초점을 두었던 것이다. 내가 발전시킨 정의론은 기본적 정의에 대한 이론이었다.

최근에 온두라스를 여행했을 때, 나는 반응적 정의에 대한 외침을 들었다. 그곳에서 만났던 학대받는 사람들은 기본적 불의(그중 어떤 것은 조직적이었고, 대부분은 간헐적으로 발생했다)의 희생자들이었다. 하지만 그들이 주로 말한 것은 온두라스의 총체적인 형사사법제도 붕괴였다. 온두라스의 법은 대체로 훌륭했다. 하지만 그것들은 흔히 집행되지 않았다. 범법자들은 빈번히 정의의 심판을 받지 않았다. 강간범이 자유롭게 돌아다니도록 허용된다면, 강간은 계속될 뿐 아니라 희생자들이 이중으로 학대받을 것이다. 법이 위반됨으로써 학대받고, 형사사법제도가 악행자들에게 정의의 심판을 내리지 못함으로써 학대받는 것이다. 반응적 정의가 부재한 상황에서는 기본적 정의도 불가능하다.

남아공과 중동에서 학대받는 사람들로부터 시작하는 것이 정의에 대한 나의 사유방식에 또 다른 식으로 영향을 끼쳤다. 앞에서 나의 정의론을 소개하기 전까지 그런 다른 방식들에 대해 설명하는 것이 어려웠다. 이제 그렇게 해보겠다.

서양에서 정의에 대한 담론 전체를 관통하는 것이 '바른 질서' 사고방식과 '생득권' 사고방식 간의 차이라고 나는 강조했다. 그런 논의들 전체에 또 다른 차이가 존재한다. 이것은 똑같이 중요하지만, 내가 충분히 주목하지 못했다. 나는 이것을 **아리스토텔레스적** 사고방식과 **울피아누스적** 사고방식의 차이라고 부르겠다.

아리스토텔레스에게 정의는 이익과 부담의 분배, 그리고 상호 간 교환에서 공평이나 평등으로 구성된다. 정의는 대우의 평등이다. 정의를 구성하는 대우의 평등은 흔히 평평한 평등이 아니라, 수혜자들 내에서 적절한 차이에 비례한 평등이란 이해와 함께 말이다.¹ 이런 식의 사고방식이 서양에서 지배적이었다. 롤스는 아리스토텔레스 전통에 확고히 서 있다. 그래서 롤스에게 정의는 분배의 공평성이다.

내가 울피아누스로부터 인용한 정의의 정의^{definition of justice}는 대우의 평등에 대해서는 아무 말도 하지 않는다. 울피아누스에 따르면, 정의롭게 행동하는 것은 각 사람의 권리와 몫을 각자에게 제공하는 것이다. 정의롭게 행동하는 것은 각 사람에게 각자가 가진 권리를, 각 사람에게 각자의 몫을 제공하는 것이다. 내가 발전시킨 기본적 정의에 대한 설명은 아리스토텔레스 전통보다는 울피아누스 전통에 확고히 서 있다.

정의를 위해 울부짖었던 남아공의 유색인들을 생각해보자. 물론 그들은 혜택과 부담에서 엄청나게 부당한 분배의 희생자들이었다. 하지만 그것은 그들이 당한 불의의 뿌리가 아니었던가? 남아공 정부가 자신의 이상(다양한 민족이 자신만의 독특한 방식으로 번영하도록 각 민족을 분리시킨다)을 실현하기 위해 흑인과 유색인들을 강제로 이주시켰듯이, 아프리카너들과 영어를 사용하는 백인들을 강제로 이주시켰다고 가정해보자. 이런 대우의 평등은 모든 사람이 정당하게 대우받고 있었다는 뜻일까? 물론 그렇지 않다. 그것은 누구에게도 그들의 권리가 주어지지 않았다는, 누구에게도 그들의 몫이 주어지지 않았다는 뜻일 것이다. 그것은 모든 사람이 부당하게 대우받고 있었다는 뜻일 것이다. 남아공과 중동에서 학대받은 사람들로부터 시작하는 것은, 처음부터 나를 끌어당긴 것이 아리스토텔레스적 사고방식이 아니라 울피아누스적 사고방식이었다는 뜻이다. 내가 시작했던 그 학대받은 사람들이 단지 불공평의 희생자들이었다면, 나는 당연히 아리스토텔레스적 사고방식에 끌렸을 것이다.

권리에 대해 설명하는 과정에서, 나는 남아공과 중동에서 학대받는 사람들과 만난 경험이 정의에 대한 나의 생각에 또 다른 방식으로 영향을 끼쳤다고 밝힌 적이 있다. 현재 철학서적들을 지배하는 자연권에 대한 설명은 권리와 자율성을 연결한다. 즉, 권리는 자율성의 보호자다. 남아공에서 유색인들의 자율성은, 물론 아파르트헤이트 법에 의해 심각하게 제약을 받고 있다. 하지만 내게는 그것이 잘못된 것의 뿌리로 보이지 않는다. 근본적으로 잘못된 것은 그들의 존엄성이 침해되고 있다는 것이다. 그들은 자신들의 존엄성에 적합하지 않은 방식으로 대우받고 있었다. 처음부터 나는 '자율성' 설명보다 '존엄성' 설명에 이끌렸다.

남아공에서 유색인들과 팔레스타인인들의 기본적 정의에 대한 울부짖음은 두 가지 차원을 포함했다. 즉, 그것은 기본적 정의의 실천에 대한 울부짖음이자 기본적 불의의 교정에 대한 울부짖음이었다. 정의에 대한 나의 생각, 말, 글은 전자에 집중되어왔다. 나의 정신, 훈련, 기술이 철학자가 아니라 사회학자의 것이었다면, 나의 반응은 후자에 집중되었을 것이다. 그래서 나는 스스로 기본적 불의의 교정을 위한 이런저런 운동의 역사에 몰두했을 것이고, 어떤 것의 성공과 다른 것의 실패를 설명하는 것이 무엇인지를 발견할 목적으로, 그런 운동에 대한 구조적 분석을 발전시켰을 것이다.

사회적 불의의 범행자들과 방어자들이 어떻게 억압받는 자들의 존엄성을 인정할 수 있게 되었는지를 다룬 나의 책,『정의: 권리와 학대』의 후속편을 내가 써야 한다고 제안한 사회학자에게, 나는 그 제안을 진지하게 생각해보겠다고 말하지 말았어야 했다. 대신 나는 그런 책은 그처럼 사회학자의 정신, 훈련, 기술을 가진 사람이 써야 한다고 대답했어야 했다. 아마도 내가 그렇게 답하지 못한 이유는, 모든 학자들이 자주 "그것은 다른 사람이 하게 하세요"라고 말하기 때문일 것이다.

어떻든, 그가 내게 제시한 도전은 계속 나를 괴롭혔다. 그래서 그런 구조적 분석을 발전시킬 목적으로, (의심의 여지 없이 아마추어적이지만) 이 책에서 약간 잠정적인 시도를 해보았다. 사실 몇 가지 관련된 질문들이 처음부터 나를 사로잡았다. 왜 남아공에서 유색인들, 그리고 팔레스타인인들과 나의 만남이 나를 움직인 것처럼, 미국에서 시민권 운동에 대한 나의 지지, 그리고 베트남전쟁에 대한 나의 반대가 내가 정의에 대해 생각하도록 움직이지 못했을까? 왜 나는 정의를 부르짖었던 포체프스트룸 학술대회에서 만난 유색인들과 감정이입을 하며 동일시하도록 감동을 받은 반면, 그곳에서 아파르트헤이트를 옹호하며 목소리를 높인 아프리카너들은 그렇게 감정이입을 하며 동일시하는 감동을 받지 못했을까?

이 책을 쓰면서, 나 자신에게 던진 질문으로 마무리하고 싶다. 사람이 정의에 대해 생각할 때, 나의 경험에 근거해서 학대받은 사람들로부터 시작하는 것이 옳다고 말해도 될까? 내가 만난 사회적 불의의 희생자들로부터 출발했기 때문에, 내가 옳다고 생각하는 방식으로 정의에 대해 생각하게 되었다. 그것은 단지 우연이었을까? 철학교수라는 편안한 자리에서 벗어나지 않았더라도, 내가 같은 결론에 도달했을까?

나의 관심을 자극하는 그 질문을 좀 더 정확히 서술해보자. 예를 들어 사랑의 실패가 사랑을 명확히 해주는 것처럼 불의가 정의를 명확히 해주는가? 아마도 내가 경험했던 학대와의 실존적 대면이 꼭 필요한 것은 아니다. 하지만 학대가 권리를 명확히 해주는가?

사랑은 다양한 형태로 온다. 즉, 매력으로서의 사랑, 애착으로서의 사랑, 은혜로서의 사랑이 있다. 이런 세 가지 형태의 사랑 중에서 이런저런 사랑을 이해하려고 애쓸 때, 그런 형태의 사랑이 부재한 상황들을 바라봄으로써 얻어지는 것은 거의 없다. 『심포지엄』의 매력으로서의 사랑^{eros}에 대한 논의에서는, 플라톤은 그런 사랑의 부재 상황에 아무런 관심도 보이지 않는다. 그는 왜 그랬을까?

이 점에서, 내게는 정의justice가 달라 보인다. 그것이 내게 다르게 보인 이유를 나는 충분히 이해할 수 없다. 하지만 그 이유를 알아보자. 내가 볼 때 그런 차이의 주된 이유는, 마음과 행동이 정의와 관계를 맺을 때와 사랑과 관계를 맺을 때가 다르기 때문이다.

매력의 방식으로 어떤 것을 사랑하기 위해, 사람은 그것에 끌리고 그에 맞게 행동해야 한다. 애착의 방식으로 어떤 것을 사랑하기 위해, 사람은 그것에 애착을 느끼고 그에 맞게 행동해야 한다. 그리고 은혜의 방식으로 사랑하기 위해, 사람은 그것의 선함을 열망하고 그에 맞게 행동해야 한다. 하지만 정의가 요구하는 대로 어떤 사람을 대우하는 것은 그 행위자의 생각이나 행동 속에 모든 것을 설명해주는 징표가 없다.

애덤 스미스Adam Smith의 『도덕감정론』Theory of Moral Sentiments에는 다음과 같은 자극적인 문장이 있다. "우리는 흔히 가만히 앉아 아무 일도 하지 않음으로써, 정의의 모든 요구사항을 충족시킬 수 있을 것이다"(2.2.9). 만약 당신이 샬롯츠빌 몰을 걸어갈 때 내가 당신을 방해하고 싶었으나 내가 너무 게을러서 의자에서 일어나지 않았기 때문에 그러지를 못했다면, 나는 정의가 요구하는 대로 당신을 대우하는 것이다. 하지만 정의가 그렇게 요구한다고 내가 생각하기 때문에, 내가 당신을 방해하는 것을 삼갈 필요는 없다. 그러나 당신을 방해한다는 생각이 결코 내 마음에 떠오르지 않는다면, 나는 또한 정의가 요구하는 대로 당신을 대우하는 것이다. 두 가지 경우에, 내가 당신을 다루는 방식의 정의는 보이지 않는다. 그것은 정의에 대한 어떤 추상성을 지닌다. 나의 행동들을 관찰한 사람은 내가 아무 일도 하지 않고 의자에 앉아 있는 것을 본다. 내 마음을 읽는 사람은 다른 문제들에 대한 생각들도 분별한다. 하지만 두 경우에, 나는 정의가 요구하는 대로 당신을 대우한 것이다.

그러나 당신이 걸어갈 때 당신을 방해함으로써 내가 당신에게 해를 가했다면, 상황은 완전히 달라진다. 지금 나는 매우 적극적으로 어떤 행동을 하고 있다. 내가 당신에게 해를 입힌 것은 분명하다. 이 상황에서 악행이 분명히 드러났기 때문에 정의가 무엇을 요구하는지도 분명해진다.

많은 경우, 정의가 요구하는 대로 어떤 사람을 대우하는 것은 마음이나 행동 속에 어떤 분명한 징표가 없다. 반면, 악을 행하는 상대방은 명백한 징표가 있다. 그래서 해를 입은 사람들로부터 시작하는 것은 정의를 분명하게 해준다. 정의의 붕괴는 붕괴된 것에 대해 우리가 고민하도록 자극한다. 만약 아프리카너들이 남아공의 유색인들을 정당하게 대우했다면, 그들이 그렇게 하고 있다는 생각이 내게 전혀 들지 않았을지 모른다. 그런 생각은 그냥 스쳐 지나가버렸을 수도 있다. 하지만 그들이 행한 것의 불의는 나를 스쳐 지나갈 수 없었다. 나는 해를 입은 사람들로부터 시작할 수밖에 없었다.

그래서 정의의 특이성은 사랑의 붕괴가 사랑을 명백하게 해주지 않는 방식으로, 정의의 붕괴가 흔히 정의를 명백하게 해준다는 것이다. 하지만 항상 그런 것은 아니다. 한 사람의 무활동이 정의가 요구하는 대로 다른 사람을 대우하는 것의 구성요소가 되는 경우에 주목하라고 나는 요구해왔다. 그런 경우, 잘못을 범하는 활동이 정의가 무엇을 요구하는지를 명확히 해준다. 하지만 특정한 종류의 무활동이 그 사람에게 해를 끼치는 다른 경우들도 많다. 만약 불량배들이 몰에서 당신을 괴롭히는 동안, 내가 옆에서 빈둥거리며 당신을 돕지 않는다면, 나는 당신에게 잘못하는 것이다. 그러므로 정의는 내가 그들을 막도록 노력하라고 요구한다. 그런 경우, 정의가 눈에 보임에도 어떤 명백한 징표를 남기지 않는 것은 불의다.

주

편집자 서문

1. 그는 다음의 글에서 이런 생각을 최초로 전개한다. "How Social Justice Got to Me and Why It Never Left," *Journal of the American Academy of Religion* 76, no. 3 (2008): 664-79.

저자 서문

1. *The Christian Century* 126, no. 24, December 1, 2009, 26-30.

1장 두 가지 각성 경험

1. 아프리카너들은 아프리카인과 백인 조상들을 둔 이들에게 '유색인'(coloreds)이라는 이름을 붙였다.
2. John Rawls, *A Theory of Justice* (Cambridge, MA: Harvard University Press, 1971). 1999년에 하버드대학교출판부에서 개정판이 출간되었다. (『사회정의론』 서광사)

2장 암만에서 어느 날 저녁

1. *The Reformed Journal* 32, no. 7 (July 1982). 이 책에 실렸다. 다음의 책을 통해 다시 출판되었다. Nicholas Wolterstorff, *Hearing the Call* (Grand Rapids: Eerdmans, 2011).

3장 학대받는 사람들로부터 시작하는 것에 대한 질문들

1. 그 강의는 다음의 책을 참조하라. H. H. Gerth and C. Wright Mills, *From Max Weber: Essays in Sociology* (New York: Oxford University Press, 1946).
2. 같은 책 152-53에서 인용구를 가져왔다. 내가 그 번역을 약간 수정했다.

4장 학대받는 사람들로부터 시작하는 것이 만든 한 가지 차이

1. 전환기 정의에 대한 최근의 훌륭한 논의는 다음을 참고하라. Daniel Philpott, *Just and Unjust Peace: An Ethic of Political Reconciliation* (New York: Oxford University Press, 2012).
2. 인용과 페이지는 다음의 책을 참고했다. John Rawls, *A Theory of Justice*, rev. ed. (Cambridge, MA: Harvard University Press, 1999). (『사회정의론』 서광사)
3. 같은 책, 4.
4. 같은 책. *Political Liberalism* (New York: Columbia University Press, 1993)에서, 롤스의 입장에 의하면 잘 정비된 사회는 정의에 대해 하나의 공유된 개념을 가질 필요가 없고, 일군의 공유된 특정한 개념들을 갖게 될 수도 있다는 것이다. (『정치적 자유주의』 동명사)
5. Rawls, *A Theory of Justice*, 5.
6. 같은 책, 8.
7. 같은 책.
8. 같은 책.
9. 같은 책.

5장 학대받는 사람들로부터 시작해서 생긴 또 다른 차이

1. 그녀의 논문을 참조하라. "The Concept of Rights in Christian Moral Discourse," in Michael Cromartie, ed., *A Preserving Grace: Protestants, Catholics, and Natural Law* (Grand Rapids: Eerdmans, 1997), 143-56.
2. Oliver O'Donovan, *The Desire of the Nations* (Cambridge: Cambridge University Press, 1996), 262.

3. 나는 다음과 같은 이유로 인격(person)과 사람(human beings)에 대해 말한다. 즉, 너무나 심하게 손상되어, 인격들로 기능하지 못하는 사람들이 있다. 그들은 사람이지만, 더 이상 인격은 아니다. 한편 하나님은 사람이 아니라 인격이다.

6장 권리-담론에 대한 반대

1. Joan Lockwood O'Donovan, "Natural Law and Perfect Community: Contributions of Christian Platonism to Political Theory," in *Modern Theology* 14, no. 1 (January 1998): 20.
2. Joan Lockwood O'Donovan, "The Concept of Rights in Christian Moral Discourse," in *A Preserving Grace: Protestants, Catholics, and Natural Law*, ed. Michael Cromartie (Grand Rapids: Eerdmans, 1997), 145.
3. 같은 책.
4. 같은 책, 155.

8장 가치에 근거한 권리

1. James Griffin, *On Human Rights* (Oxford: Oxford University Press, 2008), 2.
2. 같은 책.

9장 왜 권리-담론이 중요한가?

1. 제임스 그리핀은 자신의 책에서 이 원리를 부정하고 있다. *On Human Rights* (Oxford: Oxford University Press, 2008).

10장 권리-담론은 소유적 개인주의를 표현하기 위해 존재하는가?

1. Leo Strauss, *Natural Rights and History* (Chicago: University of Chicago Press, 1953).
2. 다음의 책 2장에서, 이 두 내러티브를 상당히 상세하게 관련시켰다. Nicholas Wolterstorff, *Justice: Rights and Wrongs* (Princeton: Princeton University Press, 2008).

3. Brian Tierney, *The Idea of Natural Rights: Studies on Natural Rights, Natural Law and Church Law 1150-1625* (Atlanta: Scholars Press, 1997).
4. Charles J. Reid, Jr., *Power over the Body, Equality in the Family: Rights and Domestic Relations in Medieval Canon Law* (Grand Rapids: Eerdmans, 2004).
5. John Witte, *The Reformation of Rights* (Cambridge: Cambridge University Press, 2007). (『권리와 자유의 역사』 IVP)
6. Richard Tuck, *Natural Rights Theories: Their Origin and Development* (Cambridge: Cambridge University Press, 1979).

11장 세 교부들의 자연권

1. 다음의 책에서 재인용했다. Charles Avila, *Ownership: Early Christian Teaching* (Maryknoll, NY: Orbis Books, 1983), 50.
2. 같은 책, 66.
3. St. John Chrysostom, *On Wealth and Poverty*, trans. Catherine P. Roth (Crestwood, NY: St. Vladmir's Seminary Press, 1984), 49-55.

13장 신약성경에서 정의가 대체된다는 주장에 대해

1. Nicholas Wolterstorff, *Justice in Love* (Grand Rapids: Eerdmans, 2011). 나는 이 책에서 내가 염두에 둔 그 운동을 '근대 아가페주의'(modern-day agapism)라고 부른다. 그것이 잘못일지도 모른다. 어느 서평자는 아가페를 핵심 사상으로 간주하는 20세기의 모든 기독교 윤리학자들을 내가 염두에 두는 것 같다고 생각하기 때문이다. 그런 후에, 그는 내가 이런 20세기의 윤리학자들 모두가 신약의 아가페에 대한 그들의 이해에 있어서 명시적으로나 암묵적으로 '니그렌주의자들'이라고 그릇되게 주장한다며 나를 혹독하게 비판했다. 그런 해석은 그 책에서 근대 아가페주의를 다루는 장의 서두에 나오는 다음의 글들에 의해 미연에 방지되어야 했다. "20세기에, 기독교(특히 개신교) 윤리학자들과 신학자들 사이에서 대단히 정교하고 자극적인 형태의 아가페주

의가 출현했다. 그것의 위대한 19세기 선조는 키르케고르였다.……그 운동의 핵심에, 예수께서 의미하신 '사랑'에 대해 독특하고 날카롭게 서술된 해석이 있다." (같은 책, 21).
2. Anders Nygren, *Agape and Eros*, trans. Philip S. Watson (London: SPCK, 1953), 86. (『아가페와 에로스』 크리스천다이제스트)
3. 같은 책, 83.
4. 같은 책, 70.
5. 같은 책, 74.

14장 신약의 정의
1. Nicholas Wolterstorff, *Justice: Rights and Wrongs* (Princeton: Princeton University Press, 2008). 나는 이 책의 5장을 통해 다음 단락에서 제기된 주장을 보다 충분히 발전시켰다.

15장 영어성경의 번역들
1. 예루살렘 성경은 이 구절을 다음과 같이 번역한다.

광야에서 정의가
기름진 땅에서 온전함이 살아날 것이다.
온전함이 평화[샬롬]를 가져오고
정의가 영원한 안전을 부여할 것이다.

16장 신약의 정의에 대해 몇 가지 더
1. NRSV는 '정의를 행하다'로 번역했다. 개역개정성경은 '의를 행하다'로 번역되었다.
2. 하지만 나는 왜 예루살렘 성경이 자신의 주제에 대한 바울의 진술 끝부분을 다음과 같이 번역하는지 이해하기 어렵다. "올바른(upright) 사람은 믿음을 통해 생명을 발견한다." 왜 정의로운(just) 사람이나 옳은 것을 행하는(does

right) 사람이 아니라, 그렇게 번역했을까?

17장 정의와 사랑

1. 다음의 책에 실린 나의 글을 참조하라. Nicholas Wolterstorff, *Inquiring about God: Selected Essays*, vol. 1, ed. Terence Cuneo (Cambridge: Cambridge University Press, 2010), 223-38, "Is God Disturbed by What Transpires in Human Affairs?"

18장 정의, 사랑, 그리고 샬롬

1. 나는 여기서 프랜시스 톰프슨(Francis Thompson)의 "The Hound of Heaven"을 언급하고 있는 것이다.

20장 인권

1. 나는 UN 문서가 열거하는 권리들에 대해 토론한다. 그것들을 나의 논문 "Grounding the Rights We Have as Human Persons"에서 인간권리(human person rights)라고 부른다. 그 논문은 다음의 책에 실려 있다. Nicholas Wolterstorff, *Understanding Liberal Democracy* (Oxford: Oxford University Press, 2012).

2. 내가 본문에서 사용한 지위(status)와 환경(circumstance)의 차이는 특히 인권이 아닌, 권리 일반을 이해하기 위해 중요하다. 사람이 소유하는 권리가 인권이다. 사람이 그 권리를 소유하기 위해 필요한 유일한 지위가 인간이 되는 것이라면 말이다. 심지어 조건적 권리로도 그렇다. 하지만 그런 환경에서는 사람이 그 권리에 맞게 대우받을 수 없기 때문에, 그런 권리를 소유하지 못할 수도 있다.

3. Nicholas Wolterstorff, *Justice: Rights and Wrongs* (Princeton: Princeton Univeristy Press, 2008). 후에 그 주장을 발전시킨 설명이 나의 논문, "On Secular and Theistic Groundings of Human Rights"에서 제시되었다. 그 논문은 다음의 책에 실려 있다. Nicholas Wolterstorff, *Understanding Liberal*

Democracy (Oxford: Oxford University Press, 2012).

21장 남아공에서 보낸 6일

1. "Six Days in South Africa," *The Reformed Journal* 35, no. 12 (December 1985): 15-21.

22장 불의를 바로잡기 위한 투쟁의 기술

1. Clive Bell, *Art* (New York: Putnam's Sons, 1958), 27-28.
2. 같은 책, 31.

23장 감정이입의 장벽과 마음의 경화에 대해

1. Heather Andrea Williams, *Help Me to Find My People* (Chapel Hill: University of North Carolina Press, 2012). Imani Perry, "Human Bonds," *The New York Times Sunday Book Review*, July 1, 2012, 11에서 재인용했다.
2. 다음을 참조하라. Adam Hochschild, *Bury the Chains* (Boston: Houghton Mifflin, 2005).
3. 스웨덴 영화사 Story Production이 2010년에 제작한 크메르 루즈(Khmer Rouge)에 대한 영화 *Facing Genocide*에서, 폴 포트(Pol Pot)는 자신의 추종자들을 향해 정확히 이렇게 말했다. 그들 앞에 놓인 위대한 과업을 완수하기 위해, 그들은 자신들 안에서 감정을 제거하고 순수하게 합리적이 되어야 한다고 말이다.
4. Nicholas Wolterstorff, *Until Justice and Peace Embrace* (Grand Rapids: Eerdmans, 1983). 나는 이 책을 통해 조금 상세하게 남아프리카와 이스라엘의 환상 민족주의 역할을 다룬다. (『정의와 평화가 입맞출 때까지』 IVP)

24장 사회정의운동의 구조

1. Jeffrey Stout, *Blessed Are the Organized: Grassroots Democracy in America* (Princeton: Princeton University Press, 2010).

2. 예를 들어, 다음을 참조하라. Avi Shlaim, *The Iron Wall: Israel and the Arab World* (New York: Norton, 2001).

25장 온두라스 방문

1. 나의 보고는 "Just Demands"란 제목으로 다음의 책에 실렸다. *The Christian Century* 127, no. 15, July 27, 2010, 30-34. 그것은 약간 수정된 형태로 다음의 책에 다시 실렸다. Nicholas Wolterstorff, *Hearing the Call* (Grand Rapids: Eerdmans, 2011).

26장 보복적 처벌에 대한 바울의 거절

1. 발터 바우어(Walter Bauer)의 독일어 번역을 윌리엄 아른트(William F. Arndt)와 윌버 깅리치(F. Wilbur Gingrich)가 영어로 번역한 것이다(Chicago: University of Chicago Press, 1974).
2. 로마서 13:4은 흔히 다스리는 자의 역할이 악을 행하는 자에게 보응하는 것이라고 번역된다. 그리스어 본문은 하나님의 진노가 아니라, 단지 진노에 대해 말한다. 만약 그리스어 본문이 하나님의 진노에 대해 말했다면, 국가가 하나님을 위해 일한다고 바울이 주장한다는 해석은 근거가 있을 것이다.

28장 정의, 용서, 그리고 처벌

1. Jean Hampton, "Forgiveness, Resentment, and Hatred," in Jeffrie Murphy and Jean Hampton, *Forgiveness and Mercy* (Cambridge: Cambridge University Press, 1988), 86.
2. 마태복음에서 바로 그다음에 나오는 것이 용서하지 못하는 종에 대한 예수의 비유다. 즉, 한 임금이 자비로 매우 큰 빚을 진 자신의 종을 용서했다. 반면, 이 종은 돌아서서 자신의 동료 종들 중 아주 적은 빚을 진 한 사람에 대한 용서를 거부했다. 임금이 이 사실을 들었을 때, 그는 첫 번째 종에게 화가 났고 그에게 벌을 내렸다. "내가 너를 불쌍히 여김과 같이 너도 네 동료를 불쌍히 여김이 마땅하지 아니하냐." 예수는 이런 말씀으로 그 이야기를 끝낸다. "너희

가 각각 마음으로부터 형제를 용서하지 아니하면 나의 하늘 아버지께서도 너희에게 이와 같이 하시리라"(마 18:33, 35).

3. *Kairos Document*, §3.1; online http://www.sahistory.org.za/archive/challenge-church-theological-comment-political-crisis-south-africa-kairos-document-1985.

4. Richard Swinburne, *Responsibility and Atonement* (Oxford: Oxford University Press, 1989), 85-86.

5. 같은 책, 86.

30장 희망

1. Question 40, article 1 (*resp.*); online at http://www.newadvent.org/summa/2040.htm.

2. Question 62, article 2 (*resp.*); online at http://www.newadvent.org/summa/2062.htm.

3. David Kelsey, *Eccentric Existence: A Theological Anthropology* (Louisville: Westminster John Knox, 2009).

4. 예루살렘 성경에서 '공의'는 "righteousness"다.

5. 예루살렘 성경에서 '평강'은 "peace"다.

6. Jonathan Glover, *Humanity: A Moral History of the Twentieth Century* (New Haven: Yale University Press, 2000). (『휴머니티: 20세기의 폭력과 새로운 도덕』 문예출판사)

7. Jacques Ellul, *The Politics of God and the Politics of Man* (Grand Rapids: Eerdmans, 1972), 190. (『하나님의 정치와 인간의 정치』 대장간)

8. 같은 책, 195-96.

31장 재정리

1. 정의에 대한 아리스토텔레스의 설명은 그의 『니코마코스 윤리학』(*Nicomachean Ethics*) 5권에 나온다.

찾아보기

ㄱ

가르시아, 디오니시오 디아즈(Garcia, Dionisio Diaz) 271-273
감정이입(empathy) 231-244, 252-253
개인적 역사(personal history) 302-303
개인적 자율권(personal autonomy) 87-88, 105, 351
객관적 자선(objective benevolence) 239-240
계급, 자격(entitlements) 77-78, 103
고문(torture) 87, 89, 208
고통(suffering) 235-237, 240, 329
구속(redemption) 328-335, 343
구원(deliverance) 123-124, 327-330, 343-344
국제관계(international relationships) 61
국제정의선교회(International Justice Mission) 246, 258, 266
궁극적 권리(ultima facie rights) 198
권리(rights)
　가치에 근거를 둔 것으로서의 권리(as grounded in worth) 90-92
　객관적 권리 대 주관적 권리(objective vs. subjective) 105-108
　규범적 관계로서의 권리(as normative relationships) 83-86, 104
　사회적 관계로서의 권리(as social relationships) 84-92, 318
　권리와 도움을 받지 못하는 빈민들(and the unaided poor) 112-115
권리절대주의(rights absolutism) 76
그리핀, 제임스(Griffin, James) 88
글로버, 조너선(Glover, Jonathan) 335
기도(prayer) 336-339, 343
기본적 권리(primary rights) 57
기본적 불의(primary injustice) 58, 349-352

기본적 정의(primary justice) 56-63, 81, 217, 265-266, 299, 348-350

ㄴ

낙태(abortion) 71
노데, C. F. 베이어스(Naudé, C. F. Beyers) 33, 49
노동가요(work songs) 226-228
노동조합(unions) 71
능동적 권리(positive rights) 67-68
능력설명(capacity account) 201-202, 204
니그렌, 안데르스(Nygren, Anders) 132-139, 146, 156, 164-166, 171, 299
니버, 라인홀트(Niebuhr, Reinhold) 136-137, 171

ㄷ

다양성(diversity) 63-64
대 바실리우스(Basil the Great) 111, 114-115, 184, 186, 196, 199
대화적 다원주의(dialogic pluralism) 20
덕목(virtues) 325
도덕적 권위(moral authority) 290-291
도덕적 어휘(moral vocabulary) 79-80, 93-102
도덕적 역사(moral history) 302-303
도덕적 의무(moral obligations) 293-295
도덕질서(moral order) 70, 98-100
도심기독교연맹(Inner City Christian Federation) 319-321

ㄹ

롤스, 존(Rawls, John) 36, 38, 52-54, 59-61, 63, 125, 350
리드, 찰스 2세(Reid, Charles J.) 106
리오타르, 장 프랑수아(Lyotard, Jean-François) 334

ㅁ

망명(exile) 282
명령허용(command-permissions) 189-191
무슬림(Muslims) 42-46
문화적 정체성(cultural identity) 235
미쉬파트(*mishpat*) 151-153
미학(aesthetics) 224-227, 316-322
민족주의(nationalism) 235
민주주의(democracy) 63-64, 336
믿음(faith) 160-161, 165, 325-326
밀라노의 암브로시우스(Ambrose of Milan) 111, 114, 184, 186, 196, 199

ㅂ

바르트, 칼(Barth, Karl) 166
바른 질서론(right order theory) 65-71, 348
박해(persecution) 154
반 아파르트헤이트 운동(anti-apartheid movement) 209-223, 228-230, 245, 336-337
반 테러 법(antiterrorism law) 33
반응적 권리(reactive rights) 57
반응적 정의(reactive justice) 56-58, 81,

265, 299, 349
버 비크, 커트(Ver Beek, Kurt) 266-277
베버, 막스(Weber, Max) 51-54
법(civil laws) 62, 247-249, 259, 286-287
벨, 클리브(Bell, Clive) 225, 229
보다 정의로운 사회를 위한 연합회 (Association for a More Just Society) 238, 246-247, 266-277, 298
부분적 준수론(partial compliance theory) 60
부삭, 앨런(Boesak, Allan) 34, 209-223, 337-339
부패(corruption) 255, 268
분석적인 필연적 진리(analytic necessary truth) 101
불완전한 의무(imperfect duties) 237-238
비인간화(dehumanization) 234
빈곤/가난(poverty) 111-115, 178, 234, 322
빌라-비센치오, 찰스(Villa-Vicenzio, Charles) 213
빌리, 미첼(Villey, Michel) 105-106

ㅅ

사회적 책임(social responsibilities) 75-76
사회정의 운동들(social justice movements) 71, 243-244, 245-262
상관관계의 원리(Principle of Correlatives) 96-102, 138, 149, 186
새 창조(new creation) 131, 329-330

생득권 이론(inherent rights theory) 65-70, 187-188, 191-192, 348
샬롬/평강/평화(shalom) 177-183, 297, 316, 319, 332
세계인권선언(Universal Declaration of Human Rights) 197-201
세속적 낙관주의(secular optimism) 335
소유적 개인주의(possessive individualism) 77-79, 103-108
수감(incarceration) 282
수행 권위(performance authority) 292-294
스미스, 애덤(Smith, Adam) 354
스윈번, 리처드(Swinburne, Richard) 309
스타우트, 제프리(Stout, Jeffrey) 244-246, 250, 257, 260
스트라우스, 레오(Strauss, Leo) 105-107
시민권(civil rights) 36, 47, 71, 104-105, 186-187, 224, 227, 244
시민정부(civil government) 278-287, 288-298
시온주의자(Zionists) 43-45
신법(divine law code) 166-175

ㅇ

아가페(agapē) 132-136, 138-140, 173
아동노동(child labor) 71
아름다움(beauty) 176-179, 315-322
아리스토텔레스(Aristotle) 350
아파르트헤이트(apartheid) 31-40, 55, 93, 100, 103, 224, 351

아프리카너(Afrikaners) 31-40, 55, 70, 76, 93, 100, 235, 239, 351
억압(학대)받은(oppressed) 38, 99, 128, 142-144, 255-257, 352
언어 행위(speech acts) 87
에로스/사랑(eros) 132-133, 353
엘륄, 자크(Ellul, Jacques) 341-343
여성참정권(women's suffrage) 71
염려(care) 171-175, 182
예배(worship) 262, 315-316
예수(Jesus)
    권세(authority) 330-333
    예수의 명령(commands of) 164-175, 281-285, 299-312
    예수의 인간적 본성(human nature of) 208
    예수의 정의(justice of) 138-144, 154-163, 336, 340-345
오도노반, 올리버(O'Donovan, Oliver) 67
오도노반, 조안 록우드(O'Donovan, Joan Lockwood) 66-67, 77-79, 188
오슬로 평화협정(Oslo Accord) 35
오컴, 윌리엄(Ockham, William) 106
온정주의적 호의(paternalistic benevolence) 39-40, 49, 93-102, 170
옹호(advocacy) 50-54
완성(consummation) 326-334
완전한 권리(perfect right) 237-238
완전한 의무(perfect duties) 237-238
요하네스 크리소스토무스(John Chrysostom) 112-114, 184, 196, 199
용서(forgiveness) 134-138, 168, 299-312

울피아누스(Ulpian) 81, 350-351
월드비전(World Vision) 266
위티, 존(Witte, John) 106
은혜(grace) 169
의(righteousness) 146-163
의무(duty) 96-101, 237-238
의무(obligations) 66-69, 77-80, 96-102, 188-191
이상적 이론(ideal theory) 60-61, 125-129
이스라엘인들(Israelis) 71, 233-235, 253
인간 본성(human nature) 202-205
인권(human rights) 195-208
인종차별(racial discrimination) 47

ㅈ

자기 사랑(self-love) 165
자본주의(capitalism) 335-336
자연권(natural rights) 68-70, 87, 91, 105-107, 111, 185-187, 348
자연법(natural law) 66
자연적 신권(divine rights) 186
자유주의(liberalism) 47-48
전환기 정의(transitional justice) 58
정돈된 사회("well-ordered" societies) 59-63, 76
정의(dikaiosynē) 146, 149-150, 154-163
정의(justice)
    구약의 정의(in the Old Testament) 116-129, 151-153, 247-248
    구원의 기념으로서의 정의(as memorial of deliverance) 121-125

신약의 정의(in the New Testament) 116-129, 137-144, 145-147
정의와 사랑(and love) 131-136, 163, 164-175, 353-356
정의의 남용(abuses of) 79-80
정의의 바른 질서 개념(right order conception of) 65-71, 184-192
정의의 생득권 개념(inherent rights conception of) 65-71, 187
또한 '하나님의 정의', '예수의 정의', '기본적 정의', '반응적 정의', '전환기 정의'도 참조하라.
제도적 권위(institutional authority) 290-298
조건적 권리(prima facie rights) 198
조직적 불의(systematic injustice) 128
존엄, 품위(dignity) 70-71, 91-92, 104-105, 153, 170-172, 187, 200-204, 243-244, 351-352
종합적인 필연적 진리(synthetic necessary truth) 101
죄/죄책감(guilt) 82
주관적 호의(subjective benevolence) 239-240
진노(wrath) 295, 365 주 2

ㅊ

창조(creation) 178, 204-205, 328-330, 335-336, 341
또한 '새 창조'도 참조하라.
처벌(punishment) 56-61, 89, 278-287, 309-312

처벌에 대한 비난적 설명(reprobative account of punishment) 283-286, 310-311
처벌의 보복적 이론(retributive theory of punishment) 283-285
천국(heaven) 131
청구권(claim-rights) 57, 81-86, 187-192
체데카(tsedeqa) 151-153
칭의(justification) 161, 163, 169

ㅋ

카이로스 문서(Kairos Document) 308
칸트, 이마누엘(Kant, Immanuel) 201
켈시, 데이비드(Kelsey, David) 328
코우리, 일리야(Khoury, Iliya) 41-46
키르케고르, 쇠렌(Kierkegaard, Søren) 132-133

ㅌ

턱, 리처드(Tuck, Richard) 107
토라(Torah) 166-167
토마스 아퀴나스(Thomas Aquinas) 105-106, 318, 325-326
티어니, 브라이언(Tierney, Brian) 106, 111

ㅍ

팔레스타인의 권리(Palestinian rights) 34, 37
팔레스타인 인권운동(Palestine Human Rights Campaign) 34-35
팔레스타인인들(Palestinians) 70-71, 103, 234-235, 253, 351
팔레스타인 해방기구(Palestinian Liber-

ation Organization, PLO) 35
플라톤(Plato) 64, 125-126, 133, 146-148, 353

ㅎ

하나님(God)
    하나님과 합일(union with) 326
    하나님의 나라(kingdom of) 156, 331
    하나님의 명령(commands of) 188-191, 279, 289-291
    하나님의 정의(justice of) 116-129, 137-147, 159-163, 267-269, 329-330, 340-342
    하나님의 종으로서 정부(government as a servant of) 292-298
    하나님의 징벌, 보복(vengeance of) 132-139, 167, 269, 279-281
    하나님의 형상(image of) 172, 204-205, 320

학문적 자유(academic freedom) 51-53
햄프턴, 장(Hampton, Jean) 304
허용권(permission-rights) 56, 81-85, 189-192
형사사법(criminal justice) 265-266
호의/자애/자선(benevolence) 39-40, 93-98, 100, 171, 239
    또한 '온정주의적 호의'도 참조하라.
호크쉴드, 아담(Hochschild, Adam) 245, 253
홀, 도널드(Hall, Donald) 316
회개(repentance) 303-312
희망(hope) 323-346